누적 판매량 66만 부 돌파
상식 베스트셀러 1위 1,076회 달성

수많은 취준생이 선택한
에듀윌 상식 교재 막강 라인업!

KB079139

[월간] 취업에 강한 에듀윌 시사상식

다통하는 일반상식 통합대비서

공기업기출 일반상식

기출 금융경제 상식

언론사 기출 최신 일반상식

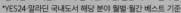

하루아침에 완성되지 않는 상식, 에듀윌 시사상식 정기구독이 답!

정기구독 신청 시 10% 할인

매월 자동 결제
정가 12,000원 10,800원

6개월 한 번에 결제
정가 72,000원 64,800원

12개월 한 번에 결제
정가 144,000원 129,600원

· 정기구독 시 매달 배송비가 무료입니다.
· 구독 중 정가가 올라도 추가 부담 없이 이용하실 수 있습니다.
· '매월 자동 결제'는 매달 20일 카카오페이로 자동 결제되며, 6개월/12개월/무기한 기간 설정이 가능합니다.

정기구독 신청 방법

인터넷
에듀윌 도서몰(book.eduwill.net) 접속 ▶
시사상식 정기구독 신청 ▶
매월 자동 결제 or 6개월/12개월 한 번에 결제

전화
02-397-0178
(평일 09:30~18:00 / 토·일·공휴일 휴무)

입금계좌
국민은행 873201-04-208883 (예금주 : 에듀윌)

정기구독 신청·혜택
바로가기

취업에 강한

에듀윌
시사상식

AUG. 2023

08

eduwill

CONTENTS

2023. 08. 통권 제146호

발행일 | 2023년 7월 25일(매월 발행)
편저 | 에듀윌 상식연구소
내용문의 | 02) 2650-3931
구독문의 | 02) 397-0178
팩스 | 02) 855-0008

※ 「학습자료」 및 「정오표」도 에듀윌 도서몰
   (book.eduwill.net) 도서자료실에서 함께
   확인하실 수 있습니다.

※ 이 책의 무단 인용·전재·복제를 금합니다.

Daum 백과 콘텐츠 제공 중　🔍

PART 01

Cover Story 01

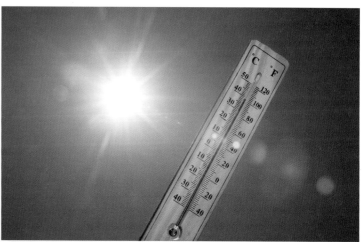

Cover Story 02

PART 03

취업상식 실전TEST

PART 04

상식을 넘은 상식

Cover
Story

이 달 의 가 장 중 요 한 이 슈

1.

12만년 만에 가장 뜨거운 지구

온난화에 엘니뇨....
전 세계 기상이변

2023년 7월 3일은 지구가 역사상 가장 뜨거웠던 날로 기록됐다.
4년 만에 지구를 덮친 엘니뇨 현상은 세계 곳곳에 전례 없는
이상 고온을 불러왔다. 불볕더위와 기상이변으로
전 세계가 몸살을 앓고 있다. 과학자들은 수만 년을 이어오던
지구의 지질 환경이 인간 때문에 돌이킬 수 없이 바뀌었다고 본다.
지구 해수면 온도는 지난 3월부터 올라 역대 최고 수준을 보였고
남극 대륙의 해빙 규모 역시 역대 최저 수준을 기록한 것으로 알려졌다.

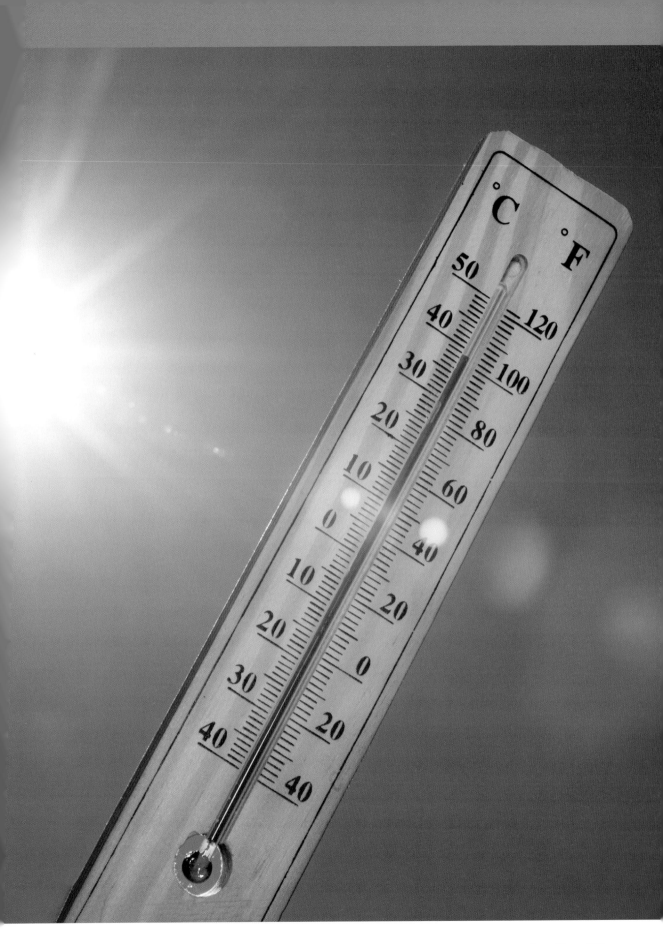

역사상 가장 더웠던 7월 3일

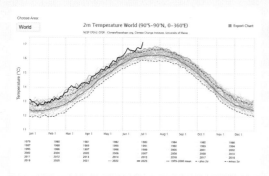

▲ 미국 메인대 기후변화연구소가 미 국립환경예측센터(NCEP)의 지구 평균 기온 데이터를 분석한 그래프. 7월 3일 지구 평균 기온이 관측 이래 가장 높게 나타났다. (메인대 기후변화연구소 홈페이지 캡처)

2023년 7월 3일은 지구가 역사상 가장 뜨거웠던 날로 기록됐다. 하지만 내년부터는 '꽤 선선했던 날'로 기억될 것이라고 과학자들은 경고한다. 여름은 이제 외출할 수 없는 계절이 될지 모른다. 영화 속 **디스토피아**(dystopia : 현대 사회의 부정적 측면이 극대화돼 나타나는 어두운 미래상)가 아니라 눈앞에 닥친 현실이다.

7월 4일 블룸버그와 가디언 등 주요 외신은 미국 국립환경예측센터 자료를 인용해 7월 3일 전 세계 평균 온도가 섭씨(이하 동일) 17.01도를 기록하며 2016년 8월에 세운 종전 기록인 16.92도를 갈아치웠다고 7월 5일 보도했다. 1979년 위성 모니터링을 통해 기록이 작성된 이후 최고치다. 이날 우리나라도 최고 기온이 35도에 이르는 등 전국 대부분 지역에 폭염특보가 내려졌다.

미 국립해양대기관리국(NOAA) 산하 국립환경예측센터(NCEP)는 **7월 4일 세계평균 기온이 17.18도를 기록해 전날**(17.01도) **세운 사상 최고 기록을 불과 하루 만에 갈아치웠다**고 밝혔다.

7월 6일 AP 통신 등에 따르면 미국 메인대학교의 '기후 리애널라이저'가 위성 자료를 토대로 집계한 7월 5일 세계 평균기온은 17.18도로 역대 최고 온도를 기록한 전날과 같은 수치를 유지했다. 전문가들은 세계 평균기온 최고 기록이 조만간 다시 깨질 수 있다고 내다봤다.

미국 기상학자 제프 바라델리는 7월 8일 미국 매체 더힐에 기고한 글에서 "우리는 12만년 만에 가장 뜨거운 날씨를 겪고 있고 이것은 이제 시작일 뿐"이라고 했다. 바라델리에 따르면 지난 10년간 기온은 지구 기온을 측정하기 시작한 1800년대 이래 그 어느 때보다도 높았다.

과학자들은 나이테, 얼음핵, 바다 퇴적물과 같은 간접적 척도 자료를 토대로 빙하기가 2만년 전 끝난 뒤 지구 평균 기온이 지금 가장 높은 것으로 파악했다. 바라델리는 약 12만5000년 전 정점을 찍은 마지막 **간빙기**(빙하기와 빙하기 사이에 비교적 온난한 시기) 이후 인류가 가장 뜨거운 날씨를 경험하고 있다고 평가했다.

올해 이상 고온을 두고 전문가들은 **탄소 배출에 따른 지구온난화와 자연적으로 발생하는 엘니뇨**(el niño)**가 맞물려 벌어지는 현상**이라고 분석했다. 유엔 산하 세계기상기구(WMO, World Meteorological Organization)는 7~9월에 엘니뇨가 발생할 확률이 90%에 이른다고 발표했다.

엘니뇨는 적도 근처 동태평양 해수면 온도가 5개월 동안 장기 평균 대비 0.5도 이상 높게 유지될 때 선언되는 기후 현상이다. 엘니뇨가 나타나면 바다에서 빨아들인 수증기로 일부 지역에 폭우가 내리거나 다른 지역에선 가뭄을 가져오는 등 기상이변을 가져온다. 앞서 가장 더웠던 해로 기록된 2016년에도 엘니뇨가 나타났다.

■ 폭염주의보·경보 기준 (자료 : 기상청)

주의보	경보
폭염으로 인하여 다음 중 어느 하나에 해당하는 경우 ① 일최고체감온도 33℃ 이상인 상태가 2일 이상 지속될 것으로 예상될 때 ② 급격한 체감온도 상승 또는 폭염 장기화 등으로 중대한 피해 발생이 예상될 때	폭염으로 인하여 다음 중 어느 하나에 해당하는 경우 ① 일최고체감온도 35℃이상인 상태가 2일 이상 지속될 것으로 예상될 때 ② 급격한 체감온도 상승 또는 폭염 장기화 등으로 광범위한 지역에서 중대한 피해발생이 예상될 때

* 체감온도 : 기온에 습도, 바람 등의 영향이 더해져 사람이 느끼는 더위나 추위를 정량적으로 나타낸 온도

** 습도 10% 증가 시마다 체감온도 1도가량 증가

시베리아가 38도... 전 세계 기상이변 몸살

불볕더위와 기상이변으로 전 세계는 지난 6월부터 몸살을 앓았다. 미국 남부 텍사스주, 오클라호마주, 플로리다주 등 일부 지역에선 기온이 40℃를 넘어섰다. 뉴욕주에서는 1000년에 한 번 내릴 확률의 강수량이 기록됐다. 멕시코에서도 일부 지역 최고 기온이 45도를 기록하며 6월 이후 100명 넘게 사망했다.

중국에선 베이징 인근 북부 지역에 40도 안팎의

폭염이 닥쳤지만 충칭 등 남서부 지역 곳곳에선 폭우 피해가 속출했다. 북아프리카 일부 지역의 경우 기온이 50도를 넘어섰다. 우리나라도 기후변화로 장마라는 말이 사라지고 우기라는 말이 등장할 정도로 7월 거센 폭우가 내리며 전국에서 인명 피해가 속출했다.

극지방도 녹아내리고 있다. 러시아 시베리아에선 6월 기온이 38℃에 육박했다. 남극의 우크라이나 베르나드스키 연구 기지에서는 8.7도가 측정돼 7월 역대 고온 기록을 갈아치웠다. 잇따른 극단적 이상 기후 현상을 근거로 과학자들은 수만 년을 이어오던 지구의 지질 환경이 인간 때문에 돌이킬 수 없이 바뀌었다고 보고 있다. 이에 **새로운 시대 표준**(new normal·뉴노멀)**을 받아들여야 한다**는 목소리가 나오고 있다

■인류세를 새로운 지질 시대로 도입해야 한다는 주장이 대표적이다. 학계에서는 지구의 46억 년 역사를 표시할 때 가장 긴 ▲**누대**(eon)**부터** ▲**대**(era) ▲**기**(period) ▲**세**(epoch) ▲**절**(age)로 시간을 나눈다. 현재는 '**현생누대 신생대 4기 홀로세 메갈라야절**'이다. 홀로세는 마지막 빙하기 이후 지금까지 1만1700년간 이어지고 있다.

7월 11일 CNN에 따르면 35명의 지질학자로 구성된 인류세워킹그룹(AWG, Anthropocene Working Group)은 이날 투표를 통해 캐나다 온타리오주의 크로퍼드 호수를 인류세를 대표하는 지층인 '국제표준층서구역'으로 선정했다고 보도했다. AWG는 인류세를 새 지질 시대로 도입할 것인지 여부를 검토하기 위해 2009년 출범했다.

■ **인류세 (人類世, Anthropocene)**

인류세는 노벨 화학상 수상자인 대기화학자 폴 크루첸과, 지구과학자 유진 스토머가 2000년에 제안한 새로운 지질시대다. 이들은 인류의 활동이 지구의 지질에 영향을 미치기 시작해 새로운 지질학적 시대가 시작됐다고 보며 1만1000여 년간 이어진 홀로세(Holocene·현세)를 잇는 시대로·인류세 개념을 제안했다. 인류세의 시작점은 보통 핵무기 실험이 시작된 1950년대 무렵으로 본다.

인류세의 특징은 지구의 지질에 인간의 활동이 미치는 영향이 점점 커졌다는 것이다. 인간이 배출한 이산화탄소는 지구의 온도를 상승시키고, 기후 변화를 일으킨다. 인간의 다양한 활동으로 지표면이 변화하고 생태계가 파괴되며 생물 다양성이 감소하고 있다.

인류세 개념이 학문적으로 공식 채택된 것은 아니다. 수천만 년을 아우르는 지질 구분대에서 홀로세가 차지하는 부분은 1만 년 정도에 불과하며 이를 다시 인류세라는 별도의 지질 시대로 확정하기에도 지나치게 짧다. 그럼에도 인류의 행동이 지구의 운명을 결정할 수 있는 상황에 이르렀기에 많은 학자나 매체가 인류세 개념을 받아들이고 있다.

"온난화로 인간 뇌 크기 10% 줄었다"

인간의 뇌 크기가 지구 기온이 급격히 상승했을 때 현격히 줄어들었다는 연구 결과도 나왔다. 선사시대 인류의 두개골을 분석해 얻은 결과다. 온난화가 계속된다면 현재 인류의 뇌에도 비슷한 일이 생길 가능성이 제기된다.

호주 과학전문지 사이언스얼럿은 7월 3일(현지시간) 미국 로스앤젤레스 자연사 박물관 소속의 인지과학자인 제프 모건 스티벨 박사팀이 국제학술지 '브레인, 비해이버 앤드 에볼루션' 최신호에 온난화와 인간 뇌 크기의 상관관계를 분석한 결과를 발표했다고 전했다.

연구팀은 지난 5만 년 동안 뇌 크기 변화가 지구의 온도와 어떤 연관성을 가졌는지 살펴봤다. 분석 대상이 된 건 아프리카에서 수집한 두개골 298개다. 분석 기간을 5만 년으로 삼은 건 1만 7000년 전에 마지막 빙하기가 끝난 것을 감안해서다.

연구팀은 아프리카 주요 호수와 해안, 남극 대륙 등에서 퍼올린 퇴적물을 분석해 당시 지구에 어느 정도의 이산화탄소가 대기에 포함돼 있었는지 등을 파악했다. 이산화탄소는 지구를 데우는 대표적인 온실가스다.

분석 결과, 1만7000년 전을 기준으로 추웠던 기간에 인간의 뇌는 평균 1420g이었는데, 따뜻했던 기간에는 1280g으로 감소했다. 중량에 비례해 뇌 크기도 줄었다. 뇌가 온난화 시대를 맞아 약 10% 쪼그라든 것이다.

다만 뇌 크기 감소는 온난화가 닥쳤다고 해서 즉각 나타나지는 않았다. 인류가 더운 기후에 적응해 진화하는 시간이 필요했는데, 연구팀은 이 기간이 대략 수천 년이라고 밝혔다. 연구팀은 "현재 가속화하고 있는 온난화가 인간 뇌에 대한 ■**진화압력**을 높일 수 있다"고 진단했다.

산업화가 본격적으로 시작된 19C 후반부터 현재

까지 지구 온도는 계속 올랐다. **이대로 온난화가 이어진다면 미래 인류에게 지속적인 '뇌 크기 축소'라는 재앙이 나타나 인지 능력 저하를 일으킬 소지가 크다**는 뜻이다.

■ **진화압력 (evolutionary pressure)**

진화압력(진화압)은 생물들이 자신에게 가해지는 외부의 압력에 저항하는 방향으로 진화하는 과정을 말한다. 외부 압력은 주로 환경의 변화에서 기인하는데, 압력이 강하면 강할수록 더 빠른 시간에 극단적인 진화가 이루어진다는 가설이다.

진화압력은 생물의 유전적 다양성을 증가시키고 생물의 진화를 촉진하는 중요 요소다. 진화압력의 종류는 기후 변화, 기아, 질병, 포식자 등으로 매우 다양하다. 진화압력에 의해 생물은 환경에 적응하고 새로운 종으로 발전한다.

진화압력에 따라 유리한 변이를 가진 개체들이 살아남아 그 변이가 집단 내에서 높은 빈도로 발현되는 것은 자연선택이라고 한다. 일례로 큰 상아를 가진 코끼리가 밀렵꾼들의 표적이 되면서 요새 코끼리들은 상아가 없는 쪽으로 진화하고 있다. 상아 밀렵이 상아 없는 코끼리를 자연선택하게 하는 진화압력으로 작용한 것이다.

기후위기 4개 지표 최악... "미친 영역으로 간다"

지난 6월 미 CNN 방송은 여러 기후지표 가운데 기후 재앙이 계속될 것을 시사하는 지표 4개를 소개했다. 첫째, 유럽연합(EU)의 코페르니쿠스 기후변화서비스는 6월 1~11일(이하 현지시간)의 지구 평균기온이 역대 같은 기간과 비교해 최고 수준을 기록했다고 밝혔다. 이 기관에 따르면 **6월 지구 평균기온이 산업화 이전보다 섭씨 1.5도 넘게 오른 것은 이번이 처음**이다.

둘째, **지구 해수면 온도는 지난 3월부터 이례적으로 올라 역대 최고 수준**을 보였다. CNN이 메인대 기후변화연구소 자료를 바탕으로 분석한 바에 따르면 해수면 평균온도는 3월 13일 20.96도로, 이전까지 가장 높았던 2016년과 같은 수준을 기록한 뒤 종전 최고 기록보다 높은 상태를 계속 이어가고 있다.

셋째, **남극 대륙의 해빙 규모가 역대 최저 수준**을 기록했다. 미 항공우주국(NASA) 지구관측소에 따르면 지난 2월 2일 남극 해빙의 범위는 179만 km²로, 1979년 위성 관측을 시작한 이래 가장 낮은 수준으로 줄어 기후 위기를 가속화하고 있다. 빙하학자인 테드 스캠보스 콜로라도대 교수는 이런 해빙 축소를 "정말로 예외적이고 놀라운 일"이라며 "2023년은 미친 영역으로 향해 가고 있다"고 말했다.

넷째, **대기 중 이산화탄소 농도가 역대 최고 수준**이다. 미 국립해양대기청(NOAA)과 캘리포니아대학교 스크립스 해양학연구소에 따르면 5월 대기 중 이산화탄소 농도가 424ppm으로 사상 최고 기록을 썼다.

> ➕ **해빙과 빙하의 차이**
>
> 남극·북극의 얼음 덩어리는 해빙(海氷)과 빙하(氷河)로 구분한다. 해빙은 바닷물이 얼어 만들어진 것이고 빙하는 민물로 이뤄진 두꺼운 얼음덩어리다. 빙하는 다시 빙상(氷床)과 빙붕(氷棚)으로 나뉜다.
>
> 빙상은 땅을 넓게 덮고 있는 거대한 얼음 평원이다. 빙붕은 빙상이 길게 바다까지 이어져 있는 부분으로 일부가 물에 잠겨 있다.
>
> 이 빙상과 빙붕에서 떨어져 나와 해수면 위로 5m 이상 솟아 바다에 둥둥 떠다니는 게 빙산(氷山)이다.

2.

양평 고속도로 백지화 논란

여야 정쟁에 양평군민
숙원사업 날아갈 판

민주당이 서울~양평 고속도로 노선 변경과 관련해 윤석열 대통령 부인 김건희 여사 일가의 특혜 의혹을 꺼냈다. 김 여사 일가 소유 땅이 있는 곳으로 양평고속도로 노선이 변경됐다는 것이다. 원희룡 국토교통부 장관은 "민주당의 가짜뉴스 프레임을 말릴 방법이 없다"며 7월 6일 사업을 전면 백지화하기로 했다. 국민의힘은 민주당 인사들이 양평고속도로 인근 토지를 매입했다고 역공에 나섰다. 여야의 정쟁 속에 양평군민들의 15년 숙원사업이 날아갈 처지에 놓였다.

민주당 '양평고속도로 종점 김건희 여사 땅 변경' 맹공

▲ 서울–양평 고속도로 기존 계획안 (자료 : 국토교통부)

더불어민주당이 7월 6일 서울~양평 고속도로(이하 양평고속도) 노선 변경과 관련해 윤석열 대통령 부인 김건희 여사 일가의 특혜 의혹을 꺼내며 공세 수위를 끌어올렸다. 의혹 관련 당내 '진상규명 태스크포스(TF)'를 꾸리는 한편, 감사원 감사·■**국정조사**까지 추진하기로 했다.

민주당이 제기하는 의혹의 핵심은 2년 전 ■**예비타당성조사**(예타)를 통과한 양평고속도 노선이 지난 5월 갑자기 변경됐고, **변경된 노선의 종점인 경기도 양평군 강상면에 김 여사 일가 소유의 선산**(先山 : 조상의 무덤이 있는 곳)**이 있다**는 것이다. 민주당은 노선 변경 과정에서 윗선의 부당한 압력이 작용했으리라 의심하고 있다.

TF 단장을 맡은 강득구 의원은 이날 CBS 라디오에서 "대통령 부인을 포함해 부인의 모친 최은순 씨 일가의 땅들이 (변경된 종점) 이쪽에 상당 부분 있다는 게 확인됐다"며 "고속도로 종점과 불과 500m 떨어진 거리에 김 여사 일가 소유의 땅이 속속 드러나고 있다"고 주장했다.

강 의원은 "(노선이 변경되면) 쓸모없는 땅이 황금의 땅이 될 수 있다. 최소 2배 이상의 시세차익을 볼 수 있다"라며 "최종적으로 정리되면 당연히 감사원 감사를 해야 한다"고 했다.

민주당은 TF 진상조사 후 필요시 국정조사까지 요구하기로 했다. 민주당 측은 "이건 국정조사뿐 아니라 검찰·경찰 수사감"이라며 "TF를 중심으로 집중적으로 의혹을 파헤칠 것"이라고 밝혔다.

■ **국정조사 (國政調査)**
국정조사는 국회가 특정한 현안에 대해 직접 관여하여 진상을 규명하는 것이다. 국회 재적의원의 4분의 1 이상이 서명한 '국정조사요구서'가 국회에 제출되면 여야 협의로 국정조사위원회를 구성하게 된다. 국정조사위원회는 증거의 채택 또는 증거의 조사를 위해 청문회를 열 수 있다. 국정조사는 '특정한 현안에 대해 부정기적'으로 행하는 조사라는 점에서, '국정 전반에 대해 정기적'으로 행하는 국정감사와 다르다.

■ **예비타당성조사 (豫備妥當性調査)**
예비타당성조사란 정부의 재정이 대규모로 투입되는 사업의 정책적·경제적 타당성을 사전에 면밀하게 검증·평가하는 제도이다. 예산 낭비 방지 및 재정 운용의 효율성을 제고하기 위해 사전에 조사하는 것이다. 1999년 김대중 정부 때 도입된 제도이며 이전의 부실한 타당성 조사로 무리한 사업들이 다수 추진됐던 사례들이 발생하지 않도록 하기 위한 목적에서 시행됐다. 예비타당성조사 대상은 국가재정법상 총사업비가 500억원 이상이고, 국가의 재정지원 규모가 300억원 이상인 사업이다.

원희룡 "양평고속도로 백지화" – 민주당 "문제 있단 것 인정한 셈"

원희룡 국토교통부 장관은 7월 6일 양평고속도 사업을 전면 백지화하기로 했다. 김건희 여사 일가에 특혜를 주려고 노선 변경을 시도했다는 의혹을 민주당이 제기하며 잡음이 끊이지 않자 주

▲ 원희룡 국토교통부 장관 (자료 : 국토교통부)

무 장관이 초강수를 둔 것이다.

원 장관은 이날 국회 의원회관에서 열린 양평 고속도 현안 관련 긴급 당정협의회를 마친 뒤 기자회견에서 **"아무리 사실을 이야기해도 김 여사를 악마로 만들기 위한 민주당의 가짜뉴스 프레임을 말릴 방법이 없다"**며 해당 사업에 대해 "노선 검토뿐만 아니라 그 자체를 전면 중단하고 백지화하겠다"고 말했다.

원 장관은 "민주당은 더 이상 추측과 정황만으로 의혹 부풀리기에 몰두하지 말고 정식으로 저를 고발하라"고 말했다.

그러면서 "권력층이나 민간으로부터 청탁이나 압력을 받은 사실 등이 있다면 장관직뿐만 아니라 제 정치생명을 걸겠다. 대신 그 의혹이 **무고**(誣告 : 없는 일을 거짓으로 꾸며 고발하거나 고소함)라고 밝혀진다면 민주당은 간판을 내리시라"고 강조했다.

이날 국토부는 김 여사 일가 땅이 있는 도로 종점부는 고속도로 진출입이 가능한 나들목(IC)이 아니라, 도로와 도로를 연결하는 분기점(JC)이 설치될 예정이어서 특혜가 아니라고 설명했다.

민주당은 원 장관이 양평고속도 사업을 백지화하기로 한 데 대해 황당하고 무책임이라고 비판했다. 박성준 민주당 대변인은 이날 서면브리핑에서 "주무 장관이라는 사람이 의혹 제기에 기분 나빠서 못하겠다는 식으로 사업을 없었던 일로 만들겠다니 정말 황당무계하다"고 밝혔다.

박 대변인은 "장관이 **사업을 전면 백지화한 것이야말로 문제가 있다는 것을 스스로 인정한 셈**이다. 이 사업을 백지화하려는 것은 의혹을 덮으려는 꼼수"라며 "사업을 백지화한다고 해서 의혹이 사라지는 것은 아니다. 특권 카르텔의 실체를 밝히는 일은 이제부터 시작"이라고 쏘아붙였다.

이재명 민주당 대표는 "일국의 장관이 감정 통제를 못하고 국책 사업 대해 감정적으로 결정하는 건 결코 옳지 않다"며 "어린아이도 아니고 이래선 안 된다"고 말했다.

▋**고속도로 관련 주요 용어**

용어	설명
IC(Interchange·나들목)	국도와 고속도로를 연결하는 역할. 자동차가 고속도로로 들어오거나 빠져나가는 곳
JC(Junction·분기점)	고속도로와 고속도로가 만나는 교차지점. 고속도로를 주행하다 다른 고속도로로 갈아타는 환승 지점
TG(Tollgate·톨게이트)	고속도로를 이용한 통행료를 계산하는 장소. 하이패스, 카드, 현금 또는 청구서에 의해 후불로 결제
SA(Service Area)	운전 중 휴식을 취할 수 있는 장소로 화장실, 식당, 휴게실 등의 시설 보유
Ramp(램프)	높이가 다른 두 도로 및 지형을 연결하는 도로의 경사진 부분

국민의힘 "민주당 고속도로 게이트" 역공

▲ 더불어민주당 박광온 원내대표가 7월 13일 국회 당 사무실에서 열린 대통령 처가 고속도로 게이트 진상규명 특별위원회 첫 회의에서 최인호 특위공동위원장의 설명을 듣고 있다.

국민의힘은 7월 11일 민주당이 건설을 요구하는 양평고속도 원안(양서면 종점)에서 민주당 출신 인사들의 땅이 잇따라 발견됐다며 "민주당 고속도로 게이트"라고 역공을 폈다. 민주당이 김건희 여사 특혜 의혹을 제기한 대안 노선(강상면 종점)에 대해선 "문재인 정부 시절 예타 용역을 받은 민간업체가 제시한 안"이라고 반박했다.

윤재옥 국민의힘 원내대표는 "민주당 논리대로라면 문재인 정권이 유력한 야권 대선 주자 부인에게 특혜를 주기 위해 기획했다는 말인데 정말 황당한 주장"이라고 꼬집었다.

이어 "언론의 추가 취재를 통해 민주당 정동균 전 양평군수의 아내가 원안의 종점 인근 땅 250여 평을 구입한 사실이 드러났는데 예비타당성 조사 발표 4개월 전의 일"이라며 "당시 현직이었던 정 전 군수가 '셀프특혜' 극대화를 노렸다고 볼 여지가 다분하다"고 지적했다.

같은 당 박대출 정책위의장은 문재인 정부 시절 민주당 인사들이 양평고속도의 강하 IC 설치를 요구하기 한 달 전 김부겸 전 총리가 강하면 토지를 매입했고, 문재인 정부 청와대 비서실장을 지낸 유영민 전 비서실장 부인 소유 땅도 정 전 양평군수 일가 소유의 땅 인근에 자리하고 있다며 의혹을 제기하기도 했다.

민주당은 김건희 여사 일가 양평고속도 특혜 의혹을 규명할 국정조사를 야당 단독으로 추진할 가능성을 시사했다. 이재명 대표는 7월 12일 양평고속도 특혜 의혹 진상을 규명할 국정조사를 시작하자고 정부·여당에 공식 요청했다.

이소영 민주당 원내대변인은 7월 13일 "국민적 의혹과 관심이 증폭된 상황인데 국회 차원에서 통상적 방법으로는 진상규명이 난항을 겪고 있다"며 "국민의 알 권리를 보장하는 국회 역할을 다하기 위해서 특단의 여러 가지 조치를 고려할 수밖에 없지 않겠느냐"고 언급했다.

한편, 양평고속도는 2008년 민자 사업으로 추진하다가 나서는 사업자가 없어 2017년부터 재정사업으로 진행된 국책 사업이다. **여야의 정쟁 속에 양평군민들의 15년 숙원사업이 날아갈 처지에** 놓였다.

➕ 재정사업과 민자사업

재정사업은 국가 재정이나 지자체 재정으로 진행되는 사업으로 대부분의 고속도로와 철도 사회간접자본(SOC, Social Overhead Capital)이 재정사업 방식으로 건설됐다. 민자사업은 민간 자본으로 SOC를 건설하는 사업이다. 민간사업자 자본으로 인프라 시설을 건설한 후 해당 시설의 소유권을 정부로 이전한 채 일정 기간 민간사업자가 시설 운영권을 갖고 사용료를 징수해 투자비를 회수하는 BTO(Build Transfer Operation) 방식이 대표적인 민자사업 방식이다. 대표적으로 인천공항철도, 천안~논산 고속도로가 민자사업 방식으로 건설된 SOC다.

PART

02

분 야 별
최신상식

9개 분야 최신이슈와 핵심 키워드

분야별
최신상식

정치
행정

김기현 "국내 중국인 투표권 제한해야"

■ **상호주의 (相互主義)**

상호주의란 국가 간에 등가(等價)인 것을 교환하거나 동일한 행동을 취하는 주의로 외교의 기본적인 원리 중 하나이다. 경제 관계에서도 서로 등가의 이익을 교환하거나 동일한 대우를 교환하는 것을 상호주의(또는 호혜주의)라고 한다. 예를 들어 통상 협정의 기본적인 원칙은 호혜주의이다.

"상호주의에 입각한 관계 정립 필요"

김기현 국민의힘 대표는 6월 20일 "■**상호주의**에 입각해 한중 관계부터 새롭게 정립해야 한다"면서 국내 거주 중국인의 투표권 제한에 나서겠다고 밝혔다. 김 대표는 이날 국회 교섭단체 대표연설에서 "작년 6월 지방선거 당시 국내 거주 중국인 약 10만 명에게 투표권이 있었다. 하지만 중국에 있는 우리 국민에게는 참정권이 전혀 보장되지 않았다. 왜 우리만 빗장을 열어줘야 하는 건가"라며 이같이 말했다.

외국인 투표권자가 늘어나면서 상호주의에 따라 투표권을 재정립해야 한다 는 원칙은 윤석열 정부 초기부터 제기돼 온 주장이다. 국민의힘은 "중국인 건강보험 문제는 대선 당시에도 캠프에서 논의됐던 사안이고 원희룡 국토교통부 장관의 경우 중국인 부동산 투기를 언급한 적이 있다"며 "상호주의와 국가 간의 공정이 중요하다는 화두는 윤석열 정부 초기부터 이어져 오던 흐름"이라고 설명했다.

김 대표의 '상호주의에 입각한 한중 관계' 언급은 최근 싱하이밍 주한 중국대사가 더불어민주당 이재명 대표와 만난 자리에서 '중국이 지는 쪽에 베팅

이라고 비판했다. 유 전 의원은 6월 26일 KBS라디오 '최경영의 최강시사'에서 "중국은 선거도 없고 민주적인 선거도 없는 나라인데, 그런 나라에서 투표권 안 준다고 그 나라에서 온 사람들에게 우리 투표권 안 준다는 게 상식적으로 말이 되느냐"라고 말했다.

또한 "외교적으로 현명한 짓이 절대 아니다"라며 "중국과의 관계를 정상적인 관계로 빨리 전환해야 한다"고 강조했다.

하면 후회할 것'이라는 등 윤석열 정부를 겨냥한 과격한 발언으로 한중 간 외교 갈등을 촉발한 가운데 나왔다는 점에서 주목된다.

"투표권 제한은 중국 때리기 편승"

다만 김 대표가 갑작스레 교섭단체 대표연설을 통해 중국인 투표권 제한에 드라이브를 건 것은 싱하이밍 중국 대사의 발언으로 **반중감정이 확산되는 상황에 기댄 정치적 셈법**이라는 해석도 나온다. 이재명 대표를 향한 '굴욕외교' 대야 공세의 연장선으로, 보수 진영의 결집도 노린다는 해석이다.

중국인 투표권 제한을 위한 법 개정은 여소야대 국면에서 쉽지 않아 보인다. 민주당 박성준 대변인은 "정치적 결사를 위한 프레임 아니겠느냐"라며 부정적인 입장을 드러냈다.

유승민 국민의힘 전 의원은 김기현 대표가 교섭단체 대표연설에서 국내 중국인 투표권을 제한하자고 말한 것에 대해 "중국 때리기에 편승한 것"

➕ 중국인 건강보험 '먹튀' 논란

김기현 국민의힘 대표는 국내 거주 중국인의 투표권 제한과 더불어 "외국인 건강보험 적용 역시 상호주의를 따라야 한다"며 "중국에 있는 우리 국민이 등록할 수 있는 건강보험 피부양자 범위에 비해 우리나라에 있는 중국인이 등록 가능한 범위가 훨씬 넓다. 중국인이 더 많은 혜택을 누리는 것으로 부당하고 불공평하다"고 지적했다.

건강보험 외국인 직장 가입자의 피부양자 중 중국인 비중이 압도적으로 많다. 올해 5월 기준 중국인 직장 건보 가입자의 피부양자는 11만988명으로 외국인 중 가장 많으며, 외국인 가입자가 많은 10개국(중국·베트남·우즈베키스탄·미국·네팔·캄보디아·필리핀·인도네시아·러시아·태국) 중 중국인 비중은 68.6%이다. 의료 이용이 많아지는 60세 이상 고령 피부양자도 주요 10개국의 60세 이상 전체 피부양자(4만4911명)의 87%(3만8925명)가 중국인이다.

POINT 세 줄 요약

❶ 김기현 국민의힘 대표는 상호주의에 입각해 국내 거주 중국인의 투표권 제한에 나섰다.

❷ 이는 싱하이밍 중국 대사의 발언으로 반중감정이 확산되는 상황에 대한 정치적 셈법이라는 해석이 나온다.

❸ 유승민 국민의힘 전 의원은 "중국 때리기에 편승한 것"이라며 "외교적으로 현명하지 않은 짓"이고 밝혔다.

양향자, 신당 '한국의희망' 창당

더불어민주당 출신 ■양향자 무소속 의원이 신당 '한국의희망' 창당을 6월 26일 공식 선언했다. 양 의원은 이날 서울 영등포구 중소기업중앙회에서 열린 창당발기인 대회에서 "거대 양당이 이끄는 정치는 그저 권력 게임이자 이권 다툼이다. 그들이 주도하는 '정권 교체'는 '기득권 교체'일 뿐"이라며 "좋은 정치·과학 정치·생활 정치가 만들 새로운 시대로 이제 건너가야 한다"고 말했다.

양 의원은 ▲블록체인 플랫폼을 기반으로 한 당 운영으로 부패 차단 ▲북유럽식 정치학교와 자체 교육시스템으로 청년 인재 육성 ▲국회의원의 모든 특권적 지위와 혜택 포기 등을 내세웠다. 당의 상징색은 주황색으로 정했으며 오는 8월 창당을 목표로 한다.

삼성전자 임원 출신으로 반도체 엔지니어였던 양 의원은 "30여 년 전 한국의 반도체가 일본과 미국을 넘어선다고 했을 때 모두가 헛된 꿈이라고 했다. 그러나 겁 없이 도전한 덕에 10년여 만에 일본을 따라잡고 미국을 넘어 세계 1위를 제패했다"며 "(당원) 10만 명만 모이면 단숨에 양당을 위협하는 유력 정당이 된다"고 지지를 호소했다.

당초 양 의원의 신당에 현역 의원 일부가 관심을 보였으나, 합류로는 이어지지 않았다. 양 의원은 "관심을 보인 분들은 많았다. 그런데 지금 소속 정당 알을 깨고 나올 분은 없다고 본다"고 말했다. 최진석 서강대 명예교수, 최연혁 스웨덴 린네대 교수(정치학) 등이 대표발기인에 이름을 올렸다.

양 의원은 **금태섭 전 의원이 주도하는 신당과의 연대 가능성**을 놓고서는 "아직은 신생 정당이 어떤 가치와 비전과 철학 꿈을 가졌는지 알지 못해 저의 관심사는 아니다"라고 했다.

■ 양향자 (梁香子, 1967~)

양향자는 기업인 출신 정치인이다. 광주여자상업고 졸업 후 삼성전자에 고졸 여직원으로 입사해서 상무이사까지 올라 삼성그룹 역사상 첫 여상 출신 임원이라는 기록을 가지고 있다. 문재인 전 대통령이 더불어민주당 대표로 활동하던 시절 영입인재로 2016년 1월 12일 민주당에 입당했다. 제21대 국회의원 선거에서 광주광역시 서구을에 출마해 당선됐다. 2021년 7월 보좌진의 성비위 의혹으로 민주당을 자진 탈당했다.

➕ 정당의 창당 절차

정당이 설립되기 위해서는 중앙당이 중앙선거관리위원회에 등록해야 한다. 이를 위한 첫 단계로 '중앙당창당준비위원회 결성신고'를 해야 한다. 중앙당창당준비위원회 결성신고를 하기 위해서는 200명 이상의 발기인이 구성되어야 하며, 창당을 위한 발기인대회를 개최하여 발기취지, 규약, 명칭을 정하고 대표자 등을 선임하여 중앙당창당준비위원회를 결성하고, 중앙선거관리위원회에 중앙당창당준비위원회 결성신고를 해야 한다.
다음 단계는 '시·도당 창당 및 등록신청'이다. 중앙당을 창당하기 전에 시·도당 창당을 진행해야 하는데, 먼저 시·도당 창당준비위원회를 결성하기 위해 각 시·도당 별로 100명 이상의 발기인을 구성하고 발기인대회를 개최하여 발기취지, 대표자 등을 해야 한다. 구조적 준비를 마쳤다면 중앙당창당준비위원회의 승인을 받은 후, 관할시·도선거관리위원회에 시·도당 등록신청을 하면 해당 시·도선거관리위원회에서 형식적 심사를 거쳐 등록수리로 등록 절차가 마무리된다.
마지막 단계는 '중앙당 창당 및 등록신청'이다. 먼저 5

개 이상의 시·도당 등록과 같은 창당 준비를 한 상태에서 집회개최일 전 5일까지 일간신문에 창당대회를 개최한다는 공고를 올린다. 그 후 중앙당창당대회를 개최하여 강령(기본정책) 및 당헌의 채택, 대표자·간부 등의 선임을 마친 후 중앙선거관리위원회에 등록 신청을 하면 중앙선거관리위원회의 형식적 심사를 거쳐 등록 수리로 중앙당이 창당이 완료되어 정당이 만들어진다.

민주당, '불체포특권' 내려놓는다

더불어민주당이 6월 26일 **소속 의원의 구속 수사를 막기 위한 '방탄국회'를 더는 열지 않겠다**고 밝혔다. 동료 의원에 대한 체포동의안은 국회 본회의에서 가결 처리한다는 원칙도 세웠다. 불체포특권을 내려놓으라는 당 혁신위원회의 1호 혁신안을 지도부가 수용한 것이다.

앞서 국민의힘 김기현 대표는 6월 20일 교섭단체 대표연설에서 국회의원 전원의 불체포특권 포기 서약서 서명을 제안했다. 여당도 112명 중 뇌물 수수 혐의로 구속된 정찬민 의원까지 총 110명이 불체포특권 포기 연대 서약을 한 만큼 앞으로 방탄국회가 역사 속으로 사라질지 주목된다.

민주당 권칠승 수석대변인은 이날 "불체포특권과 관련한 혁신위의 제안을 존중한다"며 "체포동의안 부결을 위한 임시회는 열지 않고 비회기 기간을 확보해 영장실질심사를 받도록 하겠다"고 밝혔다.

그는 "회기 중 체포동의안 요구가 올 경우 당론으로 부결을 정하지 않겠다"며 "체포영장이 온 경우 비회기 때는 (법원에) 나가서 심사받겠다는 것을 원칙으로 한다는 의미"라고 설명했다. 민주당 지도부는 최고위에서 이 같은 방침에 만장일치로 찬성한 것으로 알려졌다. 불체포특권 포기와 관련해서 의원총회에서 소속 의원들로부터 의견 청취 절차가 진행됐다.

민주당 내에선 반대 의견도 나왔다. 4선 중진인 우원식 의원은 BBS 라디오에서 **"검찰이 부당한 권력 행사를 얼마나 더 할 것이냐는 문제도 있기 때문에 모두가 불체포특권을 포기하는 데에는 동의하기 어렵다"**고 했다. 송갑석 최고위원도 SBS 라디오에서 "이재명 대표 외의 다른 의원들의 경우엔 (불체포특권과 관련해) 사안마다 따로 평가해야 한다"며 당 전체 적용 가능성에 거리를 뒀다.

혁신위는 6월 23일 1호 혁신안 발표를 위한 기자회견을 열고 소속 의원 전원의 불체포특권 포기 서약 및 향후 체포동의안 당론 가결을 당에 요구했다.

▌국회의원의 특권과 의무

구분		내용
특권	불체포특권	▲국회의원은 현행범인 경우를 제외하고는 회기 중 국회의 동의 없이 체포 또는 구금되지 아니함. ▲국회의원이 회기 전에 체포 또는 구금된 때에는 현행범인이 아닌 한 국회의 요구가 있으면 회기 중 석방됨.
	면책특권	▲국회의원은 국회에서 직무상 행한 발언과 표결에 관하여 국회 외에서 책임지지 아니함.

의무	헌법상의 의무	겸직금지의무, 청렴의무, 국익우선의무, 지위남용금지의무
	국회법상의 의무	품위유지의무, 국회의 본회의와 위원회 출석의무, 의사에 관한 법령·규칙 준수의무

돌아온 이낙연, '역할론'에 주목

▲ 이낙연 전 민주당 대표

■ **이낙연** 전 더불어민주당 대표가 1년간의 미국 생활을 마치고 귀국했다. 민주당이 돈봉투 의혹, 김남국 코인 논란 등 '겹악재'로 전례 없는 위기 상황에 봉착한 가운데 이 전 대표가 "못다 한 책임을 다하겠다"고 밝히면서 다시금 '이낙연 역할론'이 부상하고 있다.

이 전 대표는 6월 24일 1년에 걸친 미국 조지워싱턴대 방문연구원 생활을 끝내고 입국했다. 이 대표는 공항에서 지지자 및 기자들과 만나 "여러분은 고통을 겪으시는데 저희만 떨어져 지내서 미안하다"며 "이제부터는 여러분 곁을 떠나지 않겠다"고 약속했다. 그는 윤석열 정부의 실책과 경제·안보·외교 등 국가적 위기를 꼬집은 뒤 "대한민국이 이 지경이 된 데는 저의 책임도 있다는

것 잘 안다. 저의 못다 한 책임을 다하겠다"고 밝혔다.

이에 정치권에서는 이 전 대표의 향후 행보에 촉각을 곤두세우고 있다. 윤석열 정부를 정면 비판한 만큼 총선 국면에서 역할을 하는 등 정치 현업에 복귀할 가능성도 제기된다. 당 일각에서 이재명 대표 체제에 대한 회의론도 있는 가운데 이 전 대표를 중심으로 구심력이 작동할 수 있다는 관측도 나온다.

친명(친이재명)**계와 비명**(비이재명)**계의 알력 다툼이 가시화될 우려도 있는 가운데** 이재명 대표는 "백지장도 맞들어야 할 어려운 시국이어서 모두가 힘을 합쳐야 한다"며 통합에 무게를 실었다. 박지원 전 국정원장은 페이스북에서 "(이 전 대표의) 도착 메시지도 좋았고 많은 지지자들의 질서 있는 환영행사도 일품이었다"며 "그의 귀국을 단합과 강한 야당으로 재탄생하는 계기로 만들어야 한다"고 했다.

다만 이 전 대표가 당분간 휴식을 취하며 '숨 고르기'에 들어갈 것이라는 시각이 우세하다. 그가 최근 발간한 저서 『대한민국 생존전략』의 전국 순회 북콘서트나 대학 강연 일정에 나설 것이라는 전망도 있다.

■ 이낙연 (李洛淵, 1952~)
이낙연은 동아일보 기자 출신으로 김대중 전 대통령의 천거로 정치를 시작했고 제16·17·18·19·21대 국회의원, 제37대 전라남도지사, 제45대 국무총리, 제4대 더불어민주당 대표를 역임했다. 2017년 5월 31일 문재인 정부의 초대 국무총리로 낙점돼 문 대통령의 국정 파트너로서 내각을 안정적으로 이끌었다는 평가를 받았다. 2020년 1월 14일 민주당 당 대표와 종로구 출마를 위해 퇴임한 그는 2년 7개월간 재임하면서 민

주화 이후 최장수 총리로 기록됐다. 20대 대선에 도전했으나 민주당 당내 경선에서 이재명 후보에게 패했다.

공무원인재개발원장 내정자, 극우 유튜브 활동 논란

▲ 유튜브 채널 '김채환의 시사이다' 화면 캡처

김채환 신임 국가공무원인재개발원장 내정자의 과거 유튜브 발언이 드러나면서 논란이 일었다. **김 내정자는 문재인 전 대통령이 군인들을 '생체실험'했다고 말했고 이태원 참사와 관련해서도 '굿판'이라는 표현을 사용**했다. 야당은 "극우 유튜버 등용"이라고 반발했다.

6월 30일 김 내정자가 운영하는 유튜브 채널 '김채환의 시사이다' 구독자는 약 54만 명이고, 그동안 올린 동영상도 400여 개에 달한다. '진실된 뉴스, 팩트를 기반으로 정치 사회적 사건의 이면을 분석하여 전달하는 정론직필 시사칼럼 채널'을 표방하고 있지만, 검증되지 않은 내용과 과격한 발언이 적지 않다.

김 내정자는 지난해 5월 '군마루타 생체실험사건' 제목의 영상을 통해 "코로나가 극성이던 2021년 8월 4일 청와대 전군 주요 지휘관 회의에서 (문재

인 대통령이) 군인들의 마스크를 벗게 하라는 지시를 내렸다"며 "군 통수권자가 군인을 생체실험 대상으로 사용하라는 지시를 내린 셈"이라고 말했다. 당시 군은 코로나19 예방접종 완료 후 선제적으로 방역 완화에 나선 상황이었다.

세월호 참사와 이태원 참사를 두고는 '음모론적' 시각도 감추지 않았다. 김 내정자는 "세월호의 죽음, 이태원의 죽음. 죽음을 제물로 삼아 축제를 벌이고자 하는 자들의 굿판을 어떻게 하면 좋겠습니까"라고 말했다.

더불어민주당은 김 내정자를 '극우 유튜버'로 규정하고 임명 철회를 요구했다. 한민수 민주당 대변인은 전날 국회에서 브리핑을 열고 "극우 유튜브 채널을 그만 시청하라고 했더니 아예 극우 유튜버를 고위공직에 임명했다"며 "가짜뉴스를 유포하고 거짓선동이나 하는 사람을 국가공무원인재개발원 원장에 등용하다니 정말 기가 막힌다"고 비판했다.

민주당 박용진 의원도 "현직 대통령을 간첩 하수인으로 만드는 사람이 국무총리 산하 자문위원회 위원장이지 않나, 극우 막말 유튜버가 윤석열 정권의 출세 지름길인가"라고 반문했다.

앞서 국무총리 직속 자문기구인 경찰제도발전위원회 박인환 위원장이 문재인 전 대통령을 '간첩'이라고 표현해 논란이 불거진 바 있다.

> **➕ 우파 유튜버**
> 우파 유튜버란 정치 성향이 보수 우파인 정치 관련 유튜버를 말한다. 박근혜 탄핵 이후 우파 언론인 출신 인사

들을 중심으로 전문적인 정치 유튜브 채널이 본격적으로 등장하기 시작했고, 보수 성향의 유튜버들이 우후죽순으로 생겨났다. 이들은 안티페미니즘 성향을 자극해 유명세를 얻은 후, 점차 정치적 색채를 드러낸 경우가 많다. 반대 진영에서는 이들을 조롱하는 말로 '틀튜브'(노인에 대한 멸칭인 '틀니'와 '유튜브'의 합성어)라는 용어를 사용하기도 한다.

尹 대통령, 장·차관급 15명 인선

▲ 윤석열 대통령이 장미란 문화체육관광부 2차관과 기념촬영하고 있다. (자료 : 대통령실)

윤석열 대통령이 6월 29일 통일부 장관에 김영호 성신여대 교수, 국민권익위원장에 김홍일 전 고검장 등 정무직 장관급 인사와 11개 부처의 차관 인선을 단행했다. **문화체육관광부 2차관에는 '역도 영웅' 출신인 ▪장미란 교수가 발탁**됐다. 김대기 대통령 비서실장은 이날 용산 청사에서 브리핑을 열고 이러한 내용의 장·차관 인선을 발표했다.

윤 대통령은 이날 차관으로 내정된 대통령실 비서관들을 만나 "국민을 위해 봉사하는 고위직 공무원으로서 업무를 처리해 나가면서 약탈적인 이권 카르텔을 발견하면 과감하게 맞서 싸워 달라"고 당부했다.

야당은 이날 윤석열 정부 첫 개각에 "인사가 망사"라며 맹폭했다. 특히 김영호 통일부 장관 후보자와 김홍일 국민권익위원장 내정자, 김채환 국가공무원인재개발원장 내정자에 대해 "임명해서는 절대 안 될 사람"이라며 내정 철회를 촉구했다. 반면 여당은 "개혁과 민생을 위해 더욱 박차를 가할 계기가 될 것"이라며 평했다.

윤 대통령은 10여개 부처 장·차관 교체 인선을 발표했지만 사실상 이동관 대통령 대외협력특보로 내정된 것으로 알려진 방송통신위원장 발표는 미뤄졌다. 리투아니아를 방문 중인 **윤석열 대통령은 7월 11일**(현지시간) **한국방송공사**(KBS) **수신료를 분리 징수하는 방송법 시행령 개정안을 재가**했다. 수신료 분리 징수 문제가 마무리된 만큼 이동관 특보의 방통위원장 지명도 예정대로 추진할 것으로 전망된다.

방문규 국무조정실장이 유력 후보로 거론됐던 산업통상자원부 장관 인선 발표도 잠정 보류된 분위기다. 당초 장관급에선 통일부 장관 후보자와 권익위원장만 이번에 발표하고, 산업부 인선은 추후 이어질 것으로 점쳐졌다.

▪ **장미란** (張美蘭, 1983~)

장미란은 대한민국 역도 선수 출신으로 현재 문화체육관광부 제2차관이다. 역도 선수 시절 대한민국 여자 역도 사상 최고의 기록을 세웠으며, 2004 아테네 올림픽 은메달, 2008 베이징 올림픽 금메달, 2012 런던 올림픽 동메달을 땄냈다. 선수 생활 은퇴 후에는 2015년 용인대에서 박사 학위를 취득한 후 동대학 체육학과 교수로 임용됐고 미국 켄트 주립대에서 스포츠행정학 석사를 취득한 후 복직했다.

윤 대통령 "우리는 반카르텔 정부...가차 없이 싸워 달라"

대 한 민 국 대통령실

윤석열 대통령은 7월 3일 신임 차관들과 만나 "우리 정부는 '반(反) ▪카르텔' 정부"라면서 "이권 카르텔과 가차 없이 싸워 달라"고 말했다. **이권 카르텔 해체를 핵심 국정운영 기조**로 삼으면서 신임 차관들에게 공직사회 카르텔 해체에 집중하라고 당부한 것이다.

윤 대통령은 이날 용산 대통령실 청사에서 신임 차관급 인사 13명에게 임명장을 수여한 뒤 오찬을 함께하며 이같이 당부했다고 이도운 대통령실 대변인이 서면 브리핑에서 밝혔다. 윤 대통령은 "민주사회를 외부에서 무너뜨리는 것은 전체주의와 사회주의이고 내부에서 무너뜨리는 것은 부패한 카르텔"이라고 강조했다.

윤 대통령은 또 "국가와 국민, 자유민주주의 헌법 시스템에 충성해 달라"면서 "말을 (현 정부로) 갈아타라는 것이 아니라, 헌법 정신에 맞게 말을 제대로 타라는 것"이라고 말했다. 신임 차관들에게 현 정부 국정철학에 맞춰 국정과제 달성에 적극 나설 것을 주문한 것으로 해석된다.

한편, 대통령실은 이날 일부 부처의 1급 고위공무원들이 일괄 사표를 낸 것으로 알려진 데 대해 "1급 사표 제출은 대통령실 지시에 따라 시작된 것이 아니다"라고 밝혔다. 대통령실은 "해당 부처는 장관 직권으로 인사 쇄신 차원에서 1급 공직자들 사표를 받은 것"이라며 "차관 인선 발표로 후속 절차가 잠시 보류된 것으로 안다"고 전했다. 부처 장관들이 알아서 쇄신 인사를 추진한 것이란 설명이다.

이에 따라 쇄신 차원의 고위공무원 인사가 사실상 전 부처로 확산할 수 있다는 관측이 나온다. 대통령실이 직접 지시하지 않더라도 각 부처 장차관이 자발적으로 '말을 제대로 타지 않는' 고위공직자들에 대한 '물갈이'를 추진하게 될 것이란 전망이 나온다.

▪ 카르텔 (cartel)
카르텔은 동종 집단이나 이익 단체 간의 사익 추구 및 담합 구조를 통틀어 일컫는다. 흔히 권력과 이권을 독점하는 특정 파벌이나 조직을 비판적으로 부를 때 카르텔이란 말을 쓴다. 법조계 카르텔, 원자력 카르텔, 언론 카르텔, 기획재정부 카르텔 등 여러 가지 상황에서 쓰인다.
카르텔은 원래 같은 종류의 상품을 생산하는 기업이 서로 가격이나 생산량, 출하량 등을 협정해서 경쟁을 피하고 이윤을 확보하기 위해 연합한 형태를 말한다. 이는 기업 활동이나 주식의 소유 지배를 수반하는 트러스트(trust)나 콘체른(konzern)과 구별된다.

이태원 참사 특별법, 패스트트랙 올랐다

국회는 6월 30일 이태원 참사 특별법을 신속처리 안건(▪패스트트랙)으로 지정하고 '노란봉투법'은 본회의에 부의했다. 일본 후쿠시마 원전 오염수 방류 철회 촉구 결의안도 채택했다. 야당의 단독 처리에 여당은 반발했다.

▲ 이태원 참사 후 추모 현장

국회는 이날 본회의를 열고 야당이 제출한 **'10·29 이태원 참사 피해자 권리보장과 진상규명 및 재발 방지를 위한 특별법안에 대한 신속처리안건 지정동의 안건'**을 처리했다. 더불어민주당·정의당·기본소득당·진보당 등 야당 의원 185명이 투표에 참여해 찬성 184표, 반대 1표가 나왔다. 국민의힘 의원들은 표결에 불참했다.

신속처리안건으로 지정되면 최장 330일의 계류 기간을 거쳐 21대 국회 임기 종료 전인 내년 5월 본회의에서 처리할 수 있다. 유가족들은 본회의장에서 표결 과정을 참관했다. 야당 의원 183명이 발의한 특별법안은 이태원 참사 진상규명을 위한 독립적인 특별조사위원회(특조위)를 설치하고, 특조위에 특별검사 도입 요구권을 부여하는 내용을 담고 있다.

국회는 또한 **파업 참여 노동자에 대한 손해배상·가압류를 제한하고 간접고용 노동자의 교섭권을 보장하는 '노동조합 및 노동관계조정법 개정안(노란봉투법) 본회의 부의 안건'**을 통과시켰다.

국민의힘 의원들이 퇴장한 가운데 야 4당 의원들이 무기명 투표를 실시해 재석의원 184명 중 찬성 178표(반대 4표, 무효 2표)로 법안을 가결시켰다. 국민의힘은 본회의 통과 시 윤석열 대통령에

게 재의요구권(거부권) 행사를 건의할 방침이다.

민주당이 발의한 '후쿠시마 오염수 방류 계획 철회 및 수산물 안전성과 어업인 보호 대책 마련 촉구 결의안'도 채택됐다. 재석 의원 172명 중 찬성 171표, 기권 1표로 가결됐다. 결의안에는 일본 정부의 오염수 해양 방류 추진 철회 촉구, 한국 정부에 국제해양법재판소 제소·수산업계 및 어업인 보호 대책 마련 촉구 등이 담겼다.

■ **패스트트랙 (fast track)**

패스트트랙은 국회법상 '신속처리안건 지정'이라고도 불리며 상임위원회. 법제사법위원회 단계에서 법안 심사 시한을 정해 놓은 것이다. 2012년 '국회선진화법'(국회법 개정안)이 의결되면서 신속하게 처리되어야 할 법안이 합의되지 않을 경우를 대비해 만들어진 제도다.

신속처리안건을 지정하면 상임위 심의(최장 180일), 법사위 회부(최장 90일), 본회의 부의(최장 60일)를 거쳐 본회의에 자동 상정된다. 따라서 최장 330일이면 법안이 자동으로 상정된다. 하지만 이 기간이 너무 길어 법안의 신속한 처리란 취지를 살리지 못한다는 지적이 있다. 또한 다수당의 남용을 막기 위해 재적 의원의 5분의 3 이상 또는 상임위원회 재적 위원의 5분의 3 이상 찬성으로 신속처리안건 지정 요건을 엄격하게 했다.

패스트트랙은 기업회생에서 간소화 절차를 의미하기도 한다. 기업회생절차는 보통 몇 년 이상이 걸리는데 패스트트랙 제도는 채권단협의회의 주도로 사전계획안을 제출하고 조사위원 선임 등 일부 절차를 생략·통합해 최소한 6개월 이내 마치도록 유도하는 것이다.

'골프채 수수'
손숙·이희범 전 장관 기소유예

검찰이 골프채 판매업체로부터 고가의 골프채를 받은 혐의로 송치된 배우 손숙 씨를 기소유예 처

분했다. 기소유예는 범죄가 인정되지만 경미한 경우 여러 정황을 참작해 재판에 넘기지 않는 것이다.

7월 3일 법조계에 따르면 서울중앙지검 형사3부(부장검사 김수민)는 지난 6월 30일 **■청탁금지법** 위반 혐의로 송치된 손 씨를 기소유예했다. 산업자원부 장관과 평창 동계올림픽 조직위원장을 역임한 이희범 부영그룹 회장도 함께 기소유예 처분했다.

앞서 서울경찰청 반부패·공공범죄수사대는 이들을 청탁금지법 위반 혐의로 검찰에 송치했다. 손 씨 등은 2018~2021년 골프채 판매업체인 A사로부터 100만원이 넘는 골프채 세트를 수수한 혐의를 받았다.

청탁금지법은 공직자나 교수, 언론사 직원 등은 **직무관련성이 없더라도 1회에 100만원을 넘거나 매 회계연도 300만원을 초과하는 금품을 받지 못한다고 규정**한다. 이를 어길시 3년 이하의 징역이나 3000만원 이하의 벌금에 처할 수 있다.

검찰은 손 씨가 수수한 금액이 많지 않고 고령인데다 초범인 점, 수수할 당시 맡았던 예술의전당 이사장이 비상근 명예직인 점을 고려해 기소유예 결정했다고 설명했다. 검찰은 골프채 등을 건넨 A사 관계자와 법인은 청탁금지법 위반 혐의로 불구속 기소하고 나머지 수수자인 대학교수, 기자 등은 약식기소 또는 기소유예 처분했다.

■ **청탁금지법 (請託禁止法)**

청탁금지법은 부정부패를 방지하기 위해 국민권익위원장이던 김영란의 제안으로 만들어진 법률이다. 제안자의 이름을 따서 흔히 '김영란법(金英蘭法)'이라는 별칭으로 불린다. 공무원이나 공공기관 임직원, 학교 교직원 등이 일정 규모[식사대접 3만원, 선물 5만원(농축 수산물과 농축수산 가공품의 경우 20만원), 경조사비 5만원] 이상의 금품을 받으면 직무 관련성이 없더라도 처벌하는 것을 골자로 한다. 김영란 당시 국민권익위원장이 2012년에 제안한 후 2년 반이라는 오랜 논의를 거쳐 2015년 1월 8일 국회 정무위원회를 통과하였으며 같은 해 3월 3일에 국회 본회의를 재석 의원 247명 중 찬성 228명(찬성률 92.3%), 반대 4명, 기권 15명으로 통과하여 1년 6개월의 유예기간을 거친 후 2016년 9월 28일 시행되었다.

정부, '가짜 독립유공자' 가린다

▲ 김원웅 전 광복회장 재직 당시인 2020년 광복회가 제작 추진한 '독립운동가 100인 만화 위인전' 중 '끝나지 않은 이야기, 전월선'의 책 표지 사진. '전월선'편(430쪽)이 '백범 김구'편(290쪽)보다 더 많은 분량으로 제작돼 논란이 불거졌었다. (자료 : 국가보훈부)

정부가 친북 활동이나 허위 공적 등으로 논란이 된 **■독립유공자**에 대한 서훈 박탈을 추진한다. 손혜원 전 국회의원 부친과 고(故) 김원웅 전 광복회장 부모의 서훈이 재검토될 것으로 알려졌다. 반면 과거 친일 행적이 발목을 잡았던 조봉암 선생과 김가진 선생에 대해서는 서훈을 검토할 것으로 전망된다.

국가보훈부는 7월 2일 "'독립유공자 서훈 공적심사위원회 운영 규정' 등 심사 기준을 대폭 변경한다"며 "국민 눈높이에 맞추고 가짜 유공자 논란 불식 등 신뢰를 제고하겠다"고 밝혔다. 북한 정권에 기여하는 등 친북 논란이 있는 독립유공자에 대한 포상 기준을 명확히 한다는 방침이다. 이에 따라 이미 훈장을 받은 친북 논란 독립유공자의 서훈 적절성도 재검토한다.

재검토 대상에는 손 전 의원 부친인 손용우 씨가 포함된 것으로 전해졌다. **손 씨는 1945년 광복 이후 조선공산당 활동 이력으로 보훈 심사에서 6차례 탈락했다가 2018년 7번째 신청 때 독립유공자로 선정**됐다. 당시 변경된 심사 기준을 부당하게 적용했다는 논란이 일었다.

보훈부는 김원웅 전 광복회장 부모인 김근수·전월순 씨 서훈도 재검토하는 것으로 알려졌다. 앞서 두 사람의 공적조서상 출신지와 이름, 활동 시기 등이 실제와 다르다는 의혹이 제기됐다.

보훈부는 또 "공과가 함께 있는 독립운동가에 대해 재평가 방안이 있는지 찾아볼 계획"이라고 밝혔다. 좌익 계열 독립운동가로 초대 농림부 장관을 지낸 조봉암 선생과 대한민국 임시정부 고문이었던 독립운동가 김가진 선생에 대한 서훈을 검토하는 것으로 전해졌다.

보훈부는 "현재 진행 중인 공적 검증 전수조사 과정에서 확인된 중복·허위 등 공적 이상자에 대해 서훈 취소 절차를 조속히 진행해 가짜 독립유공자 논란을 종식시킬 계획"이라고며 "선교사·의사·교사 등 신분으로 독립운동에 기여한 외국인과 신사참배 거부로 투옥돼 옥중 순국하신 분 등에 대한 심사기준을 새롭게 마련하겠다"고 밝혔다.

■ **독립유공자 (獨立有功者)**

독립유공자란 '독립유공자 예우에 관한 법률'이 지정한 순국선열과 애국지사를 말한다. 순국선열은 일제의 국권침탈 전후로부터 1945년 8월 14일까지 국내외에서 일제의 국권침탈을 반대하거나 독립운동을 하기 위하여 항거하다가 그 항거로 인하여 순국한 자로서, 그 공로로 건국훈장·건국포장 또는 대통령표창을 받은 자이다.

애국지사는 일제의 국권침탈 전후로부터 1945년 8월 14일까지 국내외에서 일제의 국권침탈을 반대하거나 독립운동을 하기 위하여 항거한 사실이 있는 자로서, 그 공로로 건국훈장·건국포장 또는 대통령표창을 받은 자이다. 법률은 독립유공자와 유족에 대해 보상금, 연금, 사망일시금, 생활조정수당, 교육보호, 취업보호, 의료보호 등을 보장한다.

종이에 서명하던 주민감사청구도 이제 '온라인 신청'

▲ '주민e직접' 홈페이지 화면 캡처

행정안전부는 7월부터 '주민e직접' 플랫폼을 통해 중앙부처와 17개 시·도에 서면으로만 신청할 수 있었던 ■**주민감사청구**를 온라인으로도 신청할 수 있다고 7월 2일 밝혔다.

지난해 2월에 개통한 '주민e직접' 플랫폼은 중앙부처나 지방자치단체를 직접 방문해 처리하던 **주민직접 참여제도를 PC와 스마트폰 등 온라인으로 참여할 수 있게 만든 플랫폼**이다. 이를 통해 ■**주**

민조례·**주민투표**를 청구하거나 청구 건에 대한 전자서명이 가능하고, 각종 증명서 발급과 결과를 조회할 수 있다. 그리고 이번에 주민감사청구까지 가능하도록 시스템이 구축된 것이다.

주민감사청구는 지방자치단체와 자치단체장의 권한에 속하는 사무의 처리가 법령에 위반되거나 공익에 반한다고 판단될 경우 감사를 청구하는 제도이다. 시·도는 300명, 50만 명 이상 대도시는 200명, 시·군·자치구는 150명 이내에서 조례로 정하는 수 이상의 18세 이상 주민의 연대 서명이 필요하다.

시·도의 경우에는 주무부 장관에게, 시·군과 자치구의 경우에는 시·도지사에게 감사를 청구할 수 있다. 그동안은 주민감사청구서, 대표자증명 발급신청서, 청구인명부 등을 직접 방문해 제출하거나 우편발송을 해야 했다. 청구인명부를 작성할 때도 대표자가 종이에 서명을 받아야 하고 검증 절차를 거쳐야 했다.

'주민e직접'을 통한 주민감사청구는 간단한 간편인증을 통해 주민감사청구, 대표자증명 발급신청 등을 온라인으로 신청할 수 있다. 청구인명부 서명도 온라인으로 할 수 있고, 서명검증도 자동 처리된다. 진행상황 역시 실시간으로 확인할 수 있다.

■ 주민감사청구 (住民監査請求)

주민감사청구란 위법부당한 행정처분이나 불합리한 행정제도로 인하여 주민의 권익을 침해받은 경우에 18세 이상인 일정한 수 이상의 주민에게 연대 서명을 받아 주민이 직접 감사를 청구할 수 있는 제도를 말한다. 1996년부터 서울특별시에서 운영하고 있는 시민감사청구제도를 모델로 1999년 지방자치법을 개정하여 2000년부터 전국에서 시행하고 있다.

18세 이상의 주민은 시·도는 300명, 인구 50만 이상의 대도시는 200명, 그 밖의 시·군 및 자치구는 150명을 넘지 않는 범위에서 해당 지방자치단체의 조례로 정한 주민 수 이상의 연대서명을 받아 감사를 청구할 수 있다. 주무부 장관이나 시·도지사는 정당한 사유가 없는 한 감사청구를 수리한 날부터 60일 안에 해당 사항에 대하여 감사를 끝내야 하며, 그 결과를 청구대표자와 해당 지방자치단체장에게 서면으로 알리고 공표하여야 한다.

■ 주민조례 (住民條例)

주민조례는 일정한 수 이상의 주민들이 연서(連署)로 해당 지방자치단체장에게 제정·개정·폐지를 청구할 수 있는 조례이다. 청구권자는 18세 이상의 선거권 있는 주민이 청구할 수 있으며 청구 서명 요건은 인구 규모별에 따라 다르다. 수리된 주민 청구 조례안은 1년 이내 심의·의결해야 하며, 의결되지 않은 주민청구조례안은 지방의회 임기만료 시 자동 폐기되지 않고, 차기 지방의회 임기 4년에 한하여 심의·의결할 수 있다.

■ 주민투표 (住民投票)

주민투표란 지방자치단체의 폐치·분합 또는 주민에게 과도한 부담을 주거나 중대한 영향을 미치는 사항에 대하여 지방자치단체의 장이 실시하여 주민 전체의 의사를 묻는 투표이다. 투표인명부 작성기준일 18세 이상으로 투표권이 있는 주민이 참여할 수 있다. 주민투표에 부쳐진 사항은 주민투표권자 총수의 1/4 이상의 투표와 유효투표수 과반수의 득표로 확정된다.

분야별 최신상식

경제
산업

정부 압박에 13년 만에 라면 가격 인하

➕ 오픈프라이스 (open price)

오픈프라이스란 제조업체가 가격을 표시하는 권장소비자가격 제도와 달리 제품의 최종 판매자인 유통업체가 가격을 책정하여 판매하는 제도이다. 판매점의 가격 경쟁을 촉진해 제품 가격을 안정시키기 위한 제도이나 가격이 표시되지 않아 소비자에게 혼란을 준다는 지적이 있다.

정부 압박에 '백기'

농심과 삼양식품이 6월 27일 라면 가격을 7월부터 인하한다고 전격 발표했다. 오뚜기, 팔도 등 다른 라면업체들도 가격 인하 대열에 동참할 전망이다. 라면 업체는 지난해 9월부터 10% 안팎으로 가격을 올린 바 있다.

최근 식품 물가 인상으로 서민들의 살림살이가 팍팍해진 가운데 국제 밀 가격은 하락 추세를 나타냈다. 이에 추경호 경제부총리 겸 기획재정부 장관은 "국제 밀 가격이 내렸으니 라면 가격도 내렸으면 좋겠다"라고 압박했다. 농림축산식품부는 제분업체를 만나 밀가루 가격 인하를 요청했다.

결국 라면 업계 1위 농심이 백기를 들고 7월부터 신라면과 새우깡의 출고가를 각각 4.5%, 6.9% 각각 인하하기로 결정했다. 이에 따라 신라면 1봉지 가격은 소매점 기준 1000원에서 950원으로, 새우깡은 1500원에서 1400원으로 낮아진다. **라면값이 인하된 것은 13년 만이다.**

삼양식품도 7월부터 순차적으로 삼양라면, 짜짜로니, 맛있는라면, 열무비빔면 등 12개 제품 가격을 평균 4.7% 내렸다. 다만 해외 매출 비중이 큰 불

닭볶음면은 가격을 유지하기로 했다. 국내 가격 인하에 따라 해외 가격을 내리면 전체 매출에 미치는 영향이 커 이런 결정이 불가피했던 것으로 알려졌다.

라면업체들의 가격 인하 이후 과자, 빵 등 다른 식품업계도 가격 인하 움직임을 일으켰다. 롯데웰푸드는 7월 1일부터 빠다코코낫과 롯데샌드, 제크 등 자사 과자 3종 가격을 편의점 기준 1700원에서 1600원으로 평균 5.9% 인하한다고 6월 28일 밝혔다.

SPC는 파리바게뜨, 삼립 등 주요 계열사에서 제공되는 빵 30여 개 품목을 평균 5% 인하한다. 파리바게뜨는 식빵, 바게트를 포함한 총 10종을 100~200원가량 내린다. SPC삼립도 정통크림빵 등 총 20종을 100~200원 인하한다.

물가 안정 효과는 '글쎄'

이번 가격 인하 폭은 제품당 100원 이하에서 이뤄졌다. 물가 부담을 크게 덜었다고 체감할 만한 정도는 아닌 셈이다. 정부의 압박으로 밀가루 원자재 식품 값이 내렸지만 여전히 가공식품의 원·부자재 가격은 높게 형성돼 있다. **물류비, 전기요금·가스요금 등 운영비, 인건비, 고환율 부담 또한 나아지지 않았다.** 가격 인하 요인이 사실상 없다는 뜻이다.

전문가들은 일부 가공식품 가격 인하가 물가 안정에 기여하는 바가 크지 않을 것으로 보고 있다. 최승호 이화여대 경영학과 교수는 "특정 상품의 가격 인하는 해당 상품에 집중되므로 실제 물가 안정으로 확장되기는 힘들 것"이라며 "전반적으로 물가가 안정되지 않는 한 일시적인 효과에 그칠 수 있다"고 지적했다.

➕ 애그플레이션 (agflation)

애그플레이션은 농업(agriculture)과 인플레이션(inflation)의 합성어로 농산물 가격이 오르면 일반 물가도 오르는 현상을 말한다. 곡물 가격이 상승하면 곡물 사료를 먹는 가축 사육비에 영향을 주기 때문에 육류는 물론 우유나 버터 등 각종 유제품과 빵, 과잣값까지 높아지면서 애그플레이션으로 이어지게 되는 것이다. 애그플레이션의 원인은 다양하다. 급속한 도시화와 지구 온난화 등 기상이변으로 세계의 경작 면적이 줄어들며 식량 생산량이 감소하고 있다. 중국을 비롯한 개도국의 경제 성장으로 육식 습관이 증가하면서 가축 사료와 곡물의 수요가 증가하는 것도 농산물 가격이 오르는 원인이다.

POINT **세 줄 요약**

❶ 정부의 압박으로 라면에 이어 과자·빵 가격이 전격 인하됐다.

❷ 가공식품의 원·부자재 가격은 여전히 높게 형성돼 있다.

❸ 일부 가공식품 가격 인하가 물가 안정에 기여하는 바는 크지 않을 것으로 보인다.

내년도 최저임금 시급 9860원...
올해보다 2.5% 올라

FKI 전국경제인연합회

내년도 최저임금이 시급 9860원으로 결정됐다. 이는 올해 최저임금 9620원보다 2.5% 인상된 금액이다. 최저임금위원회는 7월 19일 이같이 결정했다고 밝혔다. 표결 전 노동자위원은 1만원을 사용자위원들은 9860원을 제시했다. 표결 결과 사용자위원이 17표, 노동자위원안이 8표, 기권 1표가 나와 사용자위원이 제시한 9860원으로 결정됐다. 노동자위원 1명이 구속돼 해촉된 가운데 공익위원들이 사용자위원들의 손을 들어줬다.

한편, 현재 9620원인 최저임금이 내년 1만원으로 인상될 경우 일자리가 최대 6만9000개 감소할 것이라는 주장이 제기됐다. 대기업 모임인 전국경제인연합회(전경련)는 최남석 전북대 교수에게 의뢰해 작성한 '최저임금 상승이 일자리에 미치는 영향' 보고서를 6월 26일 발표했다.

보고서는 한국복지패널의 2017~2021년 가구원 패널 자료를 바탕으로 최저임금의 고용 탄력성을 산출해 최저임금 인상률에 따른 일자리 감소 효과를 추정했다. 보고서는 **2024년도 최저임금이 1만원으로 올해보다 3.95% 오를 경우 최소 2만8000개에서 최대 6만9000개의 일자리가 감소할 것**으로 전망했다. 이는 최근 5년간(2018년~2022년)의 평균 신규 일자리 수인 31만4000개의 8.9%~22.0%에 해당한다.

노동계는 6월 22일 내년도 최저임금의 최초 요구안으로 시간당 1만2210원을 제시했다. 만약 노동계 요구대로 최저임금을 1만2210원으로 26.9% 인상하면 일자리 감소 수는 최소 19만4000개에서 최대 47만 개에 달할 것으로 추정됐다. 보고서는 최저임금 인상이 청년층과 저소득층, 소규모사업장 등 근로취약계층 일자리에 미치는 영향을 분석한 결과 감소 폭이 더 컸다고 밝혔다.

■ **최저임금위원회** 근로자위원들은 6월 22일 정부세종청사에서 제7차 전원회의에 앞서 기자회견을 열어 노동계 최초 요구안으로 시간당 1만2210원을 최저임금위에 제출할 예정이라고 밝혔다. 월급으로 환산한 금액(월 노동시간 209시간 적용)은 255만1890원이다. 이는 2023년 최저임금(시급 9620원·월급 201만580원)보다 26.9% 많은 금액이다.

근로자위원들은 인상의 근거로 ▲최저임금 인상을 통한 내수 소비 활성화 ▲노동자 가구 생계비 반영을 통한 최저임금 인상 현실화 ▲악화하는 임금 불평등 해소 ▲산입 범위 확대로 인한 최저임금 노동자 실질임금 감소 등을 들었다.

소비자물가 전망치로 환산한 2024년도 적정 ■생계비는 시간당 1만4465원이다. 노동자 가구의 경상소득 대비 노동소득의 평균 비율은 84.4%인데, 1만4465원의 84.4%가 노동계가 제시한 1만2210원이다.

■ **최저임금위원회 (最低賃金委員會)**
최저임금위원회는 최저임금을 심의·의결하는 사회적 대화 기구로서 고용노동부 소속 기관이다. 공익위원 9명, 노동자위원 9명, 사용자위원 9명 총 27명으로 구성돼 있다. 최저임금법상 의결 정족수를 충족하려면 재적 위원 과반수가 출석하고 근로자 위원과 사용자 위원 각각 3분의 1 이상이 자리에 있어야 한다. 최저임금은 최저임금위원회 재적 위원 과반수 참석과 출석위원 과반수의 찬성으로 결정된다.

■ 생계비 (生計費)

생계비란 생활에 필요한 비용으로 일정기간(1개월)을 단위로 해서 생활을 위해 구입한 생활수단의 질과 양을 화폐지출이라는 형태로 표시한 것이다. 생계비는 이론생계비와 실태생계비로 나뉘는데 이론생계비란 일정 세대 인원수, 연령, 성에 따라 일정 소비내용을 이론적으로 설정하고 이것에 각 품목의 가격을 곱해 1개월의 생계비를 이론적으로 상정하는 것이다. 실태생계비란 소비자가 실제로 소비하는 생활자료의 총계를 말하며 일정 시기와 장소에서 그 사용 목적에 적합한 대상 세대의 생활실태를 조사, 산정하는 것이다.

원·엔 환율 8년 만에 800원대 진입

원·엔 환율이 6월 19일 오전 8년 만에 100엔당 800원대에 진입했다. 원·엔 **재정환율**은 이날 오전 8시 23분 기준 100엔당 897.49원을 기록했다. 원·엔 환율이 100엔당 800원대에 진입한 것은 2015년 6월 이후 8년 만이다. 이후 원·엔 환율은 소폭 올라 이날 다시 100엔당 900원 초반대에 거래됐다.

미국과 유럽이 긴축을 이어가고 있는 가운데 일

본 중앙은행인 일본은행이 6월 16일 **금융정책결정회의**에서 금융완화 정책을 유지하기로 하면서 **엔저 현상**은 지속되고 있다. 일본은행은 단기금리를 −0.1%로 동결하고 장기금리 지표인 10년물 국채금리를 0% 수준으로 유지했다.

박윤정 NH투자증권 연구원은 "미 연준의 최우선 과제는 고물가를 낮추는 것이지만 일본은행은 다시 저물가로 돌아가지 않는 것이 중요했다"며 "구조적인 저물가 구조에서 벗어나기 위해 경기 회복 신호에도 초완화를 견지해 일본 안전자산보다는 위험자산에 우호적인 국면"이라고 분석했다.

원·달러 환율은 상승 출발했다. 서울 외환시장에서 원·달러 환율은 이날 전 거래일 대비 6.1원 상승한 1278.0원으로 출발한 뒤 오전 10시 기준 1280원대로 상승했다. 코스피는 이날 7.73p(0.29%) 하락한 2618.06으로 개장했다.

한편, 기록적 엔저 현상에 여름 휴가철이 본격 시작되면서 일본 여행 붐이 이어졌다. 각 여행사는 일본이 가깝고 저렴한 여행지로 인기몰이를 하자 관련 상품을 집중 편성하고 있다. 모두투어에 따르면 입국 규제 완화·엔저·항공료 하락에 지난 6월 일본 여행 예약 건수는 전월 동기간 대비 80% 증가했다.

■ 재정환율 (arbitrated rate)

재정환율이란 원·엔 환율이나 원·유로 환율과 같이 우리 외환시장에서 직접 거래되지 않는 통화와의 환율을 표시할 때, 우리 외환시장의 원·달러 환율과 국제금융시장에서 형성되는 외국통화 간 환율(엔·달러 또는 달러·유로 환율 등)을 이용해 산출한 환율을 말한다.
예를 들어 원·달러 환율이 달러당 1100.0원이고 국제금융시장에서 엔·달러 환율이 달러당 82.00엔이라면 재정환율인 원·엔 환율은 1100÷82로 계산돼 100엔당 약 1341.5원으로 결정된다. 재정환율을 사용하는 이유는 세계적으로 각국 외환시장에서 거래가 대부분 미국 달러화를 중심으로 이뤄지고 있어 기타 통화 간에는 시장을 통한 직접적인 환율의 형성이 어려운 경우가 많기 때문이다.

■ 엔저 현상

엔저 현상이란 엔·달러 환율이 오르는 엔화 약세를 말한다. 엔화가치가 떨어지는 엔저현상은 일본 제품의 달러 표시가격이 낮아지는 효과가 있으므로 일본상품 수출 확대에 큰 도움이 된다. 반면 일본 내의 수입물가의 상승을 불러 서민생활을 압박, 소비심리를 떨어뜨린다.

"한국 정부, 엘리엇에 690억 배상해야"...청구액 7% 인용

우리 정부가 엘리엇에 690억원 가량을 배상해야 한다는 국제기구의 판정이 나왔다. 미국계 헤지펀드 엘리엇 매니지먼트가 대한민국 정부를 상대로 제기한 약 1조원 규모의 국제투자분쟁 해결절차(■ISDS) 사건 결과가 나왔다. 엘리엇이 국제투자분쟁해결센터(ICSID)에 중재를 신청한 지 5년 만이다.

법무부는 엘리엇이 제기한 국제투자분쟁 사건과 관련해 6월 20일 중재판정부로부터 판정을 수령했다고 밝혔다. 중재판정부는 엘리엇 측 주장 일부를 인용해 **우리 정부가 엘리엇 측에 5358만 6931달러(약 690억원) 및 지연이자를 지급**하라고 명했다.

엘리엇 청구금액 7억7000만달러(약 9917억원) 중 배상원금 기준 약 7%를 인용한 셈이다. **정부가 약 93% 승소**했다. 또 중재판정부는 엘리엇이 정부에 법률비용 345만7479달러(약 44억5000만원)을 지급하고, 정부는 엘리엇에 법률비용 2890만 3188달러(약 372억5000만원)를 지급하도록 명했다. 이외에도 중재판정부는 배상원금에 2015년 7월 16일부터 판정일까지 5% 연 ■**복리이자** 지급을 명했다.

앞서 엘리엇은 2015년 삼성물산과 제일모직 간 합병 승인 과정에서 '복지부와 국민연금공단 등이 투표 찬성 압력을 행사해 손해를 봤다'며 2018년 7월 우리 정부를 상대로 7억7000만달러의 국가 배상을 요구하는 ISDS를 제기했다. 당시 엘리엇은 삼성물산 지분의 7.12%를 보유하고 있었다.

이후 2018년 11월 중재판정부 구성이 완료됐고 2019년 4월부터 2020년 11월까지 서면 심리가 진행됐다. 2021년 11월 구술 심리를 거쳐 2022년 4월과 5월에는 추가서면 제출이 이뤄졌다. 올해 3월 14일 절차종료가 선언됐으며 6월 20일 판정이 선고됐다.

■ ISDS (Investor State Dispute Settlement)

ISDS(국제투자분쟁 해결절차)란 외국인 투자자가 투자한 국가에서 부당한 대우, 급격한 정책 변화 등을 이유로 손해를 입었을 때 국제 소송을 제기해 구제를 받을 수 있도록 한 제도다.

■ 복리이자 (複利利子)

복리이자는 원금에 대한 이자뿐만 아니라 이자에 대한 이자도 함께 계산하는 방식이다. 원금이 A, 이율이 r, 기간이 n일 경우 복리법에 의한 원리합계는 $A(1+r)^n$이다. 예를 들면, 10%의 이자율로 100원이 저금되면, 다음해는 110원을 받을 수 있고, 그 다음해에는 121원을 받을 수 있다. 이때 1원은 이전에 이자로 지급받은 10원에 대한 이자인데, 이러한 방법을 복리이자법이라고 한다. 단리이자는 원금에 대해서만 이자를 계산하는 방식이다. 복리는 시간이 지날수록 더 많은 이자를 받을 수 있다. 따라서 장기 투자를 계획하고 있다면 복리 상품을 선택하는 것이 좋다.

외환거래 규제 완화...
5만달러 이내면 신고 안 해도 된다

앞으로 **외환거래 사후 보고 위반 과태료가 700만원에서 200만원으로 완화된다. 자본거래 신고의무 위반금액 기준도 2만달러에서 5만달러 이내로 확대**된다. 정부는 6월 27일 개최된 국무회의에서 이런 내용을 담은 '외국환거래법 시행령 일부 개정령안'을 심의·의결했다고 이날 밝혔다. 외국환거래법 시행령 및 외국환거래규정 개정안은 7월 4일에 공포 즉시 시행됐다.

이번 개정안은 외환거래 절차·규제 완화 등을 목적으로 지난 2월 발표된 '외환제도 개편 방향'의 주요 과제들을 구체화하기 위해 마련됐다.

먼저 국민과 기업의 외환거래상 부담을 덜기 위해 외국환거래법상 과태료 부과금액이 경감되고 형벌적용 기준도 완화된다. 기존에는 자본거래 시 사후 보고 위반에 대해 과태료 부과액이 700만원이었는데, 이를 사전신고 위반에 대한 과태료 기준과 맞춰 200만원으로 하향 조정하기도 했다.

또 경고로 갈음할 수 있는 자본거래 신고의무 위반금액 기준을 건당 2만달러 이내에서 5만달러 이내로 확대한다. 형벌 대상이 될 수 있는 자본거래 신고의무 위반 기준금액은 10억원에서 20억원으로, 제3자 지급 등 비정형적 지급·수령 신고의무 위반 기준금액은 25억원에서 50억원으로 높아진다.

또 증권사의 외화유동성 공급경로를 다양화하고, 외환 스와프 시장 수급 불균형 등을 완화하기 위해 '자본시장과 금융투자업에 관한 법률'상 증권금융회사의 외환 스와프 시장 참여도 허용된다.

한편 정부는 무증빙 송금한도를 연간 5만달러에서 10만달러로 상향하고, 추가계좌 개설 없는 제3자 외환거래 허용 등 과제를 포함한 '외국환거래규정' 개정도 함께 추진할 계획이다.

➕ 70년 만에 빗장 푸는 韓 외환시장

한국은 무역과 자본시장 규모에 비해 비교적 폐쇄적인 외환시장 구조를 유지했다. 1998년 국제통화기금(IMF)

의 트라우마로 외환 정책의 방점이 안정에 찍히면서 외환시장 변화가 쉽지 않았다. 정부는 폐쇄적이고 제한적인 외환시장 구조가 금융·자본 시장 발전의 걸림돌이 된다는 문제 인식에 따라 이르면 2024년 하반기부터 외환시장을 한층 개방할 계획이다.

달러·유로·엔 등 세계 주요 통화는 역외에서 24시간 자유롭게 거래되고 국적·법적 지위와 관련 없이 금융기관들이 자유롭게 시장에 참여할 수 있다. 반면 원화는 역외 외환시장에서 거래할 수 없고 국내에서만 거래가 가능한 데다 해외 소재 외국 금융기관은 국내 은행 간 외환시장에 직접 참여할 수 없다. 거래시간도 한정돼 외국인 투자자와 국내 투자자가 모두 불편을 겪고 있다.

이에 정부는 외국 금융기관의 시장 참여를 허용하고 거래시간도 연장해 국내외 투자자 모두 원하는 시간에 다양한 경로로 원화를 환전하고 투자할 수 있게 하겠다는 것이다. 이를 통해 중장기적으로 시장 자금 유입이 늘어나고 원화 표시 자산 매력도도 올라가는 한편, 국내 금융기관의 사업 기회도 늘어날 것으로 정부는 기대하고 있다. 다만 일각에서는 외국 금융기관 참여가 자유로워지면 투기성 자금 유입이 늘어 원·달러 환율 변동성이 커질 수 있다고 지적한다.

포스코, 탄소중립 위해 2030년까지 121조 투입한다

posco

포스코그룹이 이차전지·수소 등 친환경 사업을 위주로 2030년까지 총 121조원을 투자키로 했

다. 이 가운데 73조원은 국내에 투자된다. 포스코그룹은 7월 3일 경북 포항 본사에서 '포항제철소 1기 설비 종합준공 50주년 기념행사'를 갖고 이같이 밝혔다. 이날 행사는 1973년 당시 포항종합제철이 용광로부터 철강 완제품 생산까지 일관된 제철소 체제를 갖추게 된 날을 기념하는 자리였다.

최정우 그룹 회장은 이 자리에서 "친환경 미래소재 대표기업으로 도약하기 위해 2030년까지 총 121조원을 투자할 것"이라고 밝혔다. 포스코그룹은 기존의 철강 사업뿐만 아니라 이차전지 소재 사업과 '2050 **탄소중립** 목표를 위한 수소사업 등에 집중적으로 투자하겠다는 계획이다.

포스코그룹은 최근 자회사 포스코퓨처엠의 이차전지 양극재 사업과 지주회사 포스코홀딩스의 리튬을 비롯한 배터리 광물 사업 등에 그룹 내 자원을 전진 배치하고 있다. 이에 전통적인 제철 사업에서 종합 소재기업으로 사업 모델을 전환하고 있다고 평가된다.

아울러 포스코는 2050년까지 **현재의 탄소 기반 제철 설비를 수소환원제철 기술인 '하이렉스(HyREX)' 방식으로 전환**할 계획이다. **수소환원제철은 쇳물을 만드는 과정에서 석탄 같은 화석연료 대신 수소를 사용해 탄소배출을 줄이는 기술**이다.

포항·광양제철소의 고로를 수소환원제철 방식으로 바꾸려면 포스코 자체 수소 수요만 해도 연간 500만 톤에 이른다. 포스코는 대규모 자체 수요를 바탕으로 2050년까지 연 700만 톤의 수소를 생산하는 수소 공급 기업이 된다는 목표도 세워둔 상태다.

최 회장은 "특히 전체 투자의 60% 이상인 73조 원을 포항과 전남 광양 등 국내에 투자해 국가 균형발전과 양질의 일자리 창출에 일익을 담당하겠다"고 강조했다. 포스코그룹은 이 정도 규모의 국내 투자가 연간 121조원의 생산 유발효과를 낼 것으로 추산한다.

생산 유발효과란 상품·서비스의 생산이 중간재나 부품 등의 수요 등으로 이어져 직간접적으로 전체 산업에 미치는 영향을 말한다. 취업 유발효과도 연간 33만 명에 달할 것으로 포스코는 기대한다. 최 회장은 "철강을 비롯한 이차전지 소재, 수소 등 핵심사업 중심의 성장을 통해 인류의 지속 가능한 미래를 선도하는 글로벌 비즈니스 리더로 거듭나겠다"고 강조했다.

■ **탄소중립 (炭素中立)**
탄소중립이란 각 주체가 배출한 이산화탄소를 다시 흡수해 실질적인 배출량을 0으로 만드는 것을 말한다. 탄소중립은 2016년 발효된 파리협정 이후 121개 국가가 '2050 탄소중립 목표 기후동맹'에 가입하여 전 세계의 화두가 됐다. 2019년 12월 유럽연합(EU)을 시작으로 중국(2020년 9월 22일), 일본(2020년 10월 26일), 한국(2020년 10월 28일) 등의 탄소중립 선언이 이어졌다.

가계대출자 7명 중 1명,
의식주 뺀 소득 모두 빚 갚는 데 써

금리 상승으로 이자 부담이 급증한 영향 등으로 가계대출 차주(대출받은 사람) 6~7명 중 1명은 연 소득 중 최소생계비를 제외한 전액을 원리금 상환에 써야 하는 것으로 나타났다. **고금리 환경이 오래가면 연체에 내몰리는 가계가 늘어날 뿐만**

아니라, 소비 여력이 없는 가계가 많아지며 경기 회복이 지연될 수 있어 우려된다.

한국은행이 7월 2일 국회 기획재정위원회 소속 양경숙 더불어민주당 의원에게 제출한 '가계대출 현황' 자료를 보면, 지난 1분기 말 전체 가계대출 차주 1977만 명의 ■**DSR(총부채원리금상환비율)**은 평균 40.3%로 집계됐다. 전 분기(40.6%)보다는 0.3%p 줄었지만 여전히 40%를 웃돌고 있다.

정부는 지난해 1월부터 총대출액이 2억원을 초과하는 차주, 7월부터는 총대출액이 1억원을 초과하는 차주에 대해 DSR 40% 이내에서만 대출받도록 규제하고 있다. 그러나 정부가 규제를 강화하기 전에 무리하게 대출받은 차주나, 40% 규제에 맞춰 대출을 받았지만 이후 금리가 올라 이자가 늘어난 차주는 DSR이 40%를 초과할 수 있다.

한은 자료에 따르면 지난 1분기 DSR이 100% 이상인 가계대출 차주는 전체의 8.9%(175만 명)에 달했다. 이 수치는 2020년 3분기(7.6%) 이후 2년 6개월간 오름세를 지속하고 있다. DSR이 70% 이상, 100% 미만인 차주는 전체의 6.3%(124만 명)으로 집계됐다. DSR 70% 이상인 차주가 전체의 15.2%(299만 명)에 이르는 것이다.

DSR이 70% 수준이면 최저생계비를 제외한 거의 모든 소득을 원리금 상환하는 데 쓴다는 뜻이다. 299만 명이 빚을 갚기 위해 최소한만 지출하면서 허리띠를 졸라매고 있는 셈이다.

다중채무자 상황 더 심각
3개 이상 금융회사에서 대출받은 다중채무자는 상황이 더 심각하다. 1분기 다중채무자의 평균 DSR(62.0%)은 전 분기보다 0.8%p 하락하긴 했으나 가계대출 전체 평균보다는 여전히 높다. 또 다중채무자의 29.1%(129만 명)가 DSR 70% 이상에 해당했다.

다중채무자이면서 저소득(소득 하위 30%) 또는 저신용(신용점수 664점 이하)인 취약 차주의 평균 DSR은 1분기 67.0%로 나타났다. 취약 차주의 37.5%(46만 명)는 DSR이 70%를 웃돌았고, 이들의 대출은 전체 취약차주 대출액의 68.0%(64조 3000억원)에 해당했다.

이처럼 빚 갚느라 허덕이는 차주가 많으면 연체율이 상승할 가능성이 크다. 한은이 지난 6월 공개한 금융안정 보고서에 따르면 가계대출 연체율은 지난 1분기 말 은행 0.30%, 비은행 1.71%로 집계됐다. 은행 연체율은 2019년 11월(0.30%), 비은행 연체율은 2020년 11월(1.72%) 이후 가장 높다.

■ **DSR (Debt Service Ratio)**
DSR(총부채원리금상환비율)은 대출자(차입자)의 총 금융부채 원리금 상환액을 연 소득으로 나눈 비율이다. 가계가 연 소득 중 주택담보대출과 기타대출(신용대출 등)의 원금과 이자를 갚는 데 얼마를 쓰는지 보여준다. 주택담보대출, 신용대출을 비롯해 마이너스통장대출, 자동차 할부, 신용카드 미결제까지 포함한 모든 금융회사 빚을 합해 이를 기준으로 소득 대비 원

리금 상환 부담을 산출하므로, 주담대 원리금 비율만 반영하는 총부채상환비율(DTI, Debt To Income) 적용 시보다 대출 규모가 줄어든다.

삼성 "2025년 2나노 반도체 양산"

삼성전자는 오는 2025년 2나노 반도체 양산에 들어가고 하고, 1.4나노 공정은 계획대로 2027년 양산에 들어간다고 발표했다.

삼성전자는 6월 27일(현지시간) 미국 실리콘밸리에서 열린 '삼성 **파운드리**(foundry : 반도체 위탁 생산 기업) 포럼 2023'에서 2나노 양산 계획과 셸퍼스트(shell first) 전략 단계별 실행 방안을 밝혔다. **셸퍼스트 전략은 클린룸을 먼저 건설하고, 향후 시장 수요와 연계한 탄력적인 설비 투자로 안정적인 생산 능력을 확보해 고객 수요에 적극 대응하는 전략**이다.

파운드리 업계 1위인 대만의 TSMC와 삼성전자, 인텔에 이어 일본 신생 업체 라피더스까지 2나노 양산을 예고한 상태다. **2나노는 인공지능(AI) 반도체, HPC 등의 데이터 사용량이 급격하게 늘면서 폭발적인 성장이 예상되는 분야**다.

삼성전자는 '경계를 넘어서는 혁신'을 주제로, AI 시대 최첨단 반도체 한계를 극복할 다양한 방법을 제시했다. 특히 최첨단 2나노 공정의 응용처 확대와 첨단 패키지 협의체 'MDI 얼라이언스' 출범, 올해 하반기 평택 3라인 파운드리 제품 양산 등을 통해 파운드리 사업 경쟁력을 강화해 나가겠다고 밝혔다.

이번 행사에는 파운드리 사업부 주요 고객과 파트너 총 700여 명이 참석했고, 38개 파트너는 행사장에 부스를 마련해 최신 파운드리 기술 트렌드를 공유했다.

삼성전자 파운드리사업부 최시영 사장은 기조연설을 통해 "많은 고객사들이 자체 제품과 서비스에 최적화된 AI 전용 반도체 개발에 적극 나서고 있다"며 "삼성전자는 AI 반도체에 가장 최적화된 GAA(Gate All Around) 트랜지스터 기술을 계속 혁신해 나가며 AI 기술 패러다임 변화를 주도하겠다"고 말했다.

GAA 기술은 게이트의 면적이 넓어지며 공정 미세화에 따른 트랜지스터 성능 저하를 극복하고 데이터 처리 속도와 전력 효율을 높이는 차세대 반도체 핵심 기술이다.

삼성전자는 이번 포럼에서 2나노 양산 계획과 성능을 구체적으로 밝혔다. 2025년 모바일향(向) 중심으로 2나노 공정(SF2)을 양산하고, 2026년 고성능 컴퓨팅(HPC)향 공정, 2027년 오토모티브향 공정으로 확대한다. 최첨단 SF2 공정은 SF3 대비 성능 12%, 전력효율 25% 향상, 면적 5% 감소한다. 또한 1.4나노 공정은 계획대로 2027년 양산한다.

➕ **2나노 전쟁**

2나노 전쟁이란 반도체 업계에서 최첨단 파운드리(반도체 위탁생산) 공정 기술 개발을 둘러싼 경쟁을 말한다. 나노(nm, 10억분의 1m)는 반도체 회로 선폭을 의미하는 단위로, 선폭이 좁을수록 소비전력이 감소하고 처리 속도가 빨라진다. 삼성전자가 2022년 세계 최초로 3나노 양산을 시작하자 글로벌 1위 파운드리 업체인 대만의 TSMC도 곧바로 3나노 양산에 돌입했다. 미국 인텔과 일본 기업은 2나노 제품을 생산하겠다고 맞불을 놓았다. 이에 글로벌 반도체업계에서 최첨단 파운드리 공정인 2나노 이하 기술개발 경쟁에 불이 붙었다.

2나노 전쟁에 필수적인 반도체 소재·부품·장비를 담당하는 네덜란드와 일본이 미국의 대중국 반도체 수출 통제에 동참하면서 반도체 산업을 둘러싼 기업 간·국가 간 이해관계는 더욱 복잡해질 것으로 보인다. 네덜란드의 세계 1위 반도체 노광장비 독점 기업인 ASML의 극자외선(EUV) 노광장비 수출은 물론, 일본의 반도체 장비 기업인 니콘과 도쿄 일렉트론 등의 중국 수출 제한이 가해질 수 있다. EUV 노광장비가 없으면 첨단 반도체 생산이 불가능해 중국으로서는 타격이 클 수밖에 없다.

한은 "경상수지 저점 벗어나 회복 국면"

한국은행은 "경상수지가 저점을 벗어나 회복을 보이는 국면으로 진입했다"고 7월 7일 평가했다.

우리나라 기초체력을 나타내는 지표 중 하나인 경상수지는 지난 5월 19억3000억달러 흑자를 기록했다. 지난 3월에 이어 월간 기준으로 올 들어 두 번째 흑자다.

반도체를 중심으로 극심한 부진에 빠졌던 수출이 연초 바닥을 찍고 조금씩 개선되면서 상반기 적자를 면치 못했던 경상수지도 하반기에는 흑자로 돌아설 것이라고 한국은행은 전망했다. 이동원 한국은행 경제통계국 금융통계부장은 7월 7일 열린 '2023년 5월 국제수지(잠정)' 설명회에서 "경상수지 개선 흐름은 6월까지 이어질 것"이라고 말했다. 그는 지난 6월 무역수지가 16개월 만에 흑자 전환한 점을 들어 6월 경상수지 흑자 규모가 5월 흑자 규모를 웃돌 것이라고 내다봤다.

5월 경상수지 흑자는 상품수지와 ■**본원소득수지**가 견인했다. 수출에서 수입을 뺀 값인 상품수지는 2개월 연속 흑자를 이어갔다. 수출이 여전히 감소 흐름을 이어갔지만, 지난해 급등했던 에너지 가격이 올 들어 안정된 데 따라 원자재 수입이 크게 줄면서 18억2000억달러 흑자를 기록했다.

실제 지난 2분기(4~6월) 기준 통관수입 감소액은 238억5000만달러였는데 이 중 에너지 관련 수입액이 차지하는 비중은 53.1%에 달했다. 이동원 부장은 "수입 감소액의 약 절반은 에너지 가격 정상화 영향이라고 봐야 한다"며 "수출 증가율은 여전히 마이너스(-)지만, 반도체 부진이 완화되고 승용차 수출이 호조를 보이면서 개선되는 중이다"라고 말했다.

수출보다 수입이 더 크게 감소했다는 점에서 이번 상품수지가 '불황형 흑자'라는 지적에 대해서는 "내수 위축이 동반되어야 불황형 흑자라고 할 수 있는데, 최근 소비와 투자는 증가 추세"라며 **"수출입이 정상화와 함께 상품수지가 턴어라운드**(turnaround·개선)**하는 과정이라고 본다"**고 했다.

5월 본원소득수지는 배당소득을 중심으로 14억2000만달러 흑자를 나타냈다. 한국은행이 예상하는 올 상반기 본원소득수지 전망치는 174억달러 흑자인데, 이미 1~5월 누적 흑자 규모가 146억4000만달러라 목표 달성이 가능할 것이라고 덧붙였다.

대표적으로 현대자동차그룹은 올해 주요 계열사의 해외 자회사가 국내 본사로 보내는 배당금을 지난해의 약 4배인 규모인 7조8000억원으로 늘리겠다고 발표하는 등 국내 대기업의 '**자본 리쇼어링**(reshoring : 해외법인 소득의 국내 유입)'이 확산하고 있다.

서비스수지 적자가 개선된 점도 경상수지 흑자 전환에 영향을 미쳤다. 여행·운송·지식재산권 사용료 등을 포함한 서비스수지는 9억1000만달러 적자를 냈다. 5월에 해외여행을 떠나는 사람이 늘면서 여행수지(-8억2000만달러) 적자 규모가 전월보다 커졌고 운송수지(-3억5000만달러)도 적자를 냈다. 다만 해외플랜트 건설이 늘어나고 지식재산권 사용료 수입이 늘면서 서비스수지 적자 폭도 전월(-12억1000만달러)보다 줄었다고 한국은행은 설명했다.

■ **본원소득수지 (本源所得收支)**
본원소득수지는 경상수지(상품수지·서비스수지·본원소득수지·이전소득수지)의 구성항목 중 하나로, 우리나라 국민이 해외에서 벌어들인 소득과 외국인이 우리나라에서 벌어들인 소득의 차액을 의미한다. 이는 급료 및 임금과 투자소득으로 구분된다. 급료 및 임금은 외국인 근로자에게 지급되거나 내국인 해외근로자가 수취하는 금액의 차이를 의미한다. 투자소득은 대외 금융자산과 부채의 보유에 의해 발생하는 배당금과 이자 등의 수입과 지급의 차이를 말한다. 투자소득은 투자형태에 따라 직접투자소득·증권투자소득·기타투자소득으로 세분된다.

외국인 토지거래 불법행위 437건 적발

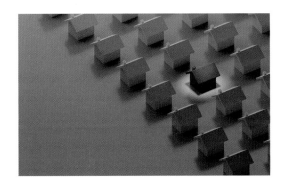

2017년부터 지난해까지 외국인이 전국에서 매매한 토지 거래 100건 가운데 3건이 위법 의심 거래인 것으로 조사됐다. 신고 없이 해외에서 매수 자금을 수억원 끌어오거나 계약일이나 거래 금액을 허위로 신고하는 등 시장 교란 행위가 다수 포함됐다. 외국인 토지 매매 거래량 자체는 전체 거래 대비 적지만 수도권 등 개발이 진행 중인 지역에서는 이런 거래가 가격을 왜곡할 수 있다는 우려가 나온다.

국토교통부는 올해 2월부터 6월까지 외국인 토지 거래 불법행위 기획조사를 벌인 결과 437건의 위법 의심 거래를 적발했다고 7월 2일 밝혔다. 이번 조사는 2017~2022년 외국인 토지 거래 1만4983건 중 이상 거래 920건을 조사한 결과다. 외국인 토지 거래를 국토부가 조사한 건 이번이 처음이다. 국토부는 '외국인의 투기성 주택 거래 규제'가 윤석열 정부 국정과제로 채택된 뒤 2022년 주택 투기 기획조사를 실시한 바 있다.

정부가 꾸준히 외국인 부동산 거래를 들여다보는 이유는 내국인 역차별 논란이 이어졌기 때문이다. 그동안 주택담보대출을 받을 땐 외국인도 내국인과 동일하게 LTV(주택담보대출비율)·**DTI(총부채상환비율)** 등 대출 규제가 적용됐지만, **본국 은행을 통한 대출이나 현금을 반입할 경우 상대적으로 자금 확보가 용이해 내국인 역차별 논란**이 제기됐다.

국토부는 위법 의심 거래 437건에서 총 527건의 위법 의심 행위를 찾아내 관할 지자체와 관련 기관에 통보했다. 그중 가장 많은 시세차익을 거둔 거래는 중국인이 인천 계양구 토지를 2017년 800만원에 취득한 뒤 2020년 9450만원에 매도해 상승률 1081%를 기록한 거래였다. 국토부는 가격을 부풀리려 했거나 실수로 잘못 기재했을 것으로 보고 지자체에 해당 거래를 알렸다. 또 다른 중국인이 인천 서구 토지를 2020년 9억7000만원에 매수했다 2021년 12억3000만원에 매도한 거래도 있었다.

위법 의심 행위자(매수인 기준 376건)는 국적별로 중국인이 211건(56.1%)으로 가장 많았다. 다음으로 미국인 79건(21.0%), 대만인 30건(8.0%) 순이었다. 국토부 관계자는 "**외국 국적의 교포 등 일명 '검은 머리 외국인'**도 상당수 포함돼 있을 것으로 보고 있다"고 설명했다. 외국인 토지 보유 현황에 따르면 지난해 말 기준 외국 국적 교포가

55.8%(1억4732만m²)로 가장 많았다. 국내 사정을 잘 아는 교포가 한국 국적자가 받는 각종 부동산 규제를 피해 땅을 사들였다고 볼 수 있다는 것이다.

지역별로는 경기도에서 위법 의심 거래가 177건(40.7%)으로 가장 많았다. 충남 61건(14.0%), 제주 53건(12.2%) 등이 뒤를 이었다. 개발 수요가 꾸준해 시세차익을 기대할 수 있고 토지 거래 규모가 큰 지역에서 위법 의심 사례도 많았던 것으로 보인다.

■ DTI (Debt-To-Income ratio)

DTI(총부채상환비율)는 부채에 대한 연간 상환액(원금 상환액+이자 상환액)을 연간 총소득으로 나눈 것으로 계산한다. 예를 들어, 연간 소득이 5000만원이고 DTI를 40%로 설정할 경우, 은행에서는 총부채의 원금과 이자를 합한 상환액이 1년에 2000만원을 초과하지 않도록 대출 규모를 제한하게 된다.
즉 DTI를 낮출수록 소득 대비 빚이 줄어들어 부채를 상환하는 능력이 높아지며, DTI를 높일수록 소득 대비 빚이 많아져 부채 상환 능력이 떨어지게 된다. DTI를 적용할 때는 근로소득 원천징수영수증이나. 소득금액증명원. 사업소득 원천징수영수증. 연금증서. 급여임금통장 등 공공성이 강한 기관이 발급하는 자료를 통해 연 소득을 증빙하도록 한다.

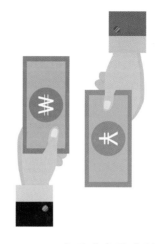

한-일, 100억달러 규모 통화스왑 복원

한국과 일본이 6월 29일 100억달러 규모의 ■통화스왑을 체결했다. 2015년 한일 외교관계 악화로 종료된 이후 8년 만의 재개다.

지난 3월 윤석열 대통령과 기시다 후미오 일본 총리의 정상회담을 계기로 불기 시작한 한일 관계 훈풍이 경제협력 복원으로 화룡점정을 찍은 것이다.

추경호 부총리 겸 기획재정부 장관과 스즈키 슌이치 일본 재무상은 이날 일본 도쿄에서 한일 재무장관회의를 열고 2015년 중단된 한일 통화스왑을 복원하기로 합의했다. 규모는 종료 당시와 같은 100억달러로 결정했고, 계약 기간은 3년이다.

통화 교환 방식은 '100% 달러화 베이스'로 업그레이드됐다. 우리가 원화를 맡기면 일본이 달러화를 빌려주고, 일본이 엔화를 맡기면 우리가 달러화를 빌려주는 구조다. 달러화 기반이라는 점에서 간접적인 '한미 통화스왑'이라는 측면도 있다. 양국은 이를 통해 원화·엔화 약세에 대응할 수 있고 외환보유액을 확충하는 효과도 있다.

추 부총리는 "한·미·일 등 보편적 가치를 공유하는 국가들과 외환·금융 분야에서 확고한 연대·협력의 틀을 마련한 것"이라면서 "이를 통해 자유시장경제 선진국 간 외화유동성 안전망이 우리 금융·외환시장까지 확대된다는 점에서 의미가 있다"고 평가했다.

양국은 주요 20개국(G20), 주요 7개국(G7) 회의를 비롯한 국제무대에서도 손잡고 공동 대응해 나가기로 했다. 조세 관련 사안을 원활하게 협의하기 위해 한일 세제당국 간 실무협의체도 구성·운영한다.

■ 통화스왑 (currency swap)

통화스왑은 정해진 만기와 환율에 따라 화폐를 교환하는 것이다. 계약 기간 어느 한쪽 나라가 통화스왑을 원하면 상대방 국가는 조건 없이 응해야 한다. 계약 당사자국 중 하나가 외환위기 등으로 유동성이 부족해지고, 국가 신용등급이 추락해도 상대방 국가의 통화를 빌려올 수 있다. 통화스왑 체결은 외교 차원에서 서로 자국 통화를 교환할 정도로 깊은 사이임을 보여주는 증표이기도 하다.

■ 한국의 통화스왑 체결 현황 (자료 : 한국은행)

구분	대상국	규모	
양자	중국(원/위안)	70조원↔4000억RMB	590억달러 상당
	스위스(원/스위스프랑)	11.2조원↔100억CHF	106억달러 상당
	호주(원/호주달러)	9.6조원↔120억AUD	81억달러 상당
	UAE(원/디르함)	6.1조원↔200억AED	54억달러 상당
	말레이시아(원/링깃)	5조원↔150억MYR	47억달러 상당
	튀르키예(원/리라)	2.3조원↔175억TRY	20억달러 상당
상설	캐나다(원/캐나다달러)	한도 없음	
다자	CMIM(치앙마이이니셔티브 : 아세안+한·중·일)	384억달러	

교통비 최대 30% 절감 '알뜰교통플러스 카드' 신규 발급

교통비를 최대 30%까지 아낄 수 있는 '알뜰교통플러스 카드'의 신규 발급이 7월 3일부터 시작됐다. 7월 2일 카드업계에 따르면, 비씨(BC)·케이비(KB)국민·현대·엔에이치(NH)농협·삼성카드 등 5개 카드사는 7월 3일부터 대중교통 요금을 할인해주는 알뜰교통플러스 카드를 발급했다.

알뜰교통플러스 카드는 국토교통부가 카드사와 손잡고 시민들의 교통비 부담 완화를 위해 시행하는 사업이다. 정부와 지방자치단체가 마일리지 형태로 지원금을 제공하고, 카드사가 추가로 대중교통 요금 할인 혜택을 더 얹어준다.

국토부는 지난 2020년부터 본격적으로 사업을 시행했는데, 사용자가 꾸준히 늘자 이번에 마일리지 적립 횟수를 44회에서 60회로 늘리고 제휴 금융사도 기존 6곳(신한·우리·하나카드, 캐시비, 티머니, DGB대구은행)에서 7곳(삼성·국민·현대·농협·비씨카드, 광주은행, 케이뱅크)을 추가해 총 13곳으로 확대했다.

지원을 받으려면 카드사에서 알뜰교통플러스 카드를 발급받은 뒤 알뜰교통카드 앱에 등록해야 한다. **대중교통을 이용할 때마다 출발지와 도착지를 입력하면 이동 거리에 비례해 마일리지가 쌓인다. 한 달에 15번 이상 대중교통을 이용하면 적립된 마일리지를 사용할 수 있다.**

다만, 카드사별로 혜택과 한도, 필요한 이용 실적이 달라 꼼꼼히 비교해봐야 한다. 7월 3일 기준으로 카드 발급이 가능한 카드사는 신한·하나·우리·국민·현대·비씨·농협카드 등(신규 취급 포함) 7곳이다.

■ 수도권 대중교통 요금 현황 (2023년 7월 1일 기준)

구분	시내버스	지하철
서울	1200원	1250원
경기	1450원	1250원
인천	1250원	1250원

분야별
최신상식

사회
환경

민주노총, 총파업 돌입...
'윤석열 정권 퇴진'이 목표

■ 하투 (夏鬪)

하투는 여름철에 자주 일어나는 노동계의 연대 투쟁을 말한다. 임금 단체협상이 주로 5~8월에 진행되고 여름철에 노동계 투쟁이 집중되는 현상 때문에 노동계의 투쟁을 하투라고 부른다. 일본에서 봄철 임금 투쟁을 일컫는 춘투(春鬪)에서 유래한 말이다.

2주간 하투 돌입

전국민주노동조합총연맹(민주노총)이 '윤석열 정권 퇴진'을 구호로 7월 3일부터 오는 15일까지 2주간 ■하투에 돌입했다. 양경수 위원장 등 민주노총 집행부는 이날 오전 10시 용산 대통령실 앞에서 기자회견을 열고 총파업 돌입을 선언했다. 서울 외 전국 15개 지역에서도 지역별로 총파업 선언 기자회견이 이어졌다.

양 위원장은 6월 28일 열린 사전 기자간담회에서 "전통적인 파업의 목적은 사용자 이익 축소를 통해 노동자가 이익을 얻는 것인데, 이번엔 윤석열 정권을 향해서 하는 파업"이라며 "윤석열 정권의 문제점을 제기하는 데 초점을 맞출 것"이라고 언급한 바 있다.

민주노총은 이번 총파업의 목표로 '윤석열 정권 퇴진의 대중적 분위기 확산'을 언급하고 있다. 이 밖에도 **최저임금 인상·'노란봉투법' 입법, 일본 핵오염수 해양투기 저지 등 현안 관철, 노동자 정치 세력화** 등이 포함됐다. 민주노총 전체 120만 명의 조합원 가운데 약 40만~50만 명이 이번 총파업에 동참할 것으로 전망된다.

민노총 총파업에 대해 경찰은 경찰부대(기동대) 24개를 임시로 추가 편성하는 등 최대 155개 경찰부대를 투입하기로 했다. 7월 3일 서울경찰청 관계자는 서울 종로구 서울경찰청에서 열린 기자회견에서 "합법적 집회·시위는 보장하지만 폭력, 도로점거, 악의적 소음 등에는 엄정 대응할 방침"이라며 "시민 불편을 감안해 퇴근 시간 이전 집회를 종료해 줄 것"이라고 당부했다.

또 "퇴근시간대인 오후 5시~8시 집회를 비롯해 일부 집회·행진에 대해 집회 및 시위에 관한 법률(집시법) 규정에 따라 금지 통고한 상태"라고 이야기했다.

보건의료노조도 총파업...의료 공백 우려

간호사·간호조무사·요양보호사 등 보건의료 분야 60여 개 직종이 참여하는 민주노총 산하 전국보건의료산업노동조합(보건의료노조)도 7월 13일부터 총파업에 들어간다고 선언했다. 필수인력을 제외한 4만5000여 명의 조합원이 참여할 것으로 전망돼 실제 파업 돌입 시 의료 공백과 현장 혼란

이 불가피할 것으로 보인다.

보건의료노조는 7월 10일 서울 영등포구 노조 본부에서 기자회견을 열고 6월 28일부터 7월 7일까지 6만4257명의 조합원을 대상으로 쟁의행위 찬반투표를 한 결과 투표 참여자 5만3380명 중 91.63%(4만8911명) 찬성으로 총파업이 결정됐다고 밝혔다.

파업이 강행되면서 **2004년 의료민영화 저지 및 주5일제 관철 등을 주장하며 파업을 벌인 지 19년 만에 대규모 총파업이 재연**됐다. 보건의료노조는 다만 환자 생명과 안전을 위해 응급실 수술실 중환자실 분만실 신생아실 등 환자 생명과 직결된 업무에 필수인력을 투입할 예정이라고 했다.

> **＋ 긴급조정권 (緊急調整權)**
>
> 긴급조정권은 노동자들이 파업·쟁의 행위가 국민경제를 해하거나 국민의 일상 생활을 위태롭게 할 위험이 크다고 판단될 경우 정부가 이를 제한할 수 있는 권리다. 긴급조정권이 발동되면 해당 사업체의 근로자들은 즉각 파업을 중단하고 산업현장에 즉시 복귀해야 하며 노조는 30일간 파업·쟁의행위가 금지된다. 이에 따르지 않으면 불법으로 간주된다.

POINT **세 줄 요약**

❶ 전국민주노동조합총연맹(민주노총)이 '윤석열 정권 퇴진'을 구호로 7월 3일부터 7월 15일까지 2주간 총파업에 돌입했다.

❷ 경찰은 시민 불편을 감안해 퇴근 전 집회 종료를 당부했다.

❸ 한편 보건의료노조도 이번 하투에 참여하면서 의료 공백이 불가피할 예정이다.

복지부 '유령아동' 2000여 명 전수조사

정부가 출생 기록은 있지만 출생 신고는 되지 않은 이른바 '유령아동' 2000여 명에 대한 전수조사를 6월 28일 시작했다. 앞서 감사원은 보건복지부 정기 감사에서 신생아 B형간염 백신 접종정보 등을 토대로 미신고 아동 2236명을 파악했다. 이 중 1%인 23명에 대한 표본조사 결과 최소 3명의 아동이 숨지고 1명은 유기가 의심되는 것으로 확인됐다.

표본조사만으로도 사망 사례 등이 확인되자 복지부는 6월 22일 전수조사 계획을 밝혔다. 다만 현재로선 복지부가 임시 신생아번호를 토대로 산모 인적사항을 수집해 출생신고 여부를 확인하거나 추적 조사할 근거가 없어 엄밀한 전수조사가 불가능한 상황이다.

출산·분만 의료행위는 건강보험공단과 건강보호심사평가원, 임시 신생아번호(출생·접종기록)는 질병관리청, 출생신고와 가족관계등록법은 행정안전부와 법무부 등의 소관인데, 이들 정보를 통합해서 공유하는 체계가 없어서다.

이에 복지부는 앞으로 임시 신생아번호를 출생신고 여부와 대조·확인할 수 있도록 하는 내용으로 '사회보장급여에 관한 법률 시행령'을 개정하기로 했고 시행령 개정 전 '■적극행정'을 통해 조사에 착수했다. 이번 전수조사 대상은 2015년부터 8년간 의료기관에서 태어난 신생아 중 출생신고가 안 돼 주민등록번호는 없지만, 출생 직후 필수접종을 위한 '임시 신생아번호'는 부여된 아동 2236명이다.

정부는 아울러 의료기관이 출생 사실을 지자체에 의무적으로 통보하는 '■출생통보제'와 위기 산모가 병원에서 익명으로 출산한 아동을 국가가 보호하는 '보호출산제' 도입도 추진할 방침이다.

한편, 경찰은 7월 4일까지 유령아동 사건 209건을 접수해 이 가운데 193건에 대한 수사에 나섰다. 서울에서도 40건에 가까운 사건 수사가 의뢰됐다. 생존이 확인된 아동은 주로 시설이나 입양처에 보내진 경우였다.

경찰청 국가수사본부(국수본)에 따르면 이날 오후 2시까지 접수된 사건 중 영아 12명은 사망한 것으로 확인됐다. 이날 부산에서 생후 8일 된 아기를 집 인근 야산에 암매장한 정황이 확인돼 경찰이 수사에 나섰다.

이를 포함해 숨진 영아 5명에 대해서는 수사가 착수됐고, 7명은 병원에서 사망한 사실 등이 확인돼 혐의없음으로 종결됐다. 나머지 198건 중 소재 파악이 된 경우는 20건이고, 178건은 소재 파악을 위한 수사가 진행 중이다.

■ 적극행정 (積極行政)

적극행정이란 공무원이 불합리한 규제의 개선 등 공공의 이익을 위하여 창의성과 전문성을 바탕으로 적극적으로 업무를 처리하는 행위를 말한다. 공공의 이익을 위해 공무원이 법령 해석과 업무 처리를 적극적으로 하는 행위다.
적극행정의 근거 규정은 헌법 제7조 제1항과 국가공무원법

제56조(성실 의무)다. 적극행정의 유형에는 통상적으로 요구되는 정도의 노력이나 주의 의무 이상을 기울여 맡은 바 임무를 최선을 다해 수행하는 행위 등 형태적 측면, 불합리한 규정과 절차, 관행을 스스로 개선하는 행위 등 규정의 해석적용 측면이 있다.

■ 출생통보제 (出生通報制)

출생통보제는 부모가 고의로 출생신고를 누락하는 경우를 막기 위해 의료기관이 출생 정보를 직접 지자체에 통보하도록 하는 제도다. 18대 국회부터 출생이 있었던 의료기관이 출생 사실 통보 책임을 지게끔하는 법안이 꾸준히 발의돼 왔다. 이에 의료계는 신생아의 분만 진료비를 청구하는 과정에서 건강보험심사평가원(심평원)에 출생 사실을 통보하고 있다며, 지자체 통보 책임까지 이중으로 의료기관에 맡기는 건 행정편의주의라고 반발해왔다.

킬러문항, 출제단계서 거르고 '수능점검위' 신설한다

대학수학능력시험(수능)에서 **공교육 과정에서 다루지 않는 내용의 킬러문항**(초고난도 문항)을 거르는 조직이 신설된다. 아울러 내년 치러지는 2025학년도 수능부터 교사 중심으로 출제진을 구성하고, 수능 문항 정보를 추가로 공개하는 방안이 검토된다. 구체적으로 어떤 정보가 공개될지는 정해지지 않았다.

이주호 부총리 겸 교육부 장관은 6월 26일 정부 서울청사에서 이런 내용을 중심으로 하는 '사교육 경감대책'을 발표했다. 교육부는 적정 난도와 변별력을 갖춘 문제가 출제될 수 있도록 교사를 중심으로 '공정수능평가 자문위원회'를 운영하고, 독립성이 보장되는 '공정수능 출제 점검위원회'를 신설해 수능 출제 단계에서 킬러문항을 걸러내기로 했다.

교육부는 또 공교육 중심의 '공정한 수능'을 단계적으로 실현하겠다고 밝혔다. 사교육에서 문제풀이 기술을 익히고 반복적으로 훈련한 학생들에게 유리한 수능을 만들지 않겠다는 것이다. 아울러 입시학원이 수능 출제경험이 있는 교사·교수에게 모의고사 문항을 사는 것을 막기 위해 출제위원이 일정기간 수능 관련 강의·자문 등 영리행위를 하는 것을 금지할 방침이다.

교육부는 수능 킬러문항과 관련해 학생·학부모 불안감을 자극하는 허위·과장광고를 막고자 사교육 카르텔·부조리 신고를 받고, 일부 수능 전문 대형 입시학원의 부조리는 관계기관과 단호하게 조치할 예정이다.

또한 논술·구술 등 대학별고사가 교육과정을 벗어나지 않도록 점검하고 학교 수행·지필평가도 교육과정 내에서 이뤄지도록 교차 검토를 강화한다. 선행학습 영향평가도 강화할 예정이다.

이와 함께 학생들 누구나 학원 도움 없이 입시를 준비할 수 있도록 관련 제도를 정비하기로 했다. 현장 교사 중심의 무료 대입 상담 등 '공공 컨설팅'을 실시하고 대입 정보 제공을 확대하겠다는 것이다.

이밖에 중·고교 교과 보충용 사교육을 줄이고자 EBS 시스템을 개편하고 유료 강좌인 '중학 프리미엄'을 무료로 전환하기로 했다. 방과 후 교과 보충지도 등 공교육 보충학습도 강화할 계획이다.

아울러 교육부는 이른바 '영어유치원'으로 불리는 유아 영어학원의 편법운영 단속과 '초등 의대 입시반' 실태점검을 하는 한편, **■늘봄학교** 확대와 3~5세 교육과정(누리과정) 개정을 통해 유·초등 사교육 수요를 줄이겠다는 구상이다.

■ 늘봄학교

늘봄학교는 윤석열 정부의 국정과제 중 하나인 '국가교육책임 강화' 차원에서 마련된 제도다. 학부모가 원하면 자녀를 아침 7시부터 저녁 8시까지 최대 13시간 동안 학교에 맡길 수 있도록 했다. 해당 시간 동안 학교에서 간식과 간편식 등을 포함한 삼시 세끼도 주고, 질과 양을 모두 확보한 교육적인 돌봄을 제공한다는 게 정부 계획이다.

늘봄학교는 정부가 2022년 8월 추진 방침을 밝힌 직후 논란에 휩싸였던 '초등 전일제학교'의 개명 후 이름이기도 하다. 전일제학교에 대해 "12시간씩 아이를 학교에 머물게 하는 건 아동학대"(전국교직원노동조합) 등의 비판이 계속되자 교육부는 2023년 1월 "전일제학교 명칭에 대해 강제적 활동으로 오해하는 등 현장의 부정적 인식이 있어 명칭을 늘봄학교로 수정한다"고 밝혔다.

이르면 2024년부터 '모바일 주민증' 발급

이르면 2024년 하반기부터 '모바일 **■주민등록증**'이 발급된다. 행정안전부는 모바일 주민등록증 발급 근거를 담은 주민등록법 일부개정법률안이 6월 20일 국무회의에서 의결됐다고 이날 밝혔다.

▲ 모바일 주민등록증 (자료 : 행정안전부)

개정안이 국회를 통과되면 공포 1년 뒤부터 효력을 발휘한다. 이에 따라 빠르면 2024년 하반기부터 모바일 주민등록증 발급을 시작할 수 있을 것으로 행안부는 전망하고 있다.

모바일 주민등록증은 **모바일 공무원증**(2021년 1월 도입), **모바일 운전면허증**(2022년 7월), **모바일 국가보훈등록증**(2023년 6월)에 이은 네 번째 모바일 **신분증**이다.

스마트폰에 전자 정보로 저장되는 모바일 주민등록증을 발급받게 되면 실물 주민등록증을 챙길 필요가 없어진다. 온라인상에서는 물론 현장에서도 신분을 증명할 수 있어 실물 주민등록증과 같은 효력을 지닌다. 편의점 등에서 성년 확인은 물론이고 민원서류를 발급할 때, 은행에서 계좌개설 또는 대출 신청 시에도 모바일 주민등록증으로 신원증명이 가능하다는 것이다.

행안부는 모바일 주민등록증을 안심하고 이용할 수 있도록 암호화 등 최신 보안 기술 등을 적용해 해킹이나 복제 가능성 차단 등 기술적 안전성을 확보할 계획이다.

모바일 주민등록증의 발급 정보는 1인 1단말기

(스마트기기)에 암호화해 안전 영역에 저장되고, 생체인증 등 정보 주체의 허가 없이는 열람될 수 없도록 설계된다. 또 스마트폰 분실을 대비해 전용 콜센터와 사이트를 운영하고 분실신고 시 즉시 사용을 중단시켜 도난과 도용을 예방할 계획이다.

특히 필요한 정보만 선택해 제공할 수 있도록 해 신원 증명 시 사생활 침해 우려도 최소화할 방침이다. 성년 확인 시에는 생년월일만 선택해 제공하거나 주소 확인 시에는 주민등록번호를 가리는 식의 활용이 가능하다는 것이다.

주민등록법 일부개정법률안이 시행되면 **주민등록증을 발급받은 17세** 이상 국민이 희망하는 경우 가까운 주민센터를 방문하여 무료로 모바일 주민등록증을 발급받을 수 있다.

■ 주민등록증 (住民登錄證)

주민등록증은 주민이 거주지역에서 대한민국 주민등록법에 의한 주민등록을 했다는 사실을 증명하는 증명서다. 17세 이상의 대한민국 국민은 반드시 신청해야 한다. 주민등록증은 가족관계등록부(종전의 호적)와 병적(남성 해당 사항)을 확인한 이후에 발행되므로 특히 가족관계등록부가 미비하면 발행하지 않는다. 주민등록증 앞면에는 사진, 한글 이름, 한자 이름, 주민등록번호, 거주지, 뒷면에는 주소변동사항, 오른손 엄지손가락의 지문이 기록되며, 발급 지역 관할 기초지방자치단체장의 직인이 날인되어 있다.

전국 폭우 사망·실종 12년 만에 최대

기록적인 폭우로 전국 각지에서 피해가 커졌다.

▲ 오송 지하차도 참사 수색 현장

중앙재난안전대책본부(중대본)는 7월 18일 오전 6시 기준 폭우 사망자 41명, 실종자가 9명으로 잠정 집계됐다고 밝혔다. **50명에 이르는 사망·실종자 수는 2011년**(78명) **이후 12년 만에 가장 많다.**

미호천 제방 유실로 침수된 충북 청주시 흥덕구 오송읍 궁평2지하차도 침수로 인한 사망자는 14명, 부상자는 10명으로 집계됐다. 오송 지하차도 내부 수색 작업은 마지막 실종자의 시신을 찾으며 종료됐다.

사망자를 지역별로 보면 경북 19명, 충북 17명, 충남 4명, 세종 1명이다. 실종자는 경북 8명, 부산 1명이다. 이번 호우로 일시대피한 사람은 전국 16개 시도 123개 시군구에서 8005가구 1만 2709명에 이르렀다.

충남·충북·경북·전북을 중심으로 공공시설 912건, 사유시설 574건의 피해가 집계됐다. 도로 사면 유실·붕괴는 157건이며 도로파손·유실은 60건이다. 토사유출은 131건이며 하천제방 유실은 159건에 이른다. 주택침수 274채, 주택파손 46채 등의 피해도 있었다.

농작물 피해 규모는 2만6933.5ha(핵타르 : 1ha

는 가로와 세로가 각각 100m인 정사각형의 넓이, 즉 1만m²로 축구장(0.714ha) 약 3만8000개를 합친 넓이다. 농경지는 180.6ha가 유실·매몰·파손됐다.

윤석열 대통령은 7월 17일 리투아니아·폴란드·우크라이나 순방 귀국 직후 중대본 회의를 주재하고 "**특별재난지역** 선포 등 정책 수단을 모두 동원해 후속 조치를 신속하게 추진하라"고 지시했다.

윤 대통령은 "복구 작업과 재난 피해 지원 역시 신속하게 이뤄져야 한다"며 "비통하고 안타까운 마음을 금할 길이 없다. 이번 폭우로 돌아가신 분들의 명복을 빌고 유가족분들에게 위로 말씀을 드린다"고 밝혔다.

야당은 폭우가 집중됐던 주말 윤 대통령과 김기현 국민의힘 대표, 원희룡 국토교통부 장관이 모두 해외에 있었다며 재난 상황에서 컨트롤타워가 없었다고 비판했다.

■ **특별재난지역 (特別災難地域)**
특별재난지역은 재난·재해를 당한 지방자치단체와 주민들의 행정·재정적 부담을 덜어주기 위해 국가가 보조해주는 제도다. 1995년 삼풍백화점 붕괴 사고를 계기로 도입됐다. 도입 당시에는 대형사고 등 사회재난에 한해 특별재난지역을 선포할 수 있도록 했지만 2002년 태풍 '루사'를 계기로 자연재해 때도 선포할 수 있도록 대상을 확대했다. 특별재난지역은 '재난 및 안전관리기본법'에 따라 시·군·구별 피해액이 국고지원 기준(18억~42억원)의 2.5배를 초과할 경우 선포할 수 있다. 특별재난지역으로 선포되면 향후 피해 복구액 중 지자체 부담액의 일부를 국고로 추가 지원받을 수 있게 된다. 건강보험료 경감, 통신·전기·도시가스·지역난방 요금 감면, 병역의무 이행기일 연기, 동원훈련 면제 등 6개 항목의 간접 지원도 이뤄진다.

경주 '십원빵', 디자인 바뀐다

▲ 경주 십원빵 (경주 십원빵 홈페이지 캡처)

경주의 관광상품으로 자리 잡은 '십원빵'이 디자인을 바꿔야 할 처지가 됐다. 한국은행이 영리 목적으로 화폐 도안을 사용하는 것을 허용하지 않기 때문이다. 한국은행은 6월 21일 "십원빵 제조업체와 지역 관광상품 판매사업을 계속할 수 있도록 적법한 범위로 디자인 변경 방안을 협의 중이다"고 밝혔다.

십원빵은 1966년부터 발행된 다보탑이 새겨진 10원 주화를 본뜬 빵으로 2019년 경주의 한 업체에서 만들어 팔기 시작하면서 이름이 알려졌다. 유사 업체가 늘어나며 경주의 관광상품으로 자리매김했다. 2021년 9월, 당시 대선 후보였던 윤석열 대통령이 가게를 찾아 시식해 화제가 되기도 했다.

한국은행은 2005년 제정된 '한국은행권 및 주화의 도안 이용기준'을 근거로 십원빵의 디자인을 바꿔야 한다는 입장이다. '이용기준'을 보면 "**화폐 도안은 한국은행이 별도로 허용한 경우를 제외하고는 영리 목적으로 사용하지 못한다**"고 규정하고 있다. 한국은행의 승인을 받아도 유효기간은 6개월이다. 해당 기준을 어길 경우 한국은행은 저작권법에 따라 민형사상 조처를 취할 수 있다.

그러나 십원빵 업체들은 한국조폐공사가 2018년

공공누리(공공저작물 자유이용 허락 표시제도) 누리집에 10원 등 일부 주화의 도안을 올렸고 이를 이용한 것이기 때문에 문제가 없다고 억울해 한다. 공공누리의 경우 저작물 출처 표시를 준수하면 상업적 이용이 가능하기 때문이다. 현재 해당 도안은 공공누리 누리집에서 삭제된 상태다.

일부 업체들은 한국은행과의 협의를 통해 십원빵의 디자인을 바꾸기로 했다. 기존의 형태를 유지하되 빵 안에 새겨져 있는 글자 등을 바꿀 것으로 보인다.

한국은행은 "영리 목적의 무분별한 화폐 도안 오남용이 사회적으로 확산될 경우 위변조 심리 조장, 화폐의 품위 및 신뢰성 저하 등으로 국가의 근간인 화폐유통시스템이 교란될 수 있다"고 설명했다. "미국, 영국 등 주요국에서도 바람직한 화폐 도안 이용을 유도하기 위해 화폐 도안 이용 기준을 법률 혹은 내부 기준 등으로 규정하고 있다"는 게 한국은행 설명이다.

▮ 대한민국 화폐 도안

구분	도안
5만원권	신사임당, 묵포도도, 초충도수병의 가지그림, 월매도, 풍죽도
1만원권	세종대왕, 일월오봉도, 용비어천가, 혼천의
5000원권	율곡 이이, 오죽헌과 오죽, 신사임당 초충도
1000원권	퇴계 이황, 명륜당, 매화, 계상정거도
500원화	학
100원화	충무공 이순신
50원화	벼이삭
10원화	다보탑
5원화	거북선
1원화	무궁화

6월 28일부터 '만 나이 통일법' 시행

6월 28일부터 법적·사회적 나이를 '만(滿) 나이'로 적용하는 '만 나이 통일법'(행정기본법 및 민법 일부개정법률)이 시행됐다.

이에 따라 기존 '한국식 나이'에서 1~2세가 어려졌다. 앞으로는 공문서 등에서 나이 앞에 '만'이 표시돼 있지 않아도 만 나이를 뜻하게 된다. 정부는 법적·사회적 나이 계산법이 달라 발생하는 사회적·행정적 혼선 및 분쟁이 만 나이 통일로 해소될 것으로 보고 있다.

이완규 법제처장은 6월 26일 브리핑을 갖고 "만 나이 통일법이 시행되는 6월 28일부터는 특별한 규정이 없으면 각종 법령이나 계약이나 공문서 등에 표시된 나이는 이제 만 나이로 해석하는 원칙이 확립된다"며 "그동안 나이 기준 해석과 관련해서 발생했던 법적인 다툼이나 민원 또는 사회적인 혼란 등이 해소될 수 있을 것"이라고 말했다.

만 나이 통일법이 시행되면 1월 1일을 기준으로 나이를 따지는 것이 아니라, 생일을 기준으로 계산하게 된다. **금년도에서 출생 연도를 뺀 나이가 적용되는데, 생일이 지나지 않았을 때는 한 살을 더 빼야 한다.** 1961년생의 경우 생일이 지났으면 62세, 생일이 지나지 않았을 경우 61세가 되는 식이다. 정부는 만 나이 통일법 시행으로 연금 수급 연령 등을 둘러싼 민원, 사적 계약에서 만 나이와 세는 나이 관련 분쟁 등이 줄어들 것으로 보고 있다.

다만 정부는 초등학교 취학 연령, 병역 의무 연령, 청소년보호법상 담배 및 주류 구매 연령, 공무원 시험 응시 연령은 만 나이를 적용하지 않고 **▪연 나이** 적용을 유지하기로 했다.

이에 따라 같은 초등학교 1학년이라도 6세와 7세가 한 학급에서 공부하게 된다. 이 처장은 "취학 연령이나 병역 의무는 1년 단위로 운영할 필요가 있어서 그렇다"며 "학교의 학년제는 1년 단위고, 병역 관리도 1년 단위가 더 효율적"이라고 설명했다. 술·담배 구매는 2023년 기준 2004년생까지 가능하다.

▪ 연(年) 나이

연 나이는 현재 연도에서 출생 연도를 뺀 나이다. 예를 들어 2000년생은 생일과 관계없이 연 나이로 2023년에 23세, 2024년에 24세가 된다. 연 나이는 계산법이 간단하고 일상에서 쓰기 좋으나 정확한 나이 셈법은 아니다. 다만 생일을 정확히 알 수 없거나 조사가 번거로운 경우 이 방식으로 나이를 표기하는 경우가 많다. 대중매체에서 나이를 표기할 때 정확한 만 나이를 쓰려면 번거롭게 생일을 알아내야 하므로 편의를 위해 연 나이를 택하는 경우가 많다.

16억에 제작한 '거제 거북선' 결국 폐기

경남도가 12년 전 약 16억원을 들여 제작해 거제시에 인계한 '1592년 거북선'이 결국 폐기물로 소각처리됐다. 거제시는 '1592년 거북선'을 일반입찰에서 154만원에 낙찰 받았던 A 씨가 인수포기

▲ 매각 전 파손된 채 경남 거제 조선해양문화관 광장에 전시됐던 거북선 (자료 : 거제시)

의사를 밝힘에 따라 이를 폐기처분하기로 결정했다고 6월 27일 밝혔다. 교육자 출신인 A 씨는 관련 시설에 기부할 생각으로 5월 16일 낙찰 받은 것으로 알려졌다.

나무로 만든 거북선은 길이 26.5m, 높이 6.06m, 폭 6.87m, 무게 120여 톤이다. 몸체 대부분이 썩어 손가락으로 찌르면 스펀지처럼 푹 들어갈 정도였다. 뒤쪽 상당 부분은 부서져 내렸다. 이동·관리가 힘들어 거북선을 기부 받겠다는 곳이 없자 A 씨는 전시된 조선해양문화관에서 차로 10여분 거리에 있는 자신의 사유지로 옮기려 했다. 그러자 이조차도 파손 우려와 수천만원의 운송비용이 예상돼 결국 인수를 포기했다.

거제시는 태풍이 오기 전인 7월 10일까지 거북선을 폐기하기 위해 이른 시일 안에 업체를 선정, 목재는 폐기물로 처리하고 철재는 고물로 매각하기로 했다. 혈세 16억원이 154만원으로, 154만원이 고물로 전락했다. 거제 거북선은 폐기 절차를 거쳐 7월 12일 흔적도 없이 사라졌다.

문제의 거북선은 경남도가 2011년 김태호 전 지사 때 '이순신 프로젝트'의 하나로 만든 것이다. 당시 경남도는 전문가 고증을 거쳐 1592년 임진

왜란 당시 남해를 누비며 일본군을 물리친 거북선을 원형 그대로 복원했다고 강조했다. 이름도 '1592년 거북선'으로 지었다.

애초 국내산 최고급 ■**금강송**으로 만들기로 했으나 미국산 소나무를 사용한 사실이 드러나 업체 대표가 구속되는 등 태생부터 부실 논란이 있었다. 제작비는 16억4500만원이 들었다.

이 거북선은 2011년 6월 거제시 일운면 지세포리 해양문화관 앞 바다에 전시할 계획이었지만 배 안으로 바닷물이 스며들고 흔들림이 심해 2012년 7월 31일 육상으로 끌어올렸다. 2013년 2월 거제시가 인수했으나 방부처리 등이 부실해 목재가 썩고 뒤틀려 2022년까지 보수하는 데만 1억5000여만원이 들었다.

거제시는 2019년 수리를 위한 실시설계 결과 당장 3억원이 넘게 들고 해마다 수리를 계속해야 한다는 진단이 내려짐에 따라 경매에 부쳐 낙찰자가 없으면 폐기하기로 했다. 1억1750만원으로 평가된 거북선은 7회 유찰되며 가치가 폭락했고 마지막 입찰에서 A 씨가 **이순신 장군 음력 탄신일인 1545년 3월 8일에 맞춰 적어낸 154만5380원**으로 낙찰 받았다.

■ **금강송 (金剛松)**
금강송이란 금강산에서부터 경북 울진, 봉화와 영덕, 청송 일부에 걸쳐 자라는 소나무를 말한다. 금강산의 이름을 따서 이름이 붙여졌으며 지역에 따라 춘양목·황장목·안목송 등으로 다양하게 불린다. 금강송은 결이 곱고 단단하며 켠 뒤에도 크게 굽거나 트지 않을 뿐만 아니라 잘 썩지도 않아 예부터 소나무 중에서 최고로 쳤다.
경북 울진 금강송면 소광리는 국내 최대의 금강송 군락지다. 500년이 넘은 보호수 2그루와 수령 350년으로 곧게 뻗은 미인송 등 1000만 그루 이상의 소나무가 자생하고 있다. 조선

숙종 때는 금강송을 함부로 베어내지 못하도록 봉산(封山)으로 지정하기도 했다.

> **➕ 이순신 장군 3대 해전**
> • 한산도해전 : 1592년 한산도(경상남도) 앞바다에서 뛰어난 전술로 왜군을 크게 무찌른 전투
> • 명량해전 : 1597년 조선 수군이 명량(전라남도 진도와 육지 사이의 해협)에서 13척의 배로 133척을 격침한 전투
> • 노량해전 : 정유재란 당시 1598년 노량(경상남도) 앞바다에서 조선 수군과 일본 수군이 벌인 마지막 해전

정부 '강제동원 배상금 공탁'에 전국 법원 잇따라 거부

 일제강제동원피해자지원재단

정부가 '제3자 변제안'을 거부하는 일제강점기 강제징용 피해자 4명에 대한 배상금을 법원에 ■**공탁**할 수 있을지는 앞으로 재판을 통해 가려지게 됐다. 정부가 법원에 배상금을 맡기는 공탁 신청을 했지만 전국의 법원 공탁관 대부분이 이를 받아들이지 않은 데 따른 것이다.

7월 6일 전주지법은 행정안전부 산하 일제강제동원피해자지원재단(재단)이 고(故) 박해옥 할머니의 유족 2명을 대상으로 낸 공탁 신청을 '불수리' 결정했다고 밝혔다.

외교부는 공탁 신청에 대해 "적법 절차"라는 입장을 유지하고 있다. **"변제할 '정당한 이익'이 있**

는 사람은 당연히 변제로 채권자의 권리를 대신 행사할 수 있다"는 민법 481조와 "채권자가 변제를 받지 않거나 받을 수 없는 때는 변제자가 공탁해 채무를 면할 수 있다"는 민법 487조가 근거가 됐다. 외교부는 "이런 상황에서 공탁 신청에 대해 법리를 제시하며 불수리 결정한 건 공탁 공무원의 권한을 넘어선 위법"이라는 입장이다.

피해자 측은 "피해자들이 일본 기업을 상대로 손해배상금을 확정받은 사건에서 '제3자'인 재단은 피해자 측이 거부하는 한 배상금을 법원에 공탁할 수 없다"며 맞서고 있다. 민법 469조는 "채무의 변제는 제3자도 할 수 있다"면서도 "당사자의 의사 표시로 제3자 변제를 허용하지 않는 때는 그럴 수 없다"고 돼 있다.

법원 공탁관이 정부 공탁을 받지 않은 건 "피해자가 명확한 거부 의사를 보이고 있다"는 이유에서였다. 이런 공탁관의 결정에는 "정부나 재단은 변제할 정당한 이익이 없는 '제3자'"라는 판단이 깔려 있다. 이어질 재판에선 정부나 재단이 일본 기업의 배상금을 변제할 수 있는 '이해관계 있는 제3자'라는 점을 증명하는 것이 공탁 가능 여부를 판가름할 기준이 될 것으로 보인다.

법조계에선 재단이 미쓰비시중공업 등 피고 기업으로부터 손해배상 채무를 인수하기로 했다는 약정서 등을 받아 재판부에 제출해야 '이해관계 있는 제3자'로 인정돼 공탁이 받아들여질 수 있다고 보고 있다.

하지만 재단은 공탁 절차를 진행하면서 '채무 인수 서류' 등은 제출하지 않은 것으로 파악됐다. 재단 관계자는 "일본 기업이 채무를 넘긴다는 확

약서에 사인하는 건 배상 책임을 인정하는 것"이라며 "확약서를 받는 건 쉽지 않다"고 했다.

■ 공탁 (供託)

공탁이란 법령의 규정에 의하여 금전·유가증권·기타의 물품을 공탁소(은행 또는 창고업자)에 맡김으로써 일정한 법률적 효과를 얻는 것이다. 공탁을 하는 이유에는 채무를 갚으려고 하나 채권자가 이를 거부하거나 혹은 채권자를 알 수 없는 경우, 상대방에 대한 손해배상을 담보하기 위하여 하는 경우. 타인의 물건을 보관하기 위하여 하는 경우 등이 있다. 공탁의 절차는 공탁법에 정해져 있다. 국세기본법상 금전 또는 유가증권을 납세담보로 제공하고자 하는 자는 이를 공탁하고 그 공탁수령증을 세무서장에게 제출하여야 한다. 공탁제도는 피공탁자가 특정되어야 함이 원칙이다.

서울 을지로 일대서 5만 명 참여한 '24회 퀴어축제' 열려

▲ 제24회 서울퀴어문화축제 포스터

'제24회 서울퀴어문화축제'가 열렸다. 서울시의 광장 사용 불허로 개최 장소를 두고 의견이 충돌했지만, 대구 퀴어축제와 달리 물리적 충돌은 발생하지 않았다. 퀴어축제에 참가한 5만여 명은 서울시의 차별행정을 비판하며 우리 사회를 향해 성소수자 혐오 중단을 외쳤다.

7월 1일 서울퀴어문화축제조직위원회(조직위) 주최로 지하철 2호선 을지로입구역 4번 출구 인근

에서 열린 퀴어축제는 무지개 물결로 가득 찼다. 성소수자와 시민은 각각 '무지개'가 그려진 가방, 티셔츠, 스카프 등으로 드레스코드를 맞췄고, 페이스페인팅이나 코스프레 등으로 참가 의지를 드러내기도 했다. 내국인뿐 아니라 외국인 참가자도 눈에 띄었다.

올해 축제 슬로건은 '피어나라 퀴어나라'로, 사회에서 꽃피지 못한 성소수자들의 삶이 피어나길 바라는 마음을 담았다. 양선우(활동명 홀릭) 조직위원장은 "우리의 삶과 웃음이 피어나기를, 우리의 형편이 나아지기를, 그런 세상을 꿈꾸며 주문을 외우는 기분으로 슬로건을 만들었다"며 "아직 우리나라에 혐오와 차별이 가득하지만, 이 자리를 꿋꿋이 지켜주는 이상 소수자를 비롯한 다양한 사회적 소수자, 약자들을 위한 세상은 분명히 올 것"이라고 했다.

물리적 충돌이 발생했던 6월 17일 대구 퀴어축제와 달리 서울 퀴어축제에선 도로점용을 두고 입장차가 발생하진 않았다. 당시 대구시는 퀴어퍼레이드 주최 측이 도로점용 허가 신청 없이 집회 신고만 했단 이유로 행사 진행을 제지했는데, 경찰이 신고된 집회를 보호하면서 이례적으로 공무원과 충돌이 발생한 바 있다. 이에 서울 중구 등은 신고된 집회의 무대·부스 설치를 도로점용으로 판단하지 않는다는 입장을 밝혔다.

다만 조직위는 축제 개최 장소 선정을 두고 서울시의 차별행정을 비판하는 목소리를 높였다. **퀴어축제는 코로나19 시기를 제외하고 2015년부터 매년 서울광장에서 열렸는데, 올해는 서울시가 기독교단체인 CTS문화재단의 '청소년·청년 회복 콘서트'를 이유로 광장 사용을 허락하지 않았기 때문**이다. 조직위는 이날 퀴어축제 개막 선언에 앞서 시의 광장 사용 불허서를 찢어 날리는 퍼포먼스를 진행하기도 했다.

한편, 서울광장과 축제 현장 인근에선 퀴어축제를 반대하는 기독교단체의 대규모 집회도 함께 열렸다. 같은 날 오후 1시부터 중구 서울시의회 앞에서 '2023 통합국민대회 거룩한방파제'를 연 동성애퀴어축제반대국민대회는 '차별금지법 반대한다', '동성애 퀴어축제 반대한다' 등을 외쳤다. 퀴어축제가 열리는 도로 건너편에선 기독교단체가 스피커로 찬송가를 틀며 반대 목소리를 내기도 했다.

➕ LGBTQIAPK

LGBTQIAPK는 성적소수자를 총칭하는 용어로, 기존 ▲레즈비언(Lesbian : 여성 동성애자) ▲게이(Gay : 남성 동성애자) ▲바이섹슈얼(Bisexual : 양성애자) ▲트랜스젠더(Transgender : 성전환자)의 앞 글자를 딴 LGBT에서 파생된 것이다. ▲Q는 퀴어(Queer : 성 정체성을 분명하게 정의하지 못하는 사람) ▲I는 남성도 여성도 아닌 간성애자(Intersexual) ▲A는 성충동을 못 느끼는 무성애자(Asexual) ▲P는 범성애자(Pansexual) ▲K는 변태 성애자(Kink) 등을 아우른다.

분야별 최신상식

국제 외교

PMC "

'프리고진 반란', 푸틴 체제 종말 신호탄되나

■ **쿠데타 (coup d'Etat)**

쿠데타란 프랑스어로 '국가에 대한 일격 또는 강타'라는 뜻이며 무력을 동원해 비합법적으로 정권을 빼앗는 것을 가리키는 말이다. 쿠데타는 혁명과는 달리 민중의 지지와 관계없이 발생한다. 보통 군대나 경찰 등의 무장집단 등에 의해 은밀하게 계획되며, 쿠데타 후에는 일반적으로 언론통제, 반대파 숙청, 계엄령 선포 등의 조치가 취해진다.

바그너 그룹, 모스크바 코앞까지 진격

블라디미르 푸틴 러시아 대통령의 최측근으로 불렸던, 러시아의 민간군사기업 바그너 그룹의 설립자이자 대표인 예브게니 프리고진이 6월 24일 ■**쿠데타**를 일으켰다. 바그너 그룹은 러시아의 우크라이나 침략에 참전했지만 보급과 작전 지휘 문제로 러시아 군부와 갈등을 겪었다.

프리고진은 범죄자 출신으로 1980년 복역을 마치고 핫도그 장사로 시작해 외식 사업을 했고 푸틴 대통령의 눈에 띄며 그의 '사냥개'가 됐다. 그는 러시아와 관련된 수많은 국제 분쟁에 직접 개입해 전쟁범죄를 저지른 혐의로 2023년에 미국에 의해 공개 수배됐고 EU(유럽연합)에서는 경제제재 대상자가 됐다.

쿠데타 발생 당일 프리고진은 러시아 국방부의 병사들이 자신의 진지를 포격해 2000명의 용병이 사망했다고 주장하며 러시아 국방부 지도부에 복수하겠다고 선포했다. 프리고진은 바그너 그룹을 이끌고 러시아 수도 모스크바에서 불과 200km 남겨진 곳까지 진격했다.

그러나 벨라루스의 **알렉산드르 루카셴코 대통령**이 중재하며 프리고진은 벨라루스로 망명하는 조건으로 군을 철수했다. 히틀러도 뚫지 못한 러시아의 심장 모스크바가 용병 기업의 무장 반란에 뚫릴 뻔 했다. 이 때문에 러시아군이 사태 초기 큰 저항 없이 프리고진의 부대를 사실상 받아들인 것 아니냐는 해석이 나온다. 쿠데타는 일단락 됐지만 푸틴은 이번 일로 정치적 리더십에 큰 타격을 입게 됐다.

"푸틴 체제 끝났다"는 분석도

이번 사태로 2000년 이후 23년 동안 철통처럼 유지돼 온 푸틴 체제가 종말을 맞을 수 있다는 전문가들의 관측이 잇따라 나왔다. 2000년 5월 집권한 푸틴은, 연임 제한 규정에 걸려 '실세 총리'로 막후 실력을 행사한 2008~2012년을 포함해 지금까지 러시아의 절대 권력자로 군림해 왔다. 개헌을 통해 연임 제한 규정까지 뜯어고쳤다. 이에 따라 푸틴은 **2024년 3월 대선에 출마해 최소 2036년까지 권좌에 있을 것**이라는 전망이 지배적이었지만, 이번 반란으로 상당한 타격을 입었을

가능성이 크다고 전문가들은 보고 있다.

영국 BBC와 독일 도이체벨레 등에서 러시아 전문 기자로 활동한 콘스탄틴 에거트는 미국 자유 유럽방송 인터뷰에서 "푸틴 체제는 끝났다"며 "이번 사건은 푸틴이 자신의 체제에 대해 갖고 있던 장악력뿐 아니라 전쟁(우크라이나 침공) 수행 능력도 현저하게 약화시켰다"라고 말했다.

이번 사태가 푸틴 체제의 즉각적인 종말로 이어지지는 않더라도, 러시아 연방 체제의 원심력을 가속해 푸틴 체제의 붕괴를 유발할 수 있다는 전망도 나온다.

➕ 러시아, 전쟁으로 '인구절벽' 치명타

서방 정보 당국은 전쟁이 장기화될수록 러시아가 병력 유지에 큰 어려움을 겪을 것으로 보고 있다. 러시아 청장년층 남성 상당수가 우크라이나 전쟁에 투입되면서 인구가 급격히 감소할 전망이다. 러시아는 2차 세계대전 당시 1억 명 남짓했던 인구 중 무려 2000만 명 이상이 사망해 막대한 인적 공백을 겪었다. 이후 가까스로 회복세를 보이다가 1991년 구소련 붕괴로 정치·경제 혼란 속에 인구절벽을 겪었다. 현재 1990년대초부터 2000년대 사이 태어난 사람이 가장 적은 이유도 여기서 기인한다. 이번 우크라이나 전쟁으로 러시아에서는 거의 100만 명 가까운 성인 남성이 하루아침에 생산현장에서 증발했다. 추가로 징집이 이뤄지면 군수물자 생산 공장도 돌리기 어려워질 형편이다.

POINT   세 줄 요약

❶ 러시아 민간군사기업 바그너 그룹 설립자 예브게니 프리고진이 6월 24일 반란을 일으켰다.

❷ 모스크바 턱밑까지 진격한 프리고진은 벨라루스로 망명하는 조건으로 철군했다.

❸ 푸틴 러시아 대통령은 회복 불가능한 타격을 입었다.

타이태닉 관광 잠수정 잔해 발견...
탑승자 전원 사망

세계 각국의 구조 노력 동참에도 불구하고 북대서양에서 실종된 잠수정 탑승자들은 끝내 살아돌아오지 못했다. 111년 전 침몰한 여객선 타이태닉호의 잔해를 보려는 관광객을 위해 운영되는 **심해 잠수정 '타이탄'의 탑승자 5명이 전원 사망**한 것으로 추정된다고 미국 해안경비대가 6월 22일(현지시간) 밝혔다. 지난 6월 18일 오전 잠수 시작 1시간 45분 후 연락이 두절된 지 나흘 만이다.

해안경비대는 타이태닉호 뱃머리로부터 488m 떨어진 해저에서 발견된 테일콘(기체 꼬리 부분의 원뿔형 구조물) 등 잠수정 잔해물 5개를 근거로 이같이 결론 내렸다. 잠수정은 내파(implosion : 외부 압력에 의해 구조물이 안쪽으로 급속히 붕괴하며 파괴되는 현상)된 것으로 보인다.

존 모거 보스턴 해안경비대 소장은 브리핑에서 "잔해물들은 이 선박에서 재앙적인 내파가 발생했다는 점을 뒷받침한다"고 말했다. 타이탄이 실종 당일 바로 파괴된 것인지, 아니면 그 후 파괴됐는지 구체적인 시점은 현재로서는 알기 어렵다고 모거 소장은 덧붙였다.

실종된 타이탄은 6.7m 길이에 탄소섬유와 티타늄으로 만들어진 잠수정으로 조종사 1명과 승객 4명을 태우고 해저 4000m까지 내려갈 수 있도록 설계됐다. 이 잠수정에는 운영회사인 오션게이트 익스페디션의 스톡턴 러시 최고경영자(CEO)와 영국 국적의 억만장자 해미쉬 하딩, 파키스탄계 재벌 샤자다 다우드와 그의 아들 술레만, 프랑스의 해양 전문가 폴 앙리 나졸레가 타고 있었다.

이번 사고를 계기로 오션게이트가 2018년부터 회사 안팎에서 문제 제기가 있었음에도 충분한 안전 검증을 거치지 않고 이 잠수정을 개발해 운용했다는 사실이 드러나 논란을 빚었다. 이 잠수정 투어는 1인당 비용이 25만달러(약 3억2500만원)에 달하는 초고가 관광 상품이다.

➕ **타이태닉호 침몰 사건**

타이태닉호 침몰 사건이란 당시 최대·초호화 선박이었던 타이태닉호가 1912년 4월 14일 빙산에 부딪쳐 침몰한 사건을 말한다. 이 사건으로 1515명의 인명의 피해가 있었다. 타이태닉 침몰 사건의 결과 승선 승객 인원에 맞는 구명정 비치, 구명정 훈련·교육, 24시간 내내 무선관찰 규정 등을 명시한 최초의 국제해상안전협정이 체결되었다. 또 북대서양 항로의 선박에 빙산을 알려주는 국제부빙순찰대가 창설되었다.

일본, 한국 '화이트리스트'
4년 만에 복원...수출규제 모두 해제

일본 정부가 한국 대법원의 강제징용 배상 판결에 반발해 한국을 '■**화이트리스트**'(수출심사 우대

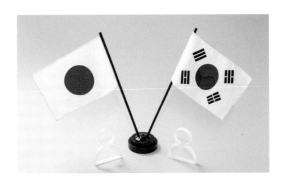

국)에서 제외한 지 약 4년 만에 화이트리스트에 완전 복원하기로 결정했다. 한국이 지난 4월 일본을 화이트리스트에 복원한 데 이어 일본도 같은 조치를 함으로써 양국의 수출 규제 갈등이 끝났다.

일본 정부는 6월 27일 각의에서 한국을 수출무역관리령 별표 제3의 국가(화이트리스트)로 추가하기 위한 '수출무역관리령 일부를 개정하는 정령안'을 결정했다. 개정 정령 시행 시점은 7월 21일이다.

한국은 일본에 앞서 4월 24일 일본을 화이트리스트에 다시 포함하는 내용의 '전략물자 수출입 고시'를 관보에 게재했다. 이에 따라 한국 기업이 일본에 전략물자 수출을 신청할 때 심사 시간이 기존 15일에서 5일로 단축되고, 개별 수출 허가의 경우 신청 서류가 5종류에서 3종류로 줄어들었다.

일본 정부는 한국 발표 뒤 한국을 화이트리스트에 추가하기 위한 정령 개정 절차에 착수하고 의견을 수렴했다. 일본 경제산업성은 이에 앞서 3월 한국에 대한 반도체 핵심소재 3개 품목의 수출규제를 철회한 바 있어 **이번 화이트리스트 재지정으로 2019년부터 약 4년간 지속된 한국 대상**

수출 규제는 모두 해제됐다.

한일 수출규제 갈등은 한국 대법원이 2018년 강제징용 배상 소송 일본 피고 기업에 대해 '강제징용 피해자에게 배상하라'고 확정판결한 데 대해 일본이 반발하면서 촉발됐다. 일본은 판결에 대한 사실상의 보복 조치로 2019년 7월 반도체 소재 3개 품목의 수출 규제에 나섰고, 다음 달 한국을 화이트리스트에서 제외했다.

이에 한국은 일본을 WTO(국제무역기구)에 제소하고, 역시 일본을 화이트리스트에서 빼는 맞대응 조치를 취했다. 이 갈등은 윤석열 대통령의 3월 일본 방문과 기시다 후미오 일본 총리의 5월 방한을 통한 정상회담에서 수출 규제 갈등을 풀기로 합의함에 따라 해소됐다.

■ **화이트리스트 (white list)**
화이트리스트는 기업 등이 자국의 안전보장에 위협이 되는 첨단기술이나 전자부품 등을 정부의 허락 없이 수출할 수 있는 국가의 명단을 가리킨다. 한국은 2004년에 일본의 화이트리스트 명단에 들어갔지만 2019년 8월 2일 일본 정부 각의를 통해 화이트리스트 명단에서 제외되면서 공작기계나 집적회로, 통신 장비 등 전략 물자 중 857개의 '비(非)민감품목'에 대해 간소화 혜택을 받지 못했었다.

윤 대통령, 프랑스·베트남 순방... 부산 엑스포 유치 활동

윤석열 대통령이 4박 6일간 프랑스·베트남 순방을 끝내고 귀국했다. 프랑스에서는 부산엑스포 유치를 위해 한국의 매력을 알리고, 베트남에서는 한국 기업의 활발한 경제활동 지원을 위해 발

▲ 윤석열 대통령이 6월 20일 파리 제172차 BIE 총회, 2030 국제박람회 4차 경쟁 프레젠테이션에 참석했다.

벗고 나섰다.

윤 대통령은 6월 19일(이하 현지시간)에서 21일까지 이어진 **프랑스 순방 기간 부산엑스포 유치를 위한 외교전**에 힘을 쏟았다. 6월 20일 프랑스 파리에서 열린 국제박람회기구(BIE) 총회에서 윤 대통령은 직접 경쟁 프레젠테이션(PT)에 연사로 나서서 영어로 연설을 했다.

윤 대통령은 PT 자리에서 "우리는 준비된 후보국이다. 대한민국은 역사상 가장 완벽한 세계박람회를 만들 것"이라며 "2030년 부산엑스포는 경쟁의 논리에서 연대의 가치로 우리의 관점을 전환한 엑스포로 기억될 것"이라고 강조했다. 6월 21일 열린 공식 리셉션에서도 윤 대통령은 한국의 성공 경험을 전 세계와 공유하겠다는 의지를 표명하면서 부산엑스포 유치에 힘을 실었다.

윤 대통령은 이날 파리 엘리제궁에서 에마뉘엘 마크롱 프랑스 대통령과 정상회담을 갖고 대북공조 강화와 첨단산업 협력 등에 합의했다. 우크라이나 평화와 재건을 위해서도 협력하기로 했다.

대통령실은 윤 대통령이 프랑스에서 부산엑스포

유치 외에도 한국 세일즈외교 성과도 거뒀다고 전했다. 윤 대통령은 유럽 첨단 분야 기업들로부터 9억4000만달러(약 1조2000억원)의 투자를 약속받았다. 이는 지난해 유럽에서 받은 투자금액인 80억달러의 12%에 달하는 수치다.

프랑스에 이어 베트남으로 향한 윤 대통령은 **베트남과 포괄적 전략 동반자 관계 이행을 위한 행동계획을 채택**했다. 이에 따라 양국은 외교·안보 협력 강화, 교역·교류 확대, 희토류 등 핵심광물 공급망 협력 강화, 대베트남 원조 확대 등을 담은 17건의 협정·양해각서(**MOU**)를 채택했다.

역대 최대 규모로 꾸려진 민간 경제사절단도 방산·소비재·헬스케어·식품 등 교역 분야에서 54건의 MOU, 전기차·첨단산업 등과 관련한 28건의 기술협력 MOU, 핵심광물·온실가스 감축 등 공급망·미래협력을 위한 29건의 MOU 등 역대 최대인 총 111건의 MOU를 체결했다.

■ MOU (Memorandum Of Understanding)
MOU(양해각서)는 정식계약을 체결하기 전에 투자에 관해 합의한 사항을 명시한 문서를 말한다. MOU는 거래를 시작하기 전에 서로의 입장을 확인하는 계약으로, 일반적인 계약서와는 달리 구속력을 가지지 않는다. MOU는 실제 계약을 할 때 원활히 할 수 있도록 도와주며, 대외 홍보 역할을 한다는 장점이 있다.

고질적인 이민자 차별...
프랑스 '분노의 뇌관' 폭발했다

나엘이란 이름으로 알려진 북아프리카계 10대

프랑스 청소년이 교통 단속을 피하려다 경찰관의 총에 맞아 사망한 사건으로 프랑스 전역이 격렬한 시위에 휩싸이면서 몸살을 앓고 있다. 폭도들이 공공 기관과 상점을 습격하고 차량에 불을 지르는 등 과격한 시위를 벌이는 배경에는 **아프리카계·아랍계에 대한 오랜 차별과 고질적인 경찰 폭력**이 자리 잡고 있다.

7월 3일(이하 현지시간) dpa통신 등의 보도에 따르면, 지난 6월 27일 밤부터 시작해 5일째 이어졌던 폭력 시위는 전날 밤부터 이날 새벽 사이에는 크게 잦아들었다. 경찰이 진압 병력을 4만 5000여 명으로 늘린 데다 나엘의 할머니가 2일 시위대를 향해 폭력 중단을 호소한 것이 영향을 미친 것으로 풀이된다.

2005년 파리 **방리유**(banlieues : 프랑스에서 이민자 출신들이 모여 사는 도시 외곽의 저소득층 주거 지역)에서 경찰에 쫓기던 10대 청소년 2명이 변전소 담장을 넘다 감전사하는 사건으로 3주 동안 격렬한 폭력 시위가 벌어진 후 프랑스는 방리유 개발과 아프리카계·아랍계에 대한 차별 시정을 약속한 바 있다.

실제 최근 15년여 동안 교통 인프라 개선 등 방리유 개발에 약 500억유로(71조원)가 투입됐다고 프랑스 싱크탱크 몽테뉴연구소는 밝혔다. 2024년 파리 올림픽이 치러질 경기장 대부분도 파리 북쪽의 대표적 방리유인 생드니에 건설되고 있다.

하지만 아프리카계·아랍계 주민들의 사회·경제적 처지는 크게 개선되지 않았다. 7월 2일 파이낸셜타임스 보도에 따르면 2005년 폭동의 진원지인 파리 북동쪽 클리시수부아의 빈곤율은 전국 평균보다 3배가량 높다. 2017년 조사에 따르면 아랍계 또는 흑인 청년들은 다른 인종에 비해 경찰의 불심검문을 받을 가능성이 20배 더 높은 것으로 나타났다.

아프리카계·아랍계에 대한 경찰의 폭력적 대응도 달라지지 않았다. 2016년 24세 흑인 남성 아다마 트라오레가 경찰의 불심검문으로 체포돼 연행되던 연행 과정에서 경찰관에게 몸을 짓눌려 중 의식을 잃고 사망했다. 2020년 1월에도 40세 배달 노동자 세드릭 슈비아가 파리 에펠탑 근처에서 교통 단속을 하던 경찰에게 목이 눌려 질식사했다.

> **➕ 프랑스 '라이시테'의 역설**
>
> 프랑스는 국가 이념인 박애 정신에 근거해 전통적으로 이민 정책에 관대한 나라였다. 이주민 비율이 유럽 평균(11.6%)에 비해 높은 13%이며 전체 인구(6530만 명) 중 약 855만 명이 이민자다. 이 중 아프리카 출신이 절반에 가깝고 이슬람을 믿는 북아프리카 3국(알제리·튀니지·모로코) 출신이 약 30%에 달한다.
> 프랑스는 공적인 영역에서 정치와 종교를 철저히 분리한다는 확고한 세속주의(laïcité : 라이시테) 원칙을 따른다. 이러한 개방성은 이민자들 사이에 오히려 인종·종교 간 반목을 일으키는 역설로 작용했다. 프랑스 헌법 재판소가 공공장소에서 히잡(이슬람 여성이 얼굴과

머리를 둘러싸는 천) 착용 금지를 지지한 판결에 이슬람 이민자들이 반발한 것이 대표적인 사례. 이슬람 이민자들은 라이시테가 프랑스에 만연한 이슬람·아랍 이민자에 대한 차별을 정당화하고 있다고 본다.

美 대법 "대입 때 소수인종우대 정책 위헌"...62년만 폐기 수순

미국 대학 입학에서 교육의 다양성을 위해 소수인종을 우대하는 정책인 이른바 '어퍼머티브 액션'(Affirmative Action)에 대해 연방 대법원이 위헌 판결을 내렸다. 이에 따라 1960년대 민권운동의 성과 가운데 하나로 꼽힌 **소수인종 우대 입학 정책이 역사 속으로 사라지게 됐다.**

보수 성향 대법관이 다수를 차지하는 대법원이 낙태권 폐지에 이어 인종적 다양성을 고려하는 이번 정책에 제한을 가하면서 미국 사회 전반에 파장이 예상된다.

연방 대법원은 6월 29일(현지시간) 시민단체인 '공정한 입학을 위한 학생들'(SFA, Students for Fair Admissions)이 소수인종 우대 입학 제도로 백인과

아시아계 지원자를 차별했다며 노스캐롤라이나대와 하버드대를 상대로 각각 제기한 헌법소원을 각각 6 대 3 및 6 대 2로 위헌 결정했다.

대법원장인 존 로버츠 대법관은 다수 의견에서 "너무 오랫동안 대학들은 개인의 정체성을 가늠하는 기준으로 기술이나 학습 등이 아니라 피부색이라는 잘못된 결론을 내려왔다"면서 "우리 헌정사는 그런 선택을 용납하지 않는다"고 말했다. 이어 "학생들은 인종이 아니라 개개인의 경험에 따라 대우해야 한다"고 밝혔다.

"중대한 진전에 대한 후퇴"소수 의견
최초의 흑인 여성 대법관인 커탄지 브라운 잭슨을 비롯해 소니아 소토마요르, 엘레나 케이건 등 진보 성향 3명의 대법관이 반대 의견을 밝혔다. 다만 하버드대 판결에서는 잭슨 대법관이 해당 대학과의 관련성을 이유로 결정에 참여하지 않았다.

소니아 소토마요르 대법관은 소수 의견에서 "수십 년 선례와 중대한 진전에 대한 후퇴"라고 비판했다. 잭슨 대법관도 이번 결정에 "우리 모두에게 진정한 비극"이라고 규탄했다.

이번 판결은 대법원이 지난 1978년 이후 40여 년간 유지해온 판결을 뒤집은 것이다. 대입에서 소수 인종을 우대하는 소수인종 배려 입학 정책은 1961년 존 F. 케네디 당시 대통령의 ■행정명령을 계기로 만들어졌다.

'정부 기관들은 지원자의 인종, 신념, 피부색, 출신 국가와 무관하게 고용되도록 적극적인 조치를 취해야 한다'는 이 행정명령으로 고용 부문에서의 차별금지 조치가 실시된 데 이어 각 대학도 소

수인종 우대 입학정책이 도입됐다.

이 조치로 주요 대학에서 흑인의 입학 비율이 올라가는 등 차별 시정의 성과를 거뒀으나 이후 인종에 따라 사실상 가산점을 주는 이 정책이 백인과 아시아계를 역차별한다는 주장이 꾸준하게 제기됐다.

■ 행정명령 (executive order)

행정명령은 입법 절차 없이 대통령의 명령 하나로 입법과 같은 효력을 지니는 미국 대통령의 권한이다. 미국 헌법 제2조 '행정 권한의 허용'에 근거를 둔다. 의회의 승인을 거치지 않아도 되는 편리함 때문에 역대 모든 미국 대통령이 행정명령을 발동했다. 그러나 행정명령은 후임 대통령에 의해 언제든지 폐지될 수 있다는 한계를 지닌다. 행정명령 순기능의 대표 사례로 꼽히는 것은 에이브러햄 링컨 대통령의 '노예해방선언'이다. 존 F. 케네디 대통령은 거주와 취업에서 인종차별을 금지하는 행정명령을 내렸다.

윤 대통령, 젤렌스키와 정상회담

▲ 윤석열–젤렌스키 대통령 공동 언론발표 (자료 : 대통령실)

윤석열 대통령이 7월 16일 한국–우크라이나 정상회담을 끝으로 7박 8일간의 순방을 마무리 짓고 귀국길에 올랐다. 윤 대통령은 7월 10~12일 리투아니아 빌뉴스에서 나토(NATO·북대서양조약기구) 정상회의, **"AP4(인도·태평양 지역 파트너 4개국) 정상회동**에 참석했다. 또 한일 정상회담 등 13차례 양자회담을 가졌다.

윤 대통령은 옌스 스톨텐베르그 나토 사무총장과의 면담에서 사이버, 신흥기술 등 11개 분야 개별 맞춤형 파트너십 프로그램(ITPP, Individually Tailored Partnership Program)을 체결했다. 또 '나토판 지소미아'(GSOMIA·군사정보보호협정)라 할 수 있는 바이시스(BICES)에 가입해 군사 정보 공유를 확대하기로 했다.

윤 대통령은 7월 12~14일 국빈급으로 폴란드를 공식 방문해 한–폴란드 정상회담을 가졌다. 정상회담에서 '한–폴란드 우크라이나 재건 협력 양해각서(MOU)'를 체결했다. 윤 대통령은 폴란드 순방 후 사전 예고 없이 우크라이나에 방문했다.

윤 대통령은 볼로디미르 젤렌스키 우크라이나 대통령과 1시간 50분 동안 정상회담을 갖고 한국의 안보 지원, 인도 지원, 재건 지원을 포괄하는 '우크라이나 평화 연대 이니셔티브'를 발표했다. 군수물자 지원 확대, 세계은행과의 협력을 통한 재정지원, 1억달러 EDCF(Economic Development Co-operation Fund·대외경제협력기금) 사업기금을 활용한 인프라 건설 등의 재건사업 발굴 등의 내용이 담겼다.

윤 대통령은 "생즉사 사즉생의 정신으로 우리가 강력히 연대해 함께 싸워나간다면 분명 우리의 자유와 민주주의를 지켜낼 수 있을 것"이라고 했다. 젤렌스키 대통령은 "대한민국이 우크라이나의 주권을 지키기 위해 도와주고, 안보와 인도적

지원을 계속 제공해 줘서 감사하다"고 했다.

한편, 야당은 윤 대통령 배우자 김건희 여사가 이번 리투아니아 순방 중 명품 편집 매장을 들러 쇼핑을 했다는 현지 언론 보도를 들어 비판했다. 대통령실은 김 여사의 방문 사실을 인정하면서도 "가게 직원의 호객 행위로 들어갔지만 물건 구매는 안 했다"고 했다. 이에 대해 야당은 "말이 되는 변명을 하라. 국민 짜증 지수만 올려준다"고 꼬집었다.

■ **AP4 (Asia-Pacific Partners)**
▲한국 ▲일본 ▲호주 ▲뉴질랜드

과테말라 대선 무효화하나...
헌재 "개표 중단·결과 공식화 중지"

▲ 과테말라 국기

유력 후보들의 '강제 낙마'와 일부 투표소 주변 소요 사태 등 혼란 속에 치러진 중미 과테말라 대선이 무효화로 치달을 가능성이 제기됐다. 혼란이 지속되자 투표를 감독한 ■**미주기구(OAS)**는 선거 감독관을 과테말라에 재파견 한다는 방침을 밝혔다.

7월 3일(현지시간) 과테말라 일간지인 프렌사리브레와 라오라, 엘페리오디코 등 보도를 종합하면 과테말라 선거 절차 관련 최고 결정 기관인 **헌법재판소(CC)는 7월 1일 저녁 최고 선거법원(TSE)에 지난 6월 25일 치러진 선거**(대선·총선·지선)**와 관련, '개표 결과 공식화 중지' 명령을** 내렸다.

최고 선거법원은 헌재 결정 이튿날 "(헌재의) 결정을 준수하고 후속 절차를 밟을 것"이라고 발표했다. 이번 조처는 과테말라 우파 계열 9개 정당의 청구를 헌재에서 받아들인 것이다. 이들 정당은 "잘못 집계된 게 1000표를 넘는다"며 재검표가 아닌 개표를 다시 하거나 투표 절차를 다시 진행해야 한다고 주장하고 있다고 현지 매체는 보도했다.

헌재 결정에 따라 최악의 경우 선거 자체를 무효로 하는 것도 배제할 수 없는 상황이다. 실제 결정문에서 헌재는 "투표 결과가 변경될 수 있었다는 점이 확인되면 선거관리위원회는 해당 오류를 수정하거나 법에서 명시하는 (선거) 무효 조건과 일치하는지 분석할 것"을 명하고 있다고 현지 매체는 전했다.

과테말라에서는 6월 25일 대선을 앞두고 유력 후보들이 석연찮은 이유로 후보 등록을 못 하거나 후보 자격을 박탈당하면서 혼란을 예고했다. 특정 정당의 유권자 불법 수송 의혹까지 불거지면서, 실제 선거 당일 일부 투표소에서는 투표용지를 소각하거나 선거사무원을 공격하는 등 소요 사태까지 발생했다.

득표율로는 알바로 콜롬 전 대통령(2008~2012년 재임)의 전 부인인 중도좌파 계열 희망 국민통합(USE)의 산드라 토레스 후보가 15.86%, 좌파인 풀뿌리운동의 베르나르도 아레발로 후보가 11.78%를 각각 기록했다.

현지 매체들은 개표율 90%대 초반 최고 선거법원 발표를 인용, 이 두 사람이 1·2위에 올라 결선에 오를 예정이라고 보도했다. 대선 **결선 투표제를 채택하고 있는 과테말라에서는 1차 투표에서 1위 후보가 과반을 득표하면 그대로 당선이 확정된다. 그렇지 않으면 1·2위가 결선을 치른다.** 우파 계열 정당 후보들은 선거 전 여론조사에서 지지율 5%를 넘지 못하다 '깜짝 2위'에 오른 아레발로 후보의 선전에 강한 의문을 제기하고 있다.

■ **미주기구 (OAS, Organization of American States)**
미주기구(OAS)는 아메리카 대륙 35개국이 가입해 있는 국제기구로서 지역의 평화와 각국의 유대관계 및 협력강화. 회원국 간의 분쟁 조정을 목표로 한다. OAS는 1947년 미국이 중남미 20개국과 맺은 상호원조조약에서 기원한다. 미국의 중남미 개입 통로로서 지역 내 진보적인 반식민지 운동을 탄압하는 역할을 하기도 했다.

베트남, 영화 '바비' 상영 금지... "중국 구단선 사용"

베트남이 중국의 일방적인 영유권 주장을 반영했다는 이유로 할리우드 영화 '바비'의 상영을 금지했다. 7월 4일 로이터통신·뚜오이쩨 등에 따르면, 전날 베트남 정부는 '바비'에 중국이 임의로 설정한 남중국해(동해) '**구단선**'이 등장한다며 상영 금지를 결정했다.

구단선은 남중국해에 중국이 'U'자 형태로 점을

이어 그어놓은 가상의 선이다. **중국은 그 이내 90%가 자국 영해라고 주장해 베트남뿐만 아니라 필리핀, 말레이시아, 브루나이 등과 마찰을 빚어왔다.**

동남아 국가들은 중국 선박이 남중국해에서 자국의 주권을 침해한다고 비판해왔다. 2016년 헤이그 국제사법재판소는 남중국해 영유권 분쟁에서 중국에 패소 판결을 내렸지만 중국은 이를 인정하지 않는다. 베트남은 그동안 중국의 구단선 주장을 담은 영상물을 엄격하게 금지했다. 지난해 3월 톰 홀랜드 주연 '언차티드' 역시 같은 이유로 상영 금지됐다.

다만 정확히 '바비'의 어느 장면에 구단선이 등장하는지는 알려지지 않았다고 BBC는 전했다. '바비'는 인형 바비가 진짜 나를 찾아가는 여정을 담은 영화다. 그레타 거윅 감독이 참여했으며 배우 마고 로비와 라이언 고슬링이 주연을 맡았다.

■ **구단선 (九段線)**
구단선이란 중국이 주장하는 남중국해 해상 경계선을 말한다. 1947년에 설정되었으며 남중국해의 대부분을 중국의 수역으로 설정하고 있다. 구단선 안에는 둥사 군도, 파라셀 제도, 중사 군도[메이클즈필드 천퇴(淺堆 : 바다의 흙무더기), 스카버러 암초], 스프래틀리 군도가 포함되어 있다.

**분야별
최신상식**

북한
안보

사드 6년 만에 정상화 수순...
"전자파 인체영향 미미"

➕ **사드 3불 정책**

사드 3불 정책은 사드
한반도 배치로 인한 중
국과의 갈등을 해결하기
위해 2017년 10월 한국
이 제시한 3가지 원칙이
다. ▲사드 추가배치를
검토하지 않고 ▲한미일
안보협력이 군사동맹으
로 발전하지 않을 것이
며 ▲미국의 미사일방어
(MD) 체제에 참여하지
않겠다는 것으로 외교적
굴욕이란 논란이 있다.
중국은 2022년 기존 3
불에 ▲주한미군에 배치
된 사드의 운용 제한이
라는 1한(限)까지 거론한
바 있다.

6년 만에 환경영향평가 마무리

경북 성주에 있는 주한미군 고고도 미사일방어체계(THAAD·사드) 기지에
대한 ▪**환경영향평가**가 6년 만에 마무리됐다. 사드 전자파는 측정 최댓값이
'0.018870W/m²'로 인체보호기준(10W/m²)의 530분의 1 수준(0.189%)에 그
쳤다. 이는 휴대전화 기지국에서 나오는 전자파보다도 적은 양이다.

환경부는 "사드 전자파와 관련해 국방부(공군)와 신뢰성 있는 제3의 기관인
한국전파진흥협회의 실측자료를 관계 전문기관 및 전문가 등과 함께 종합
검토한 결과 측정 최대값이 **인체보호기준의 0.2% 수준으로 인체 및 주변 환
경에 미치는 영향은 미미**한 것으로 판단됐다"고 밝혔다.

사드 포대는 대구지방환경청의 소규모 환경영향평가를 거쳐 2017년 임시
배치됐지만 일부 성주군 주민과 원불교 단체 등이 전자파 우려 등을 이유로
반대해 기지가 정상적으로 조성되지 못했다. 하지만 이번에 환경영향평가
가 마무리되면서 사드 임시 배치 이후 6년 만에 기지 건설을 위한 행정 절
차가 종료됐다.

정부는 일반 환경영향평가를 진행하는 시늉만 하고 사실상 저지하고 있던 것으로 보인다"고 비판했다. 국민의힘 지도부는 이날 사드 전자파에 문제가 없다고 결론 난 환경영향평가 승인 관련 브리핑을 듣고 성주 참외를 시식하며 안전성을 강조했다.

한편, 사드 철회 성주대책위원회와 사드배치반대 김천시민대책위원회는 성주군청 앞에서 기자회견을 열어 김 대표의 방문을 규탄했다. 이날 오후 김 대표 등이 탄 버스가 성주군청 입구에 들어서자 이들은 "기만적 환경평가 무효", "기지 정상화 결사반대", "불법 사드 철거" 등을 외치며 항의했다.

■ 환경영향평가 (environmental impact assessment)

환경영향평가는 환경에 영향을 미치는 계획이나 사업을 승인하기 전에 해당 사업이 환경에 미치는 영향을 미리 조사·예측·평가하여 해로운 환경 영향을 피하거나 제거하거나 감소시킬 수 있는 방안을 마련하는 제도로서 환경영향평가법에 따라 운영된다.

POINT   세 줄 요약

❶ 경북 성주에 있는 주한미군 사드 기지에 대한 환경영향평가가 6년 만에 마무리됐다.

❷ 사드 전자파는 측정 최대값이 인체보호기준(10W/㎡)의 530분의 1 수준(0.189%)에 그쳤다.

❸ 사드 반대 단체는 사드 일반환경영향평가 승인 관련 브리핑을 받고 현장을 찾은 국민의힘 대표단을 규탄했다.

여당, 성주 찾아 야당 '사드 괴담' 부각

국민의힘은 6월 26일 경북 성주를 방문해 문재인 정부 시절 제기된 야권의 '사드 괴담'을 부각하는 데 주력했다. 일부 더불어민주당 의원들은 사드 배치 논란이 일 당시 "사드 전자파에 내 몸이 튀겨질 것 같아"라는 노래를 부르고, 사드 레이더에서 발생하는 전자파가 성주 특산물인 참외를 오염시킨다고 주장하기도 했다.

6월 27일 성주군에 따르면 참외 수출액은 사드 배치 지역이 발표된 2016년 5억6700만원에서 지난해 13억3600만원으로 6년 만에 2.3배로 증가했고, 올해는 전날까지 13억600만원을 기록했다. 성주군은 올해 수출액이 사상 최고인 15억원을 달성할 것으로 예상했다.

김기현 국민의힘 대표는 "최고 전문가가 모여 사드와 관련한 실측 자료를 토대로 조사한 결과 (인체 보호기준의) 0.18% 영향을 미치고 해가 없다는 평가가 며칠 전 발표됐다. 이 간단한 결과를 내는 데 무려 6년의 긴 세월을 보냈다"며 "**문재인**

정부, 북한 상대로 사상 첫 손해배상 소송 제기

정부가 6월 14일 북한을 상대로 사상 첫 손해배상 소송을 제기했다. 북한이 3년 전 개성공단 내 ▪남북공동연락사무소(이하 연락사무소)를 폭파시켜 발생한 피해액 총 447억원을 배상하라는 취지다. 통일부는 6월 16일 기준으로 소멸되는 연락사무소 폭파의 **손해배상청구권 소멸시효**(3년)를 중단하고 국가채권을 보전하기 위해 북한을 상대로 손해배상을 청구하는 소장을 서울중앙지방법원에 이날 오후 2시 제출했다고 밝혔다.

통일부는 북한이 연락사무소를 폭파해 발생한 국유재산 손해액이 연락사무소 청사에 대한 102억 5000만원, 인접한 종합지원센터에 대해 344억 5000만원이라고 집계했다. 총 447억원이다. 정부가 이번에 소를 제기하는 목적은 손해배상청구권이 소멸하는 것을 막기 위한 것이다. 북한이 소송에 응하지 않으면 정부가 손해배상청구 소송에서 승소할 전망이지만, 현재로서 북한에 손해배상 이행을 강제할 수단은 없다.

통일부는 "북한이 폭력적인 방식으로 남북공동연락사무소를 폭파한 것은 법률적으로 명백한 불법 행위이고 아울러 '한반도의 평화와 번영, 통일을 위한 판문점 선언' 등 남북 간 합의를 위반한 것이며, 남북 간에 상호존중과 신뢰의 토대를 근본적으로 훼손하는 행위"라고 지적했다.

이번 소송의 원고는 대한민국이고 피고는 조선민주주의인민공화국이다. 소송 절차는 정부 소송을 담당하는 법무부가 맡게 된다. 다만 북한이 이번 소송에 응하지 않을 것으로 예상되기 때문에 소송은 공시송달의 방식에 의해 개시될 전망이다. **공시송달**(公示送達)이란 피고의 주소를 알 수 없거나 피고가 재판권이 미치지 않는 장소에 있어서 다른 방법으로 피소 사실을 알릴 수 없을 때 사용되는 방법이다.

▪ **남북공동연락사무소 (南北共同連絡事務所)**
남북공동연락사무소는 2018년 9월 14일 개성공단에 설치한 연락사무소이다. 문재인 대통령과 김정은 북한 국무위원장이 같은 해 4월 27일 판문점 선언을 통해 연락사무소를 개성지역에 설치하기로 했다. 남북공동연락사무소는 남북 간 교섭 및 연락, 당국 간 회담 및 협의, 민간교류 지원, 왕래 인원 편의 보장 등의 기능을 담당한다.
하지만 지난 2019년 2월 하노이 북미정상회담이 결렬되며 남북 소장 회의는 중단됐고 지난 2020년 1월부터 코로나19로 남측 인력이 철수했다. 이후 김여정 노동당 제1부부장이 대북 전단 살포에 반발하며 "쓸모없는 북남공동연락사무소가 형체도 없이 무너지는 비참한 광경을 보게 될 것"이라고 폭파를 암시했고 결국 2020년 6월 16일 북한이 연락사무소 건물을 폭파했다.

무인기로 '적의 심장' 노린다... 드론작전사령부령 공포

오는 9월 창설될 ▪**드론**작전사령부의 주요 임무에 적 무인기 도발에 대한 공세적인 군사작전이 명시됐다. 국방부는 6월 27일 드론작전사령부 설

치와 임무 수행의 법적 근거인 '드론작전사령부령'을 제정해 공포했다고 밝혔다. 드론작전사령부는 국방부 장관 소속으로 설치되며 장성급 장교가 사령관을 맡는다.

드론사령부 임무는 지난 4월 입법예고에 담긴 '전략적·작전적 수준의 감시, 정찰, 타격, 심리전, 전자기전 등 군사작전'과 더불어 '적 무인기 대응을 위한 탐지·추적·타격 등 군사작전'이 추가됐다. 정부 측은 "자칫 드론은 공격작전 수단이라고만 해석될 여지가 있다는 군 안팎의 의견이 있어 방어적 의미의 임무를 명시한 것"이라고 설명했다.

북한의 다양한 비대칭 위협에 대응해 드론을 공격과 방어 작전 수단으로 입체적으로 활용하겠다는 의미다. 또 '적 무인기 타격' 임무가 부여된 것은 북한 도발을 적극적으로 억제하고 공세적으로 대응하라는 윤석열 대통령의 의지가 구현된 것으로 풀이된다.

윤 대통령은 지난해 12월 북한 무인기 침투 이후 합동드론부대의 조기 창설, 스텔스 무인기 및 소형 드론 연내 생산 등을 지시한 바 있다. 국방부는 "드론작전사령부가 합동전장 영역에서 드론을 활용하여 전략적·작전적 임무를 체계적·효율적으로 수행하고, 드론 작전에 관한 전투 발전을 선

도하는 부대가 될 것으로 기대한다"고 밝혔다.

군 당국은 북한이 무인기 도발을 재차 감행할 경우 10배의 무인기를 평양으로 날려 보내 응징하겠다는 공세적 대응 원칙을 마련한 것으로 알려졌다. 태양광 전지를 연료로 고고도에서 장거리 정찰이 가능한 드론을 이미 확보했으며, 북한 전지역을 감시·정찰할 수 있는 소형 무인기 100대도 곧 확보한다는 계획으로 알려졌다.

■ **드론 (drone)**

드론이란 조종사 없이 무선전파의 유도에 의해서 비행 및 조종이 가능한 비행기나 헬리콥터 모양의 군사용 무인항공기를 말한다. 제2차 세계대전 직후 수명을 다한 낡은 유인 항공기를 공중 표적용 무인기로 재활용하는 데에서 개발되기 시작한 군용 드론은 적 기지에 투입돼 정찰 및 정보수집 임무를 수행했다. 이후 민간 분야로 넘어오면서 고공 영상·사진 촬영과 배달, 기상 정보 수집, 농약 살포 등 다양한 분야에서 활용되고 있다.

정전 70주년 기념 'DMZ 자유·평화 대장정' 개막

정전 70주년을 기념해 자유와 평화의 소중함을 되새기기 위한 '■DMZ 자유·평화 대장정' 행사가 7월 개막했다. 대장정 행사는 통일부·국방부·행정안전부·국가보훈부·문화체육관광부 등 중앙정부와 인천시·경기도·강원도 등 광역단체 주관으로 오는 10월까지 10차례에 걸쳐 진행된다.

통일부는 6·25 참전국 유학생과 국가유공자 자녀, 청년 등 총 140명을 대상으로 1차(7월 3~15일)·2차(7월 24일~8월 5일) 행사를 진행한다.

▲ DMZ 자유·평화 대장정 안내문
(자료 : DMZ 평화누리 길만사)

참가자들은 강원 고성군에서 인천 강화군까지 접경 지역 10개 시·군을 횡단하는 'DMZ 평화의 길' 524km 구간을 걷는다.

DMZ 자유평화 대장정은 단순한 도보여행이 아니고 DMZ 접경지를 하루 20km 정도씩 걷는 행사다. 숙박은 2인~다인실까지 지역 형편에 맞춰 운영된다.

식사는 지역의 식당, 지역민이 숲으로 가져다주는 숲밥, 전투식량, 주먹밥 등 다양한 형태로 운영된다. 접경지 특성상 사진 촬영은 제한된다. 참가자가 납부하는 참가비(10만원)는 지역특산품, 기념품 등으로 전액 환원해 지역경제를 활성화하는 데 사용된다.

2차는 9월부터 11월까지 진행될 예정이며, 일반 국민을 대상으로 6박 7일간 DMZ 평화의 길 걷기와 지역의 생태·안보 관광지를 탐방하는 행사로 진행된다. 2차 행사는 8회에 거쳐 총 560명이 참여하는 대규모 행사로 진행될 예정이며, DMZ 평화의 길 공식 개통행사도 병행된다.

정부는 올해 행사의 취지인 정전 70주년 기념과 국민화합을 지속해 나가기 위해 앞으로 연례 행사로 확대할 계획이다. 특히 새롭게 조성된 DMZ 평화의 길을 스페인 산티아고 순례길에 못지않은 세계적인 걷기명소로 개발한다는 구상이다.

■ **DMZ (Demilitarized zone)**

DMZ(비무장지대)란 국제 조약이나 협약에 의해서 무장이 금지된 지역을 말한다. 군대의 주둔, 무기의 배치, 군사 시설의 설치 등이 금지되고, 출입이 엄격히 통제된다. 주로 적대국 간에 발생할 수 있는 무력 충돌을 방지하기 위해 설치되는데 우리나라는 휴전선으로부터 남북으로 각각 2km의 지대로 형성되어 있다. 출입 통제로 자연 상태가 잘 보존되어 있기 때문에 생태계 연구의 학술 가치가 높다.

민통선 무단통과 오토바이에 공포탄 발사...군, 초병 포상휴가 검토

▲ 강원 고성 민통선

지난 6월 25일 강원 고성 ■**민간인 통제구역**(이하 민통선) 검문소에서 오토바이족들이 "무단 통과할 수 없다"고 초병이 5차례에 걸쳐 알렸는데도 오토바이를 앞·뒤로 움직이며 돌진을 시도했던 것으로 6월 28일 알려졌다. 민통선 검문소를 통과하려면 사전 신고해야 하고 오토바이로는 민통선 이북 진입이 되지 않는데도 무단 진입하려 했다는 것이다.

오토바이족들은 6월 27일 JTBC방송에 출연해 "초병들이 공포탄을 쏘며 과잉대응했다"며 자신들이 피해자라고 주장했다. 그러나 군은 검문소에 설치된 CCTV 영상을 돌려본 결과 **초병들은 규정대로 근무를 서며** 이들 오토바이족을 대했고 공포탄 발사를 통한 제지도 정당한 조치라고 판단한 것으로 전해졌다.

오토바이족의 민통선 침입을 제지한 초병들은 제22보병사단 '율곡부대' 소속으로 올해 열아홉인 A 상병과 스무 살인 B 일병이다. 이들은 고성 제진 검문소에서 근무를 서다 대형 오토바이 2대를 나눠 탄 40대 중반 이상 남성 3명이 민통선을 통과하려 하자 제지했다.

합동참모본부 이성준 공보실장은 6월 26일 정례 브리핑에서 "매뉴얼대로 초병 근무를 선 병사들에게 포상 휴가를 주는 방안을 검토하고 있다"고 밝혔다.

■ **민간인 통제구역 (民間人統制區域)**
민간인 통제구역이란 휴전선 일대의 군 작전 및 군사시설의 보호와 보안유지를 목적으로 민간인 출입을 제한하는 구역을 말한다. 이것은 휴전협정에 의하여 설정되어 군대의 주둔이나 무기의 배치, 군사시설의 설치가 금지되고 있는 비무장지대(DMZ)와는 구분된다. 지역 내에서는 군 작전과 보안유지에 지장이 없는 범위에서 민간인의 영농을 위한 토지 이용이 허가되고 있으나 지역 내의 출입과 행동, 경작권을 제외한 토지소유권의 행사 등 일부 개인의 자유와 국민의 기본권이 통제되고 있다.

윤 대통령 "통일부는 대북지원부가 아니다...달라져야"

윤석열 대통령이 ■**통일부**의 역할 변화를 시사했다. 지난 6월 29일 "김정은 정권 타도"를 주장해

온 김영호 통일부 장관 후보자를 지명한 데 이어, 향후 **통일부의 성격과 기능을 남북 교류·협력에서 북한 인권 문제 등에 집중하는 쪽으로 전면 개조하겠다는 뜻**을 명확히 한 것이다.

김은혜 대통령실 홍보수석이 7월 2일 서면 브리핑을 통해 윤 대통령이 김영호 장관 후보자 등 통일부 인사 관련 참모들에게 "그동안 통일부는 마치 대북 지원부와 같은 역할을 해왔는데 그래서는 안 된다. 이제 통일부가 달라질 때가 됐다"고 말했다고 전했다.

야권은 김 후보자의 통일부 장관 지명에 대해 비판했다. 김 지명자가 과거 북한 전체주의 체제 파괴, 김정은 정권 타도 등을 주장했고 일제 강제동원 피해자에 대한 일본의 배상책임을 인정한 2018년 대법원 판결에 "반일종족주의적 사고"라고 평가했기 때문이다.

하지만 윤 대통령은 김 후보자에 대한 신뢰를 밝히며, 통일부의 역할 변화가 필요한 시점이라고 진단했다. 이에 따라 남북 대화와 교류·협력이 중심이었던 통일부 역할이 북한 동향 분석, 북한 인권 관련 업무로 바뀔 전망이다.

■ **통일부 (統一部)**
통일부는 통일 업무를 전담하는 중앙행정기관으로 4·19 혁명 이후 사회 각계에서 활발하게 전개된 통일 논의를 수렴하고, 정부 차원에서 체계적·제도적으로 통일 문제를 다루기 위해 1969년 3월 1일에 설립됐다.
박정희 정부 당시 1969년 '국토통일원'으로 처음 세워진 후 노태우 정부 때인 1990년 '통일원', 1998년 김대중 정부에서 '통일부'로 명칭이 바뀌어 현재에 이르고 있다.
2008년 초 이명박 대통령 인수위원회와 2021년 이준석 당시 국민의힘 대표가 통일부 폐지를 주장해 논란이 된 바 있다.

문화
미디어

브누아 드 라 당스
최우수 여성 무용수상 수상

유니버설발레단 수석무용수
강미선 기자간담회
2023. 06. 27(화) 오전 11시 유니버설발레단

강미선, 무용계 아카데미상
'브누아 드 라 당스' 최고 무용수상

■ **코리아 이모션 (Korea Emotion)**

코리아 이모션은 2021년 제11회 대한민국발레축제 초청작으로 초연한 창작 발레 작품이다. 한국인의 고유의 정(情)이란 정서를 발레로 펼쳐냈다. 국악, 성악, 클래식 발레가 어우러지며 한국적 음악과 안무이면서도 현대적 감각을 놓치지 않았다는 호평을 받았다.

"한국의 정(情) 느낌 잘 전달돼"

세계적 권위의 무용계 시상식인 '브누아 드 라 당스' 조직위원회는 2023년 6월 20일(현지시간) 러시아 모스크바 볼쇼이 극장에서 열린 시상식에서 **한국 유니버설발레단 수석무용수 강미선**(40·사진)과 중국 국립발레단 프리마 발레리나 추윈팅을 최우수 여성 무용수로 공동 선정했다. 강미선은 지난 3월 국립극장에서 공연한 '**■코리아 이모션**' 중 '미리내길'에서 죽은 남편을 향한 부인의 애절한 그리움을 연기해 이 상을 받았다.

강미선은 유니버설발레단을 통해 "후보들이 워낙 대단한 무용수들이어서 전혀 기대를 하지 않았고 후보에 선정된 것만으로도 감사하게 생각하고 있었는데 예상하지 못한 큰 상을 받게 돼 영광"이라며 "무엇보다 한국의 창작 발레를 세계 무대에 알릴 수 있어 기쁘다. 심사위원들에게 한국 고유의 감정이 녹아 있는 '정(情)'의 느낌이 잘 전달된 것 아닌가 생각한다"고 전했다.

올해 다른 후보로는 파리 오페라 발레단 에투알(수석무용수) 도로시 질베르, 볼쇼이 발레단 수석무용수 엘리자베타 코코레바, 마린스키 발레단 퍼스트 솔리스트 나가히사 메이, 카자흐 국립오페라 발레극장 솔리스트 말리카 엘

치바예바가 있었다.

강미선은 2007년 서울국제무용콩쿠르 여자 시니어 부문에서 우승했고, 2009년 한국발레협회 프리마발레리나상, 2018년 한국무용협회 김백봉상 등을 수상했다. '백조의 호수', '심청', '춘향' 등의 유니버설발레단 대표 레퍼토리에서 주역으로 활약해왔다. **유니버설발레단은 국립발레단과 함께 한국의 양대 발레단**으로 꼽힌다.

역대 한국인 다섯 번째 수상

브누아 드 라 당스는 1991년 국제무용협회(현 국제무용연합) 러시아 본부에서 제정했다. 1992년부터 **매년 최고 남녀 무용수, 안무가, 작곡가 등을 선정해 '무용계 아카데미상'이라고 불린다.** ▲강미선은 ▲강수진(1999년) ▲김주원(2006년) ▲김기민(2016년) ▲박세은(2018년)**에 이어 다섯 번째 한국인 수상자란 영광**을 품에 안았다. 강미선은 시상식 이후 갈라(gala : 축제) 콘서트에서 유니버설발레단 수석무용수 이동탁과 함께 '미리내길'과 '춘향'의 해후 파 드 되를 선보였다.

▍주요 발레 용어

용어	내용
아라베스크 (arabesque)	무용수가 한쪽 다리만으로 서서 다른 쪽 다리를 후방으로 완전히 뻗쳐 두 다리를 곧게 유지하는 자세
발롱(ballon)	뛰어오르는 모습(공중무용)으로, 무용수들이 지면에서 평상시 수행할 때의 위치를 공중에서 편안히 수행하는 것
바뜨리(batterie)	한발을 다른 발 쪽으로 차거나 혹은 양쪽 발을 한꺼번에 차는 동작
를르베(releve)	푸엥트(pointe : 걸으면서 가볍게 바닥을 치는 자세) 상태에서 몸을 들어올리는 것
발레블랑 (ballet blanc)	길고 흰 얇은 천의 의상을 입은 여성 발레단이 수행하는 발레
파 드 되 (pas de deux)	여성과 남성 무용수가 함께 추는 쌍무
코르 드 발레 (corps de ballet)	무용수들이 여러 명이 서로 조화를 이루어내는 '군무'
디베르티스망 (divertissement)	단순한 유희와 오락을 위한 무용 혹은 일련의 무용
파 닥시옹 (pas d'action)	줄거리를 잘 전달하기 위해 춤 사이에 삽입되는 판토마임 장면
발레리나 (ballerina)	발레단의 주역 여자 무용수
당쇠르 노블 (danseur noble)	고전형식에 뛰어난 제1의 남자무용수를 의미하는 것으로 발레리나의 파트너
발레 마스터 (ballet master)	안무가, 또는 발레 리허설을 감독하는 무용수
포인트 슈즈 (Point Shoes)	여성 무용수들이 신는 특수한 신발
튀튀(tutu)	발레 스커트
발레트망 (balletomane)	발레 혹은 발레음악에 대해 다른 예술보다 특별히 애정을 가지고 있는 사람

POINT 세 줄 요약

❶ 무용계 아카데미상이라고 불리는 '브누아 드 라 당스'에서 강미선이 최우수 여성 무용수로 선정됐다.

❷ 강미선은 '코리아 이모션'에서 애절한 연기로 이 상을 받았다.

❸ 브누아 드 라 당스에서 역대 다섯 번째 한국인 수상이다.

이용관 부산국제영화제 이사장 사퇴, 조종국 운영위원장 해촉

▲ 이용관 부산국제영화제 이사장이 사의를 표명하고 있다.

이용관 ▪**부산국제영화제(BIFF)** 이사장이 6월 26일 최근 정실 인사로 불거진 영화제 사유화 논란에 책임을 지고 사퇴했다. 측근인 조종국 운영위원장에 대한 해촉안도 이날 이사회 및 제2차 임시총회에서 가결됐다. 이 이사장은 총회 표결 직전 입장문을 내고 "지금이 물러날 시점이라고 판단했다"며 사의를 밝혔다. 이에 따라 최근 한 달 넘게 이어진 영화제 파행 위기가 정상화될 기반이 마련됐다는 분석이다.

이번 사태는 이 이사장이 지난 5월 9일 직제에 없던 운영위원장직을 신설하고 측근인 조 위원장을 임명하며 촉발됐다. 이전까지는 허문영 집행위원장 단일 체제였으나 영화제 개최를 불과 5개월 앞두고 공동위원장 체제를 만든 것이다. 또 조 위원장이 영화제 운영·예산권을 갖는 것으로 결정하자 허 위원장이 반발해 5월 11일 사표를 냈다.

이후 주요 영화인 단체가 잇따라 조 위원장의 사퇴를 요구하는 성명서를 발표하며 영화계 전체로 논란이 확산됐다. 이날도 총회를 앞두고 전국 18개 주요 영화인 단체들은 공동성명을 내고 조 위원장을 해촉하라고 촉구했다. 성명에는 한국영화인총연합회, 한국영화감독협회, 한국영화프로듀서조합, 한국영화제작가협회 등이 참여했다.

조 위원장 해촉안 표결은 이사·집행위원 등 28명이 참석해 찬성 16표, 반대 12표로 통과됐다. 총회에서는 현재 공석인 집행위원장의 직무는 남동철 수석 프로그래머, 조 위원장의 직무는 강승아 부집행위원장이 대행하는 체제를 확정했다.

이 밖에도 부산국제영화제 혁신위원회 준비위원회는 혁신위원회 구성 및 역할에 관해 차기 이사회에 상정, 보고할 것을 밝혔다. 혁신위원회는 부산국제영화제의 새로운 비전과 발전 방향 설정, 누적된 문제 점검, 차후 신규 이사장 선임, 30주년 준비를 위해 마련하기 위해 영화제에 관한 다양한 현안을 논의할 다룰 예정이다. **제28회 부산국제영화제는 오는 10월 4일부터 13일까지 부산영화의전당 일대에서 개최**된다.

▪ **부산국제영화제 (BIFF, Busan International Film Festival)**

부산국제영화제(BIFF)는 1996년 제1회를 시작으로 2021년 제26회를 맞이한, 대한민국 최대의 비경쟁 영화제이다. 부산광역시 해운대구 우동 센텀시티 일원에서 매년 10월 초에 개최되어 10일간 진행한다. 문화공보부(현 문화체육관광부) 기획관리실에 있던 김동호 당시 집행위원장이 영화진흥공사장에 취임하면서 작지만 권위 있는 영화제를 만들자는 취지로 추진했고 당시 중앙대 이용관 교수, 부산예대 김지석 교수, 영화평론가 전양준 등의 주도로 탄생했다. 초청 영화들은 장르에 구애되지 않고 다양하게 선정한다는 것이 BIFF가 내세우는 상징성이다. 즉 할리우드 제작 영화에서부터 칸·베를린·선댄스영화제 수상작, 애니메이션 외에도, 독립영화, 예술영화, 단편영화 등의 영화들도 초청의 대상이다. 아시아의 재능 있는 감독들의 작품을 선보이는 통로로 주목을 받았고 현재는 아시아 최대 영화제로 인정받고 있다.

'K-뮤지컬 국제마켓' 개막

문화체육관광부와 예술경영지원센터(이하 예경)가 주최·주관하는 'K-뮤지컬 국제마켓'이 6월 21~23일 서울 세종문화회관에서 개최됐다. **K-뮤지컬국제마켓은 국내외 뮤지컬 전문가, 투자자 등이 모이는 뮤지컬 분야 최초의 전문 마켓이다.** 한국 창작 뮤지컬의 해외 판권계약과 투자 유치의 성과를 이끌었으며 이번이 세 번째 행사다.

이번 행사에선 'K-뮤지컬' 유망 작품을 알리고 투자 계기를 마련하기 위해 국내외 뮤지컬 제작자, 투자사, 벤처캐피털 등을 대상으로 뮤지컬 작품 피칭 및 쇼케이스 프로그램을 마련했다. 예경은 사전공모를 통해 '뮤지컬 드리밍 **피칭**' 15개 작품과 '뮤지컬 선보임 쇼케이스' 4개 작품을 선정했고 여기에 공식 협력작이 더해졌다.

올해는 마켓을 통해 소개하는 뮤지컬 작품의 해외 진출에 대한 후속 지원을 강화한다. 피칭 교육 및 멘토링, 쇼케이스 준비 지원뿐만 아니라 우수 작품을 선발해 올해 10월 미국 브로드웨이 및 12월 일본 도쿄에서 쇼케이스 공연을 펼친다. 해외 진출을 희망하는 한국 창작뮤지컬의 공연 현지화와 비즈니스 미팅, 관계자 네트워킹 등을 지원한다.

또한 국내 뮤지컬 전문가, 투자자를 비롯해 미국, 영국, 중국, 일본의 뮤지컬 제작자, 극장 관계자, 프로듀서 등 16인의 뮤지컬 전문가들이 참여해 'K-뮤지컬'의 해외 진출 가능성을 모색한다. 뮤지컬 투자에 대한 정보도 함께 나눈다.

'K-뮤지컬 콘퍼런스'에서는 해외 뮤지컬 전문가들과 코로나19 이후의 뮤지컬 시장 동향을 분석하고, 공연 시장의 데이터 접목 사례 공유와 뮤지컬 전용 투자펀드 조성의 주제로 토론하는 자리를 마련한다.

올해는 2022년 6월 예경이 정회원 자격을 얻은 미국뮤지컬극장연합(National Alliance for Musical Theatre)과 영리 극장의 네트워크를 보유하고 있는 비즈니스 오브 브로드웨이(Business of Broadway) 관계자를 강연자로 초청했다.

'국내외 전문가 특강'을 통해 이들 전문단체 관계자들의 영미권 진출을 위한 해외 뮤지컬 시장 강연, 뮤지컬 업계 예비인력을 대상으로 한 공연 저작권 강의도 함께 제공했다.

'네트워킹' 세션으로 국내외 뮤지컬 제작사와 투자사, 극장 관계자와의 1 대 1 개별 미팅을 통해 투자 활성화를 도모하는 '1 대 1 비즈니스 미팅'을 마련했다. 한국뮤지컬의 체계적인 투자환경 조성과 제작 단계별 투자 및 교류를 활성화하기 위한 프로그램이다. 마켓 기간 총 300회의 비즈니스 미팅을 확보해 투자 유치 및 해외 진출의 발판을 마련했다.

'신라 공주 무덤'서 새 유물...공주 머리카락·비단벌레 장식 말다래 나왔다

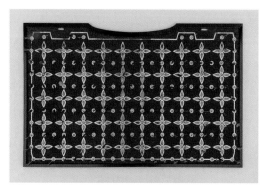

▲ 쪽샘 44호분 출토 비단벌레 꽃잎장식 죽제 말다래 재현품 (자료 : 문화재청)

1500년 전 신라 공주의 무덤으로 금동관·금동신발·금은제 장신구 등 최고급 유물이 쏟아졌던 경주시 쪽샘유적의 '경주 쪽샘 44호분'에서 비단벌레 날개로 장식한 새로운 형식의 **말다래**(말을 탄 사람의 다리에 흙이 튀지 않도록 안장 밑에 늘어뜨린 판), 무덤 주인의 머리카락과 머리 꾸밈새, 당시의 각종 직물 등이 추가로 확인됐다.

이들 유물은 기존에 출토된 다양한 유물들과 함께 극히 희귀한 고대 고고학적 발굴 자료로, 신라는 물론 **삼국시대의 역사와 생활문화 각 부문 연구에 획기적인 자료**라는 평가를 받는다.

문화재청 국립문화재연구원 국립경주문화재연구소는 "경주 쪽샘지구 신라고분 44호 **■돌무지덧널무덤**(적석목곽묘)에 대한 정밀 발굴조사와 과학적 연구·분석을 통해 유례가 없는 '비단벌레 꽃잎장식 직물 말다래'를 비롯해 무덤 피장자의 머리카락과 그 꾸밈새, 각종 금동제 장신구에 사용된 여러 종류의 직물 등을 추가로 확인했다"고 7월 4일 밝혔다.

새롭게 확인된 '비단벌레 꽃잎장식 직물 말다래'는 대나무살을 엮어 만든 바탕 틀의 안쪽에 마직물 1장, 바깥쪽에 마직물·견직물 등 3장의 직물을 덧대고 그 위에 비단벌레 날개로 만든 나뭇잎 모양(심엽형)의 금동장식과 금동달개(영락) 등을 배치한 형태다. 1점의 날개 장식에 4점의 심엽형 장식이 결합돼 꽃잎 모양을 이루고, 이런 꽃잎 모양 50개가 말다래에 부착된 구조여서 당시 찬란했던 신라 공예기술의 진면목을 드러낸다는 평가가 나온다.

국립경주문화재연구소는 발굴 현장에 있는 '쪽샘 유적발굴관'에서 금동관·금동신발 등 보존처리를 마친 발굴 유물들을 출토 당시의 모습으로 재현해 일반에 7월 4일부터 7월 12일까지 공개했다.

■ 돌무지덧널무덤

돌무지덧널무덤은 신라 왕과 귀족의 대표적인 무덤 양식이다. 지상 또는 구덩이를 판 지하에 상자 모양의 덧널(목곽)을 놓은 다음, 그 위에 냇돌을 둥글게 쌓고 다시 흙을 입혀 봉분을 만든 것이다. 적석목곽묘·목곽적석총·적석봉토분이라고도 한다. 무덤 구조는 덧널·돌무지·둘레돌·봉토 등 4부분으로 이루어졌고 덧널 위치에 따라 지상식·반지하식·지하식으로 구분되는데, 대부분의 고분이 지하식이며 지상식으로는 천마총·황남대총·서봉총·금관총 등이 있다.

방통위, TV 수신료 분리징수 의결

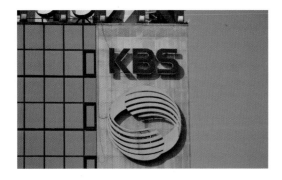

텔레비전방송 ▪**수신료**(KBS·EBS 방송 수신료)를 전기요금에서 따로 떼어 징수하는 내용의 방송법 시행령 개정안이 7월 5일 방송통신위원회를 통과했다. 방통위는 이날 전체회의를 열어 방송법 시행령 개정안을 의결했다. 여권 추천 위원인 김효재 위원장 직무대행과 이상인 상임위원이 찬성했고, 야당 추천 위원인 김현 상임위원은 표결에 불참하고 퇴장했다.

이에 따라 **방송법 제43조 제2항 '지정받은 자가 수신료를 징수하는 때에는 지정받은 자의 고유업무와 관련된 고지 행위와 결합하여 이를 행할 수 있다'는 '~행하여서는 아니 된다'로 개정**됐다. 개정안은 차관회의와 국무회의 의결, 대통령 재가 절차를 거쳐 7월 12일 관보 게재와 함께 공포·시행된다.

김효재 직무대행은 개정안 의결 후 "KBS는 왜, 언제부터 어떻게 공정성 논란을 자초하게 되었는지 스스로 돌아봐야 한다"며 "국민들은 KBS가 공공의 자산인 전파를 자신들 구성원의 이익을 극대화하는 데 사용하고 특정 정파에 일방적으로 유리하게 프로그램을 제작 방영하는 방송으로 인

식하고 있다"고 밝혔다.

수신료는 1994년부터 전기요금과 통합징수해 오다 6월 5일 대통령실이 국민참여토론에서 다수 (96.5%)가 통합징수 방식 개선에 찬성한 결과를 근거로 분리징수 조치를 권고하면서 분리징수 논의가 급물살을 탔다.

한국전력은 KBS와 계약 변경을 협의하겠다는 입장이다. KBS와 한전이 맺은 수신료 징수업무 위탁계약이 내년 말 만료되기 때문이다. 분리징수 방법으로 전기요금 고지서와 별도로 TV 수신료 고지서를 따로 찍어 배부하는 방안, 현행 전기요금 고지서를 기반으로 TV 수신료 부문만 절취선 방식으로 고치는 방안 등이 검토되고 있다.

▪ **수신료 (受信料)**

수신료는 TV 방송 시청에 부과되는 요금을 말한다. 방송법 제64조는 '텔레비전방송을 수신하기 위하여 텔레비전수상기를 소지한 자는 대통령령으로 정하는 바에 따라 공사에 그 수상기를 등록하고 텔레비전방송수신료를 납부하여야 한다'고 징수 근거를 규정하고 있다. 2023년 현재 수신료는 월 2500원으로 전기세에 포함돼 징수되고 있다. 이 중 6.15%를 한국전력공사가 수수료로 가져가고, 남은 금액을 KBS와 EBS가 97 대 3으로 나누는 구조다. 수신료는 1981년 2500원으로 결정된 이후 40년간 동결 상태다. 그간 인상 시도가 여러 차례 있었으나, 여론의 반대로 번번이 무산됐다.

차이콥스키 콩쿠르 기악부에서 한국인 최초 우승

세계적인 명성을 가진 차이콥스키 국제 ▪**콩쿠르**에 참가한 한국 음악인들이 바이올린, 첼로, 성악

정명훈 이외에 백혜선(1994년 공동 3위), 손열음(2011년 2위), 조성진(2011년 3위), 바이올린 부문에는 이지혜(2011년 3위), 김동현(2019년 3위), 성악 부문에는 테너 최현수(1990년 1위), 바리톤 김동섭(2002년 3위), 소프라노 서선영(2011년 1위), 베이스 박종민(2011년 1위), 바리톤 유한승(2015년 3위), 바리톤 김기훈(2019년 2위) 등이 있다.

부문에서 골고루 우승했다. 결선에 진출한 한국인 연주자 8명이 모두 입상하고, 기악 부문에서 첫 우승자를 배출하며 역대 최고 성적을 거뒀다.

6월 30일 차이콥스키 국제 콩쿠르 홈페이지를 보면, **바이올린 부문에 김계희, 첼로 부문에 이영은, 남자 성악 부문에 테너 손지훈이 각각 1등**을 했다. 한국인이 차이콥스키 콩쿠르 기악 부문에서 우승한 건 이번이 처음이다.

이번 대회에서 피아노, 바이올린, 첼로 부문은 6위까지, 성악 부문은 남녀 각각 4위까지, 목관 및 금관 부문은 8위까지 발표됐다. 한국인 참가자는 8명이 결선에 진출해 모두 입상했다.

차이콥스키 국제 콩쿠르는 64년 된 권위 있는 대회다. 폴란드의 쇼팽 콩쿠르, 벨기에의 퀸 엘리자베스 콩쿠르와 함께 '세계 3대 콩쿠르'로 꼽힌다. 1958년 러시아 모스크바에서 창설된 차이콥스키 국제 콩쿠르는 16세에서 32세의 전 세계 젊은 음악가들을 대상으로 한다. 4년마다 개최된다.

지휘자 정명훈이 1974년 미국 국적으로 이 대회에서 피아노 부문 공동 2위에 오르자 당시 김포공항에서 서울시청까지 카퍼레이드가 열리기도 했다. 역대 한국인 입상자로는 피아노 부문에서

차이콥스키 국제 콩쿠르는 그러나 현재 국제적 지위를 인정받지 못하는 상태다. 러시아의 우크라이나 침공으로 지난해 유네스코 산하 국제음악경연대회 세계연맹(WFIMC, World Federation of International Music Competitions)이 회원 자격을 박탈했다. 총회에서 압도적 다수 의견으로 WFIMC에서 제명됐다. 이 때문에 권위가 떨어진 세계 3대 콩쿠르에서 차이콥스키 콩쿠르를 제외하고 대신 미국 반 클라이번 콩쿠르를 넣는 경우도 있다.

당시 차이콥스키 콩쿠르 측은 정치적 이유로 제명되는 것은 부당하다고 항변했지만 받아들여지지 않았다. 한국 병무청도 예술·체육요원으로 편입할 수 있는 국제예술경연대회에서 제외해 우승하더라도 병역 혜택을 받을 수 없다.

■ **콩쿠르 (concours)**

콩쿠르란 음악에 뛰어난 재능을 가진 신인이나 단체를 경연시켜 심사해서 특히 우수한 자를 표창하는 제도를 말한다. 국내·국제로 나뉘며 정기·부정기로 열리는 것이 있다. 그 역사는 오래되며 서양에서는 이미 고대 그리스 시대부터 있었다. 그러나 콩쿠르는 점차 조직화되어 그 규모가 확대되고, 예술상의 목적이나 사회적인 의의도 높아졌다.

세계적으로 권위 있는 콩쿠르로는 퀸 엘리자베스 국제 콩쿠르, 롱티보 크레스팽 국제 콩쿠르, 반 클라이번 국제 피아노 콩쿠르, 제네바 국제 음악 콩쿠르, 쇼팽 국제 피아노 콩쿠르, 차이콥스키 국제 콩쿠르, 뮌헨 국제 콩쿠르 등이 있다.

디즈니, 135년 역사
'내셔널지오그래픽' 기자 전원 해고

135년 역사를 자랑하는 탐사잡지 '내셔널지오그래픽'이 인쇄물의 쇠락 여파로 소속 기자들을 모두 내보내고 내년부터 가판대에서 더 이상 판매하지 않기로 했다. 워싱턴포스트(WP)는 6월 28일(현지시간) 내셔널지오그래픽이 마지막으로 남아있던 소속 기자들을 모두 해고했으며, 따라서 앞으로 기사는 프리랜서 또는 편집자가 쓰게 된다고 보도했다.

지난해 9월 소유주인 월트디즈니사는 내셔널지오그래픽 편집 부문의 이례적인 개편을 통해 편집자 6명을 해고한 바 있다. 내셔널지오그래픽은 비용 절감 노력을 위해 내년부터 미국 내 가판대에서 인쇄된 잡지를 더 이상 팔지 않겠다고 밝혔다. 퇴사하는 직원들은 회사가 사진작가들이 현장에서 몇 달간 취재할 수 있다는 내용의 사진 계약도 줄였다고 전했다.

노란색 테두리가 있는 표지로 잘 알려진 내셔널지오그래픽은 1888년 미국 국립 지리학회가 창간했다. 이후 느리지만 꾸준히 성장해 1930년대에는 구독자가 100만 명에 이르렀다. 그간 우주,

심해, 지구의 잘 알려지지 않은 부분들을 다뤄왔고 1980년대 후반 전성기에는 미국 내 구독자가 1200만 명, 해외 구독자는 수백만 명에 달했다.

그러나 이 잡지도 결국 디지털 뉴스·정보의 확산과 인쇄물 쇠퇴의 물결을 피해 가지 못했다. **디지털 미디어의 빠른 속도 속에서 내셔널지오그래픽은 수개월간의 조사와 취재를 통한 사진, 그래픽, 기사가 주가 되는 장인의 작품으로 남아있었다**고 WP는 평가했다.

2015년 21세기폭스사가 7억2500만달러를 주고 내셔널지오그래픽 지분 73%를 인수했고, 2019년 디즈니가 21세기폭스를 인수하면서 디즈니 산하로 편입됐다. 2015년 소유주가 변경된 후 이번을 포함해 총 4차례의 해고가 단행됐다.

➕ 내셔널지오그래픽·코닥·팬암...라이선스 브랜드 전성시대

최근 국내에서 소비자에게 익숙한 브랜드명을 패션으로 탄생시킨 '라이선스 브랜드'가 급성장세를 보이고 있다. 대표적으로 디스커버리와 내셔널지오그래픽은 원래 글로벌 다큐멘터리 매체였지만, 국내 패션업체 F&F와 더네이처홀딩스가 각각 라이선스(브랜드 사용 허가)를 획득해 아웃도어 브랜드로 탄생시켰다. 코닥어패럴도 라이선스 브랜드로 두각을 나타냈다. 코닥은 아날로그 카메라 필름 브랜드로, 이를 기억하는 1990년대 이전 생들에게 인기를 끌며 2020년 2월 출시 후 꾸준히 성장했다. 미 항공사 팬 아메리칸 월드 항공(팬암) 역시 에스제이그룹과 협력해 의류, 가방, 액세서리 등을 전개하는 라이프스타일 브랜드로 탄생시켰다.

분야별
최신상식

과학
IT

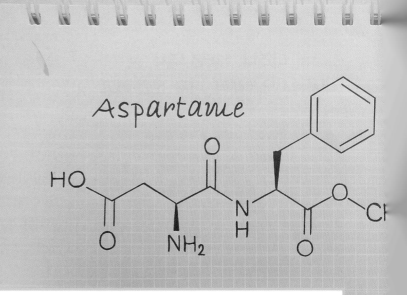

아스파탐이 발암물질?
"매일 막걸리 33병 마셔야 위험"

■ 아스파탐 (aspartame)

아스파탐은 1965년 미국 화학자 제임스 슐레터가 발견한 흰색, 무취의 인공감미료다. 1974년 미국, 1983년 일본, 1985년 한국에서 식품첨가물로 지정됐다. 200여 개국에서 식품첨가물로 사용하고 있다. 설탕보다 200배 달아 소량으로도 충분히 단맛을 낼 수 있고, 당분이 없어 '무설탕', '다이어트' 식품 및 음료에 사용된다.

암 유발 가능성, 전자파와 동급

제로칼로리 음료, 막걸리 등에 널리 사용되는 인공감미료 **■아스파탐**을 둘러싼 안전성 논란이 뜨겁다. 세계보건기구(WHO) 산하 국제암연구소 (IARC)가 아스파탐을 인체에 암을 유발할 가능성이 있는 물질로 분류할 가능성이 큰 것으로 알려졌기 때문이다.

설탕 대신 인공감미료를 사용해 칼로리를 낮춘 '제로 탄산음료'의 인기가 높아진 가운데 이를 즐겨마시던 소비자들 사이에서 마셔도 괜찮을지 혼란이 일고 있다. '소량은 괜찮다'는 의견과 '발암 물질은 아예 섭취하지 않는 것이 낫다'는 의견이 엇갈렸다.

IARC는 인체 발암 위험이 있는 물질을 4가지(그룹 1, 그룹 2A, 그룹 2B, 그룹3)로 분류한다. IARC가 아스파탐을 사람에게 발암 가능성이 있는(그룹 2B) 물질로 분류할 것으로 알려졌는데, 2B군에는 열대식물 알로에 베라, 채소 절임, 내연기관 배출 연기뿐만 아니라 휴대용 전자기기 전자파도 속해 있다.

량으로 하루 12~36캔을 안내하고 있다. 일반적인 소비자라면 크게 불안해하지 않아도 괜찮다고 볼 수 있다.

아스파탐이 주로 사용되는 막걸리의 경우도 안전한 수준에서 관리되고 있다. 식약처는 성인(60kg)이 하루 막걸리(750ml·아스파탐 72.7ml 함유) 33병을 마셔야 일일 섭취 허용량에 도달할 수 있다고 밝혔다.

IARC 발암물질 목록에 등재된다는 것이 곧바로 '암의 원인'이라는 뜻은 아니다. 그룹 1에 속해 있다고 발암 위험성이 더 높거나 그룹 3에 속해 있다고 발암 위험성이 적다는 뜻은 아니다. **발암성 여부가 다양한 인체·동물실험으로 증명된 경우가 그룹 1, 사례가 적으면 그룹 2A, 동물실험에서 일부 발암성이 확인되면 그룹 2B가 된다.**

▲햄과 같은 가공육 ▲강한 햇볕 ▲젓갈 등 소금을 많이 함유한 식품 ▲미세먼지 ▲술 ▲담배 등이 일상적으로 자주 접하는 1군 물질이다. 2A군엔 ▲소고기와 ▲돼지고기, 2B군엔 ▲전자파나 ▲김치, 피클과 같은 절임채소 등도 포함한다.

'하루 한 캔' 제로 음료도 위험?

WHO 산하 국제식품첨가물전문가위원회(JEC-FA)가 권장하는 아스파탐의 일일 섭취 허용량은 체중 1kg당 40mg이다. 대체로 우리가 소비하는 '제로음료' 350ml 한 캔에 함유한 아스파탐은 150~200mg가량이다. JECFA은 아스파탐 일일 섭취 허용량에 따라 위험할 수 있는 정도의 섭취

WHO가 분류한 발암물질

구분	해당 물질
1군(Group 1) 확실히 사람에게 암을 일으키는 물질	술, 흡연, 간접흡연, 대기 오염, 가공육, 석면 등 126개
2A군(Group 2A) 사람에게 암을 일으키는 개연성이 있는 물질	고온 조리 시 발생하는 연기, 야간 근무, 붉은 고기, 65도 이상 뜨거운 음료 섭취 등 94개
2B군(Group 2B) 사람에게 암을 일으키는 가능성이 있는 물질	알로에 베라, 채소 절임, 내연기관 배출 연기, 휴대용 전자기기에서 나오는 전자파 등 322개
Group 3 사람에게 암을 일으키는 것이 분류가 되지 않은 물질	프린트용 잉크, 미네랄 오일, 가죽 가공 등 500개
Group 4 사람에게 암을 일으키지 않는 물질	현재 해당 물질 없음

POINT 세 줄 요약

❶ 인공감미료 '아스파탐'이 발암물질 목록에 추가된다는 소식에 안정성 논란이 일었다.

❷ IARC는 아스파탐을 사람에게 발암 가능성이 있는(그룹 2B) 물질로 분류할 것으로 알려졌다.

❸ 전문가들은 대체로 '일상적인 상황에서 섭취하는 정도로는 큰 문제가 없다'고 봤다.

디아블로4,
디도스 공격에 서버 12시간 먹통

▲ 디아블로4 (자료 : 블리자드엔터테인먼트)

역할수행게임(RPG) '디아블로4'가 분산서비스거부(DDoS· ▪**디도스**) 공격을 받은 탓에 12시간가량 접속 장애를 일으켰다. 6월 26일 온라인 커뮤니티와 블리자드엔터테인먼트 등에 따르면 '디아블로4'는 6월 25일 오후 2시부터 이날 오전 2시까지 12시간가량 접속 장애가 발생했다.

이용자들은 '유효한 디아블로 4 라이선스를 찾을 수 없습니다'라는 경고 메시지와 함께 로그인에 실패한 것으로 알려졌다. 간신히 접속에 성공한 이용자들도 갑자기 게임이 종료되거나 심한 끊김 현상이 발생했던 것으로 전해졌다.

이에 따라 해당 시간대에 게임을 즐기려던 이용자들이 불편을 겪었다. 특히 주말에 게임을 즐기려는 유저들에게 거센 비판을 받았다. 이용자들은 공식 게시판이나, 온라인 등을 통해 "황금 같은 휴일에 게임을 하려 했더니 하지도 못했다", **"이 정도 서버 관리라면 환불을 받아야 할 지경이다"**라고 언급하며 불만을 쏟아냈다.

블리자드는 접속 장애 현상이 발생하자 홈페이지와 소셜미디어를 통해 "현재 DDoS 공격으로 인해 게임 내 지연 및 접속 종료 현상이 확인되고 있다"며 "조속히 문제를 해결할 수 있도록 최선을 다하겠다"고 공지했다. 이어 문제가 해결된 이날 오전 2시 18분께 "모니터링 중이던 디도스 공격이 끝났다"고 재차 알렸다.

한편 블리자드 서비스에 대한 디도스 공격은 처음이 아니다. 2016년 4월, 2018년 7월, 2021년 11월에도 디도스 공격으로 배틀넷 전체가 막혔다. 지난해 10월에는 '오버워치2' 서비스를 출시한 직후 디도스 공격을 받으면서 서버가 폭주해 유저들이 불편을 겪었다.

▪ **디도스 (DDoS, Distributed Denial of Service)**
디도스(DDoS)는 여러 대의 공격자를 분산 배치해 동시 동작하게 하여 특정 사이트를 공격하는 해킹 방식 중 하나로 '분산 서비스 거부 공격'이라고 한다. 공격 목표 사이트의 컴퓨터 시스템이 감당할 수 없는 엄청난 분량의 패킷을 보내 네트워크 성능을 저하하거나 시스템을 마비시키는 수법이다.

한국 첫 달 탐사선 다누리
2023년→2025년 임무 연장

▪**다누리**가 예정된 수명보다 2년간 더 운영되며 달의 더 많은 모습을 관측한다. 과학기술정보통신부와 한국항공우주연구원은 달 탐사 사업 추진위원회를 통해 다누리의 임무운영 기간을 당초계획인 1년에서 3년으로 연장했다고 6월 27일 밝혔다.

다누리는 2025년 말까지 달 주변을 돌며 관측한

▲ 달 탐사선 다누리 상상도 (자료 : 한국항공우주연구원)

다. 달 탐사 사업 추진위원회는 다누리의 임무운영 기간을 2년 연장한 '달 궤도선 다누리 임무운영 기간 연장 및 향후 운영계획(안)'을 심의·확정했다.

다누리는 오는 12월까지 당초 계획한 **달 착륙 후보지 탐색, 달 과학연구, 우주인터넷기술 검증 등의 임무를 수행**한다. 연장 기간에는 영상획득지역을 확대하고 보완관측 및 추가 검증시험 등을 수행할 계획이다. 임무운영을 통해 획득한 탐사 자료는 2026년까지 달 착륙 후보지 3차원 지형영상, 달 표면 원소·자원 지도 등을 제작하는 데 활용된다.

다누리는 달 궤도 전이 과정에서 성공적인 발사·관제·항행으로 최대 소모 예상치보다 약 30kg의 연료를 절약해 임무운영을 위한 연료의 여유가 있는 상황으로 판단됐다. 국내·외 연구자들은 다누리의 관측 성과와 잔여 연료량을 근거로 달 탐사 연구성과 확대를 요청해 왔다.

항우연은 임무기간 연장 가능성을 확인하기 위해 다누리의 잔여 연료량과 본체 부품 영향성을 분석해 그 결과 2025년까지 연장운영이 가능할 것으로 판단했다.

임무궤도 진입 후 다누리의 잔여연료량은 약 86kg으로 연간 연료 사용량이 약 26~30kg인 것을 고려하면 2년의 임무 연장이 가능할 것으로 예상됐다.

본체 부품도 임무 연장 시 태양전지판 및 배터리가 노후되는 2025년에 일간 임무시간이 단축되는 것 외에는 임무운영에 문제가 없을 것으로 예상됐다. 다만 2025년에는 태양광발전이 불가능한 개기월식이 두 차례 있어 다누리의 배터리 방전으로 임무수행이 조기 종료될 가능성도 있다.

■ 다누리 (KLPO, Korean Pathfinder Lunar Orbit)

다누리는 2023년 1월부터 과학임무 수행을 시작한 우리나라 최초의 달 궤도선(탐사선)이다. 2022년 8월 5일 미국 케이프커내버럴 우주군기지에서 발사돼 12월 27일 임무궤도에 성공적으로 안착했다. 다누리 발사 성공으로 우리나라는 7번째 달 탐사국 지위에 올랐다. 달 궤도선의 주 임무는 달 상공을 돌면서 표면을 관측하는 것이다. 한편, '다누리'는 과학기술정보통신부가 명칭 공모전을 통해 선정한 이름으로 순우리말 '달'에 '누리다'의 '누리'를 더해 '달을 모두 누리고 오길 바라는 마음과 한국 최초의 달 탐사가 성공하길 기원하는 의미'를 담고 있다.

과기정통부, '디지털 배지' 등 블록체인 사업에 207억원 투입

과학기술정보통신부는 한국인터넷진흥원과 국내 ■**블록체인** 기술·산업을 활성화하는 한편 글로벌 블록체인 기술 트렌드에 선제적으로 대응하고자 '2023년 블록체인 기술선도적용 사업'을 추진한다고 6월 27일 밝혔다. 이는 지난해 11월 관계부처가 합동발표한 '블록체인 산업 진흥 전략'의 일

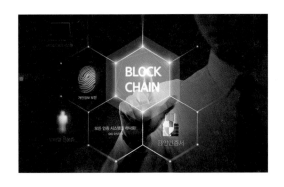

환으로, 올해 총 207억원 규모로 추진된다.

이 사업은 정부가 제공하는 블록체인 기반 공공 서비스 발굴을 위한 공공분야와 기업 비즈니스의 상품화를 지원하는 민간분야로 나뉘며 6월 28일 공공분야 참여 기업들과의 협약과 함께 모든 사전 준비를 마치고 본격적인 서비스 개발에 착수한다.

선정된 과제 가운데 집중 추진 과제를 살펴보면 공공분야에선 한국산업인력공단의 '국가자격·훈련 디지털 배지'가 있다. 그간 **여러 기관을 통해 종이 서류나 직접 웹에서 출력해 발급받고 스캔 등을 거쳐 제출해야 했던 1000여 종의 자격증과 직업훈련이력 확인원 등을 모바일에서 배지 형태로 발급받아 관리**할 수 있게 된다.

중앙선거관리위원회의 '온라인 주민투표 시스템 구축' 사업을 통해서도 앞으로는 누구나 온라인으로 손쉽게 거주 중인 지역의 주민투표에 참여할 수 있게 된다. 최근 **주민투표법 개정을 통해 온라인 방식의 주민투표가 허용됨에 따라 현재 선관위에서 운영 중인 온라인 투표 시스템을 대규모 지역 투표까지 수용할 수 있도록 개편**하는 것이다.

이 경우 대규모 참여가 가능한 서버와 개인정보보호에 대한 수요가 더욱 늘어날 것으로 예측되므로, 서버 인프라와 투·개표 암호화 체계 등을 집중적으로 강화할 예정이다.

■ 블록체인 (block chain)

블록체인은 '블록(block)'을 잇따라 '연결(chain)'한 모음을 말하는 것으로, 누구나 열람할 수 있는 장부에 거래 내역을 투명하게 기록하고, 여러 대의 컴퓨터에 이를 복제해 저장하는 분산형 데이터 저장 기술이다. 여러 대의 컴퓨터가 기록을 검증하여 해킹을 막을 수 있다.

"지하수 끌어쓴 인류, 자전축 흔들었다"...서울대 연구에 외신 주목

인류의 과도한 지하수 사용으로 지구 **■자전축**에 변화가 생겼다는 국내 연구진의 발표가 6월 28일(현지 시간) 뉴욕타임스(NYT)에 소개되는 등 국제적인 조명을 받았다. 서울대 지구과학교육과 서기원 교수 연구팀의 연구는 지난 6월 15일 학술지 '지구물리연구레터'를 통해 발표됐다.

1993년부터 2010년 사이 80cm 정도의 자전축 이동이 있었고, 다른 그 어떤 요인보다 지하수 고갈이 자전축 변화에 가장 큰 영향을 줬다는 내용의 연구다. **연구팀은 지하수 고갈과 해수면 상승, 지구 자전축에 밀접한 관계가 있다고 설명했다.**

연구팀은 인류가 1993~2010년 지하수 약 2조 1500톤을 퍼 올렸다고 분석했다. 올림픽 규격의 수영장을 무려 8억6000만 개를 채우고도 남을 양이고 전 지구 해수면을 약 6mm 상승시킬 만큼의 큰 양이다. 1993년부터 2010년 사이의 결과고 그 이후에도 지하수를 계속 사용했기 때문에 더 많은 양의 지하수가 바다로 흘러갔을 것이라고 서기원 교수는 설명했다.

지구에 존재하는 물 전체의 양은 변하지 않기 때문에, 지하수 사용으로 육지의 물이 사라지면 그만큼 바닷물이 늘어나 해수면이 상승한다. 지구의 물질량 분포가 바뀌면 지구 자전축도 이동한다. 서울대 연구팀은 지하수 효과를 반영했을 때 자전축 변화의 예측값과 관측값이 오차 범위 내에서 일치했다고 지적했다.

■ **자전축 (自轉軸)**
자전축이란 천체가 스스로 회전할 때 기준이 되는 고정된 중심축을 말한다. 지구는 자전축을 중심으로 하루에 한 바퀴씩 회전한다. 또한 지구는 자전축이 23.5° 기울어져 있으며 이 상태로 태양 주위를 공전하기 때문에 계절의 변화가 발생한다. 지구 자전축 경사가 커지게 되면 지구에 입사되는 에너지가 증가해 기후 변동에 큰 요인이 된다.

암흑물질 비밀 밝힐 망원경 '유클리드' 발사 성공

우주의 암흑물질과 암흑에너지를 관찰할 수 있는 우주망원경 '유클리드(Euclid)'가 7월 1일(현지 시간) 미국 플로리다주 케이프커내버럴 우주군 기지에서 스페이스X의 팰컨9 로켓에 실려 발사

▲ 유클리드 상상도 (자료 : ESA)

됐다.

유럽우주국(ESA) 유럽우주운영센터(ESOC)는 이륙 후 57분이 지나 유클리드로부터 성공적으로 신호를 수신했다. 유클리드는 4주가량 더 비행해 **지구와 태양이 중력 균형을 이루는 약 160만 km**(지구와 달 거리의 약 4배) **지점의 제2 ■라그랑주점**(L2) **궤도**에 진입한 뒤 7개월간의 시험 가동에 들어갈 예정이다.

고대 그리스 수학자의 이름을 딴 유클리드는 높이 4.7m, 폭 3.5m 규모 우주망원경으로, ESA는 제작과 운영 등에 14억유로(약 2조원)의 예산을 투입했다. 이 망원경은 '가시광선 관측기'(VIS)와 '근적외선 분광계·광도계'(NISP)를 활용해 2029년까지 최대 20억 개의 은하를 관측하고, 사상 최대의 3D 우주 지도를 만들 것으로 기대된다.

특히 유클리드는 우주 대부분을 차지하는 ■**암흑물질**과 암흑에너지를 관찰해 우주가 어떻게 팽창했으며, 어떻게 현재의 구조를 형성했는지 밝히는 것을 목표로 한다. 과학자들은 우주에 일반적인 물질은 5% 정도밖에 없으며 25%가량은 암흑물질, 70%는 암흑에너지로 구성된 것으로 보고 있다.

현재까지 개발된 관측장비로는 이 같은 암흑물질을 직접 포착할 수 없었다. 유클리드는 암흑물질의 중력장으로 인해 은하의 가시적인 형태에 왜곡이 발생하는 '중력 렌즈' 효과를 측정해 암흑물질의 분포를 입체적으로 구현할 계획이다.

ESA의 과학 책임자 캐럴 문델은 "우리가 살고 있는 우주를 이해하려면 암흑물질과 암흑에너지의 본질을 밝히고 이들이 우주를 형성하는 데 어떤 역할을 했는지 알아야 한다"며 "이런 근본적인 질문을 풀기 위해 유클리드는 은하계 밖 하늘에 대한 가장 상세한 지도를 전해줄 것"이라고 설명했다. 유클리드가 찍은 첫 번째 이미지는 오는 10월 공개된다.

■ **라그랑주점 (Lagrangian point)**
라그랑주점은 두 개의 큰 천체가 공전하는 공간에서 작은 천체가 중력의 균형을 이루는 5개의 점이다. 프랑스의 수학자이자 천문학자인 조제프 루이 라그랑주가 발견했다. 라그랑주점은 중력의 균형을 이루는 점이므로 작은 천체는 라그랑주점에서 별다른 연료 소비 없이 공전할 수 있다. 이 때문에 라그랑주점은 우주 탐사 및 개발에 중요한 역할을 한다. 예를 들어 제임스 웹 우주망원경은 지구와 태양의 L2 라그랑주점에 위치하고 있다. 라그랑주점은 또한 소행성이나 혜성의 집합체로 알려져 있다. 예를 들어, 트로이 목성군은 목성과 태양의 L4와 L5 라그랑주점에 위치하고 있다. 라그랑주점은 다음과 같이 5개가 있다.
- L1 : 두 개의 큰 천체가 만나는 선상에 위치한 점
- L2 : 두 개의 큰 천체가 만나는 선상에 위치한 점. 두 개의 큰 천체의 뒤쪽에 위치
- L3 : 두 개의 큰 천체가 만나는 선상에 위치한 점. 두 개의 큰 천체의 앞쪽에 위치
- L4 : 두 개의 큰 천체가 만나는 선의 원점에 위치한 점. 두 개의 큰 천체의 뒤쪽에 위치
- L5 : 두 개의 큰 천체가 만나는 선의 원점에 위치한 점. 두 개의 큰 천체의 앞쪽에 위치

■ **암흑물질 (dark matter)**
암흑물질은 우주를 구성하고 있는 것으로 추정되지만 아직 알려지지 않은 물질을 말한다. 1960년대 미국의 천문학자 베라 루빈이 거대한 미지의 질량이 은하 안에 있다고 주장했는데 이것이 암흑물질과 관련된 연구의 출발이다. 암흑물질은 우주의 26.8%를 차지. 일반물질을 다 합한 것보다 5배 이상 많으면서도 현재까지 명확히 관측된 적이 없다. 암흑물질의 후보로는 행성, 블랙홀 등 잘 관측되기 어려운 마초(MACHO) 같은 천체들이나 전하를 가지고 있지 않아서 빛을 흡수하거나 방출하지 않아서 검출하기 어려운 윔프(WIMP)와 엑시온(Axion) 같은 소립자들이 있다.

머스크-저커버그, 말싸움 끝에 '현피' 뜨나

일론 머스크 테슬라 최고경영자(CEO)와 마크 저커버그 메타플랫폼 CEO의 격투기 대결이 실제로 구체화되고 있다는 보도가 나왔다. 뉴욕타임스(NYT)는 7월 1일(현지시간) "종합격투기 단체 ▪UFC의 데이나 화이트 회장의 주선으로 두 경영자 사이의 실전 대결을 성사시키기 위한 물밑 조율이 한창 진행되고 있다"고 보도했다.

머스크와 저커버그의 격투기 대결 논란은 지난 6월 22일 SNS에서 시작됐다. 한 트위터 이용자가 트위터 대주주인 머스크에게 "메타의 새 소셜미디어 ▪'스레드'(Threads)가 트위터의 라이벌이

되겠냐"라고 묻자, 머스크가 "무서워 죽겠다"고 조롱한 것이 발단이었다.

다른 이용자가 "저커버그는 주짓수를 한다는데 조심하라"고 하자 머스크는 "나는 대결할 준비가 돼 있다"고 했다. 그러자 저커버그는 SNS를 통해 "당신 위치를 보내라"고 응수했고, 머스크는 "라스베이거스 옥타곤(종합격투기 경기장)"이라고 답했다.

이후 데이나 화이트 UFC 회장이 두 억만장자와 따로따로 통화하며 격투 대결 주선에 나섰다. 화이트 회장은 "성사될 경우 시범 대결(exhibition match)의 형태가 될 것이며, UFC가 공식적으로 관할하지는 않을 것"이라고 설명했다.

머스크와 저커버그는 자선 성격의 이벤트가 돼야 한다는 것에 합의했으며, 대결 장소로 라스베이거스를 선호하는 것으로 알려졌다. 다만 라스베이거스에서 격투를 벌이려면 네바다주 체육위원회의 승인을 받아야 한다.

대결 결과 예상에서는 저커버그가 13세 젊고 지난 18개월간 주짓수를 연마하는 등 운동을 해왔다는 점에서 유리하다는 평가를 받지만 체격이 훨씬 큰 머스크가 우위라는 시각도 있다. 머스크는 평소에 운동을 거의 하지 않다가 최근 유도와 극진 가라데를 연습 중이라고 밝혔다.

트위터에서 스레드로 '대탈주'

한편, 스레드는 7월 5일 출시 후 5일 만에 이용자 1억 명을 돌파했다. 메타는 스레드를 자사의 인스타그램과 연계하는 전략을 취하면서 빠른 기간 내 사용자들을 끌어들였다. 같은 기간 트위터 트래픽은 11%가량 감소하며 트위터로부터 스레드로의 '대탈출' 현상이 감지됐다.

머스크와 저커버그의 '현피[현실 PK(Player Kill)의 줄임말로 온라인상에서 일어난 분쟁의 당사자들이 오프라인에서 만나 물리적 충돌을 벌이는 일]'에 앞서 이번 비즈니스 대결에서 저커버그가 완승을 거둔 셈이다.

■ UFC (Ultimate Fighting Championship)
UFC(얼티밋 파이팅 챔피언십)은 1993년 미국에서 창립한 세계 최대 종합격투기 단체다. 초기에는 잔인하고 폭력적인 면모로 비판을 받았지만 이후 선수 안전을 위한 규칙을 도입하고 격투기 저변이 넓어지며 인기 스포츠로 발돋움했다. 남자부 8체급, 여자부 4체급으로 운영된다. 한국 선수로서는 정찬성이 페더급 랭킹 3위까지 오른 게 최고 기록이며 방송인·유튜버로 활동 중인 김동현은 웰터급에서 세계 6위까지 기록했다.

■ 스레드 (Threads)
스레드는 메타가 개발한 새로운 SNS 서비스로 짧은 텍스트를 공유하는 트위터와 유사하다. 일론 머스크가 2022년 트위터를 인수한 후 유·무료 회원을 기준으로 볼 수 있는 게시물 수를 제한하고 먹통 사태가 잇따르면서 이용자와 광고주의 불만이 높아졌다.
이를 틈 타 메타는 지난 1월부터 트위터에 염증을 느낀 이용자를 위해 대안 앱으로 스레드를 개발해 왔다. 스레드는 실제 기능과 디자인 측면에서도 트위터와 유사한 것으로 알려졌다. 게시글에는 글자 수와 함께 좋아요, 답글, 공유 등 트위터에서 볼 수 있는 아이콘이 있으며 사용자 사진은 작은 원 안에 표시된다.

분야별
최신상식

스포츠
엔터

축구 국가대표 황의조
'사생활 폭로 영상' 잡음

■ **가스라이팅 (gaslighting)**
라스라이팅은 상황을 조작
해 상대방이 스스로를 의심하
게 만들어 판단력을 잃게 함으
로써 행동을 통제하고 조종하
는 정서적 학대 행위다. 알프레
드 히치콕 감독의 1944년 영화
'가스등'에서 여주인공이 자신
의 재산을 노리고 접근한 남자
의 계략에 의해 스스로 미쳤다
고 생각하는 지경에 이르는 데
서 유래한 말이다.

고소인 조사받고 출국

자신의 사생활 폭로 글 작성자를 고소한 대한민국 축구 국가대표 공격수 황
의조(사진)가 7월 1일 고소인 조사를 받은 사실이 뒤늦게 알려졌다. 서울경
찰청 관계자는 7월 3일 "사회적 이목이 쏠린 것을 고려해 성동경찰서에 접
수된 사건을 사이버 수사과로 이관해 수사 중"이라며 "(황의조는) 지난 1일
고소인 보충 조사를 받았다"고 밝혔다.

황의조는 경찰에 직접 출석해 조사를 받고 다음 날인 7월 2일 **소속팀 잉글
랜드 프리미어리그**(EPL) **노팅엄 포레스트**로 복귀하기 위해 출국했다. 6월
25일 한 인스타그램 이용자가 황의조의 전 연인이라고 주장하며 황의조가
다수의 여성과 관계를 맺고 ■**가스라이팅**을 하며 피해를 주고 있다는 내용의
게시물을 올렸다. 그는 황의조와 여성들의 모습이 담긴 사진과 동영상도
같이 올랐다.

황의조 측은 이에 그리스 축구 클럽 올림피아코스에서 뛰던 2022년 11월
4일 휴대전화를 도난당했고 '유포하겠다', '풀리면 재밌을 것이다'라는 내용
의 협박 메시지를 받았다고 주장했다.

폭로자에게는 형법상 비밀침해 혐의도 적용될 수도 있다. 형법 제316조는 "비밀장치를 한 사람의 전자기록 등 특수매체기록을 기술적 수단을 이용해 알아낸 자는 3년 이하의 징역이나 금고 또는 500만원 이하의 벌금"에 처하도록 한다. 두 가지이상의 혐의가 함께 적용된다면 가장 중한 형량의 50%를 추가해 처벌할 수 있다. 즉, 형량이 더 무거운 성폭력처벌법에 따라 선고할 수 있는 최대 징역 7년에 50%를 가중해 징역 10년 6개월 이하의 형에 처할 수 있다.

황의조 역시 **촬영된 영상에 등장하는 여성 중 단 1명이라도 영상 촬영에 동의가 없었다고 진술하면 처벌을 피하기 어렵다.** 다만 사생활을 유출한 측에서 주장한 "(황의조가) 애인인 척하며 성관계를 맺었다"는 내용에 대해선 도덕적으로 비난받을 수 있을지언정 "법적인 문제는 없다"는 게 전문가들의 의견이다.

황의조 측 변호인은 6월 26일 해당 게시물을 올리고 협박 메시지를 보낸 누리꾼을 정보통신망법상 명예훼손과 성폭력처벌법상 촬영물 등 이용 협박·강요 혐의로 수사해달라고 서울 성동경찰서에 고소장을 냈다. 황의조 또한 법무법인 정솔을 통해 공개한 자필 입장문에서 "사생활과 관련해 불법적 행동을 한 사실이 없다"라고 입장을 밝힌 바 있다.

폭로자·황의조 모두 처벌될 수도

황의조와의 진실공방과 별개로 최초 폭로자는 높은 수위의 처벌을 받을 것으로 보인다. 만약 폭로자가 다른 여성의 영상까지 유포했다면 형량이 가중될 수 있다. 성폭력처벌법 제14조 제2항은 "촬영 당시에는 촬영 대상자의 의사에 반하지 않았고, 자신의 신체를 직접 촬영한 경우라고 하더라도 나중에 그 촬영물 또는 복제물을 촬영 대상자의 의사에 반해 반포(頒布: 세상에 널리 퍼뜨려 모두 알게 함) 등을 한 자는 7년 이하의 징역 또는 5000만원 이하의 벌금에 처한다"고 규정한다.

> **➕ 황의조 사생활 영상 보기만 해도 처벌**
>
> 최초 폭로자가 황의조 촬영물을 불특정 다수에게 유포한 가운데 호기심에 무심코 관련 영상을 눌러보기만 해도 처벌받을 수 있다. 경찰은 영상 유포 과정을 수사 중인데 유포 추적 과정에서 다운로드 받거나 사이트를 찾아간 흔적이 나온다면 성폭력처벌법을 적용할 수 있다. 이 경우 3년 이하 징역이나 3000만원 이하 벌금에 처해진다. 최초 유포자가 아니어도 영상을 전달받아 다른 사람에게 전달했다면 똑같이 처벌받는다.

> **POINT　세 줄 요약**
>
> ❶ 축구 국가대표 황의조의 사생활 영상이 폭로됐다.
> ❷ 영상 폭로자는 높은 수위의 처벌을 받을 것으로 보인다.
> ❸ 황의조 역시 여성 동의 없이 영상을 촬영했다면 처벌을 피하기 어렵다.

god, 오는 9월
KBS 단독 콘서트 개최한다

▲ 그룹 god (자료 : KBS)

■god가 올 9월 방송 예정인 KBS의 단독쇼 주인공으로 확정됐다. KBS는 6월 27일 "KBS와 god가 최근 단독 콘서트 개최를 확정, 본격적인 논의 절차에 들어갔다"고 밝혔다.

KBS 대기획은 코로나19 장기화로 지친 국민들을 위로하고 다시 한번 힘을 내자는 취지로 마련됐다. 그동안 ▲'대한민국 어게인 나훈아' ▲'피어나라 대한민국 심수봉' ▲'We're HERO 임영웅' ▲'송골매 콘서트, 40년 만의 비행' 등을 선보여 왔다.

'대한민국 어게인 나훈아'는 시청률 29.0%를 기록했고, '피어나라 대한민국 심수봉'은 11.8%를 나타냈다. 'We're HERO 임영웅' 또한 16.1%의 높은 시청률을 보이면서 이 기획은 시청률과 화제성을 모두 잡았다.

올해엔 나훈아, 심수봉, 임영웅 등 뮤지션들에 이어 '국민 아이돌'로 불리는 god가 KBS 대기획으로 시청자들과 만날 예정이다. 이번 만남은 god가 데뷔 25주년을 앞두고 공영방송 50주년을 맞이한 KBS와 함께 'KBS 50년, god 25'을 꾸미게 되면서 의미를 더했다. 그 시절을 함께 호흡했던 세대들을 위한 잊을 수 없는 선물이 될 것으로 보인다.

1999년 1월 1집 앨범 'Chapter1'로 데뷔한 god는 '어머님께', '관찰', '애수', 'Friday Night', '거짓말', '사랑해 그리고 기억해', '하늘색 풍선', '길', '촛불하나' 등의 히트곡을 냈다. 지금까지 24년 동안 활동을 이어오고 있는 1세대 아이돌이기도 한 god는 2022년 12월 올림픽공원 KSPO 돔에서 열린 공연도 3일 연속 매진시키며 여전한 인기를 자랑했다.

현재 멤버 윤계상은 영화 '범죄도시' 등에 출연하며 배우로서 입지를 다졌고, 데니안 역시 다양한 드라마에 출연하며 배우 활동을 이어오고 있다. 박준형은 각종 예능에서 활약 중이며, 손호영과 김태우는 god 유닛 '호우'로 활동하고 있다.

■god

god는 1999년 1월 13일에 싸이더스HQ 소속으로 데뷔한 대한민국의 5인조 보이그룹이다. 6년 동안 정규음반 7장 520만 장의 판매고를 기록했다. 특히 3집은 1세대 아이돌의 단일 앨범 최다인 200만장의 판매고를 올렸다. JYP 엔터테인먼트 수장 박진영이 처음으로 제작한 아이돌이며, 방시혁 하이브 의장이 작곡가로 참여한 최초의 아이돌 그룹이기도 하다. 멤버로는 박준형, 윤계상, 데니안, 손호영, 김태우가 있다.

'韓 10대 선수 첫 EPL 진출'
김지수, 브렌트포드 공식 입단

20세 이하(U-20) 월드컵 4강 진출의 주역인 김지수(19)가 잉글랜드 프리미어리그(EPL) 브렌트포드에 입단했다. 15번째 한국인 프리미어리거이자

▲ EPL 브렌트포드에 입단한 김지수 (브렌트포드 홈페이지 캡처)

10대 선수로는 최초 EPL 진출이다. 브렌트포드는 6월 26일 홈페이지 첫 화면에 김지수 영입 소식을 전했다. 구단 측은 "K리그2 성남FC에서 온 김지수가 계약 기간 4년에 옵션 1년을 포함한 계약서에 서명했다"고 발표했다.

2004년생 김지수는 한국 출신 10대 선수뿐만 아니라 수비수로서 최초 EPL 진출이라는 타이틀을 얻었다. 구단 측이 언급한 대로 국제축구연맹 (FIFA) U-20 월드컵에서 김지수의 활약이 눈부셨기에 가능했다. 김지수는 192㎝, 84kg의 좋은 피지컬에 지능적인 플레이로 상대를 제압, 한국 대표팀을 4강에 올려놓았다.

김지수는 2022년 준프로 신분으로 K리그1 성남 FC에 데뷔해 19경기에 출전했다. 성남이 K리그2로 강등한 올 시즌에는 정식 프로 계약을 맺고 1경기를 뛰었다. 아직 A 대표팀 경험이 없는 김지수는 최근 **잉글랜드축구협회(FA)가 해외 선수에게 잉글랜드 진출의 문호를 넓혀주는 취지로 취업허가증**(work permit·워크퍼밋) **규정을 개정**하면서 EPL 진출을 이루게 됐다.

김지수는 구단과 입단 인터뷰에서 "브렌트포드의 축구 스타일이 공격적이고 재미있는 축구를 해서 끌렸고, 구단에서 저에 대한 진심을 보였기 때문에 많은 고민하지 않고 결정할 수 있었다"고 이적 소감을 밝혔다. "세계적인 선수들과 함께 운동하고 경쟁하며 경기에 나설 수 있도록 하겠다"고 포부도 전했다.

김지수는 우선 브렌트포드 2군인 B팀에 합류해 훈련을 시작할 예정이다. B팀에서 친선 경기 등을 통해 기량을 끌어올린 뒤 1군 합류를 노린다는 계획이다. 한편, 현재 B팀에는 축구스타 데이비드 베컴의 아들 로미오 베컴(21)이 완전 이적해 합류했다.

필 자일스 브렌트포드 단장은 "김지수가 영국 생활에 적응하고 성장하는 데 필요한 시간을 줄 것"이라며 "그는 B팀 선수들처럼 그의 성과를 바탕으로 1군 팀과 훈련하고 경기할 기회를 얻을 것"이라고 말했다.

이강인 PSG로, 김민재 뮌헨으로

대한민국 국가대표팀 '차세대 에이스' 이강인은 **프랑스 프로축구 리그**(리그1)**의 명문 팀 파리 생제르맹**(PSG) **유니폼을 입었다.** PSG는 7월 9일 공식 홈페이지를 통해 "레알 마요르카와 이적 작업을 마무리했다. 이강인과 2028년까지 계약했다"고 발표했다. PSG는 차세대 축구 황제로 꼽히는 킬리안 음바페를 비롯해 네이마르, 파비안 루이스 등 월드클래스 선수들이 뛰고 있는 빅 클럽이다.

김민재 또한 독일 프로축구 리그(분데스리가)의 '빅 클럽' 바이에른 뮌헨에 7월 19일 5년 계약으로 공식 입단했다. 올 시즌 이탈리아 프로축구 리그(세리에A)에서 나폴리 우승을 견인한 김민재는 메디컬 테스트를 성공적으로 마쳤고 뮌헨이 나폴리에 바이아웃 지불을 완료하면서 공식 이적에 필요한 모든 절차를 마쳤다.

한화 이글스의 반격...
18년 만에 8연승

▲ 한화 이글스의 노시환 선수 (자료 : 한화 이글스)

한화 이글스가 18년 만에 8연승 달성에 성공했다. 한화는 7월 1일 대구 삼성 라이온즈 파크에서 열린 프로야구 **2023 신한은행 SOL KBO리그** 방문 경기에서 삼성 라이온즈를 10 대 4로 완파했다. 6월 21일 대전 KIA 타이거즈전부터 시작한 연승이 8경기로 늘었다.

한화가 8연승에 성공한 건 2005년 6월 4일 두산 베어스~14일 KIA전에서 9연승을 거둔 후 무려 18년 만이다. 한화의 최다 연승 기록은 '빙그레'라는 구단명을 사용하던 1992년에 달성한 14연승이다.

2020, 2021, 2022년 3시즌 연속 최하위(10위)에 그치고 올해도 6월 21일까지는 최하위에 머물던 한화는 꼴찌 탈출은 물론 중위권 도약까지 넘볼 수 있는 위치로 상승했다. 이날 **승리의 주역은 한화가 장기 계획을 세우며 육성한 '젊은 거포' 노시환과 5월부터 마운드에 선 '믿음직한 외국인 투수' 리카르도 산체스**였다.

노시환은 연타석 홈런을 포함해 5타수 3안타 4타점으로 활약했다. 산체스는 6이닝 5피안타 1실점 호투로 시즌 5승째를 거뒀다. 산체스는 9경기에 등판해 단 한 번도 패하지 않았다. 한화의 거침없는 질주는 8연승에서 멈췄다. 한화는 7월 2일 대구 삼성라이온즈파크에서 벌어진 삼성과의 경기에서 2 대 1로 패했다.

SSG 2군에서 후배 가혹행위 파문
한편, SSG 랜더스 퓨처스(2군)에서 폭행 등 가혹행위가 잇따라 벌어진 사실이 드러나 프로야구계에 파문이 커졌다. 주요 언론 보도에 따르면 상황은 지난 7월 6일 인천 강화 SSG퓨처스필드에서 발생했다.

A 선수가 올해 신인인 B 선수의 행동을 문제 삼아 점심시간에 후배들을 불러 모으고 얼차려를 가했다. 얼차려를 받았던 C 선수가 원인을 제공한 B 선수를 야구 배트로 때리는 등 2·3차 가해가 이어졌다고 한다. SSG 측은 "가해자를 선수단

활동에서 배제했다"고 설명했다.

▌ KBO 리그 팀명 및 연고지

팀명	연고지(홈 경기장)
두산 베어스	서울(서울종합운동장 야구장)
롯데 자이언츠	부산(사직야구장)
삼성 라이온즈	대구(대구삼성라이온즈파크)
키움 히어로즈	서울(고척스카이돔)
한화 이글스	대전(대전한화생명이글스파크)
KIA 타이거즈	광주(광주기아챔피언스필드)
kt wiz	수원(수원케이티위즈파크)
LG 트윈스	서울(서울종합운동장 야구장)
SSG 랜더스	인천(인천SSG랜더스필드)
NC 다이노스	창원(창원NC파크)

고진영, 여자골프 사상 최장기간 세계 1위 신기록

▲ 고진영

고진영이 최장기간 세계 1위 신기록을 세우며 여자골프의 새역사를 썼다. 6월 27일 오전 발표된 여자 골프 세계 랭킹에서도 1위를 지키며 **개인 통산 총 159주간 여자 골프 세계 랭킹 1위 자리를** 유지해 이 부문 신기록을 세웠다.

이로써 고진영은 은퇴한 ▪**로레나 오초아**(멕시코)가 2010년 달성한 158주 세계 1위 기록을 13년 만에 깼다. 2006년 창설된 여자 골프 세계 랭킹에서 총 100주 이상 1위를 지킨 선수는 **고진영, 오초아를 비롯해 리디아 고**(뉴질랜드), **쩡야니**(대만), **박인비**까지 5명이 전부다.

고진영은 2019년 4월 처음 세계 1위가 됐으며 이후 2019년 7월, 2021년 10월, 2022년 1월 올해 5월에 다시 1위 자리를 탈환해 총 159주를 채웠다. 오초아의 경우 2007년 4월부터 2010년 5월까지 3년 넘게 158주 연속 세계 1위를 지켰다. 고진영의 최장 연속 1위 기록은 2019년 7월부터 2021년 6월까지 100주다.

고진영은 지난 7월 4일 발표된 여자골프 주간 세계 랭킹에서도 변함없이 1위를 지켰다. 개인 통산 160주 1위를 달성하며 2006년 창설된 여자골프 세계 랭킹 역사에서 가장 긴 시간 왕좌를 지킨 주인공이 됐다.

한편, 세계 랭킹 1위 고진영은 최근 컷 탈락의 아픔을 맛봤다. 7월 8일 미국 캘리포니아주 몬테레이의 페블비치골프링크스에서 열린 미국여자프로골프(LPGA) 투어 US여자오픈에서 2라운드에서 컷 기준을 넘지 못하고 짐을 싸게 됐다. 고진영이 메이저대회에서 컷 탈락한 것은 지난해 8월 AIG여자오픈 이후 약 11개월 만이다.

■ **로레나 오초아 (Lorena Ochoa Reyes, 1981~)**
로레나 오초아는 2010년 은퇴할 때까지 158주 연속 세계 여자 골프 랭킹 1위를 지킨 멕시코의 골프 선수다. 멕시코 역사상 최연소이자 골프 선수로는 최초로 2001년 스포츠 부문 최대 영예인 국민스포츠상을 수상하기도 했다.

오초아는 2003년 LPGA 투어에 입문해 통산 27승을 올렸으며, 2007년 안니카 소렌스탐(스웨덴)을 제치고 새로운 '골프 여제'로 등극했다. 멕시코 항공사 대표와 결혼 후 2010년 28세의 나이에 세계랭킹 1위 상태에서 전격 은퇴했다.

'대마초 흡연' 탑, '오징어 게임2' 출연...복귀에 여론 싸늘

▲ '오징어게임2' 출연진 라인업 (자료 : 넷플릭스)

■ **대마초** 흡연으로 징역형을 선고받은 그룹 빅뱅 출신 탑(최승현)이 선풍적인 인기를 끈 넷플릭스 오리지널 시리즈 '오징어 게임'의 시즌 2 출연을 확정했다. 대마초 흡연 사실이 드러난 후 연예인 생활을 은퇴하겠다던 탑이 '국가대표급' 드라마로 복귀하는 것을 두고 여론의 반응은 차다.

넷플릭스는 6월 29일 보도자료를 통해 '오징어 게임2' 출연진을 공식 발표했다. 브라질 상파울루에서 지난 6월 17일(현지 시간) 열린 자사 글로벌 팬 이벤트 '투둠'에서 공개한 1차 명단(이정재·이병헌·위하준·공유·임시완·강하늘·박성훈·양동근)에 이어 박규영·조유리·강애심·이다윗·이진욱·최승현(탑)·노재원·원지안까지 2차 명단이 이날 공개됐다.

가장 눈에 띄는 인물은 빅뱅 출신 연기자 탑이다. 이번 출연진 소개에는 본명 '최승현'으로 기재됐다. 넷플릭스는 "영화 '타짜—신의 손'과 '동창생' 등에서 강렬한 인상을 남기는 수려한 연기를 보여주며 경계 없는 아티스트로 활약해 온"이라고 탑을 소개했다.

문제는 탑이 지난 2017년 대마초 흡연 사실이 드러나 징역형을 받은 인물이라는 점이다. 탑은 2016년 10월부터 서울 용산구 자택에서 가수 연습생 A 씨와 대마초를 4차례 피운 혐의를 받은 사실이 드러나 2017년 6월 경찰 조사를 받았다. 탑은 전자담배를 피운 것이라며 혐의를 부인했으나 모발 등 정밀검사 결과에서 '양성'이 나오자 혐의를 인정했다.

당시 의경 신분으로 군 복무 중이었던 탑은 "커다란 잘못으로 인해 많은 분들께 큰 실망과 물의를 일으킨 점 모든 진심을 다해 사과드리고 싶다"라며 자필 사과문을 공개했다. 마약류관리에 관한 법률 위반 혐의로 불구속 기소된 탑은 의경 직위에서 해제됐다고 연예계를 은퇴했다.

서울중앙지법은 그해 7월 마약류관리에 관한 법률 위반(대마) 혐의로 기소된 탑에게 징역 10개월에 집행유예 2년을 선고했다. 재판부는 "국내와 해외의 수많은 팬으로부터 사랑을 받아 왔는데도 이런 범행을 저질러 피고인을 믿어온 가족과 팬들을 실망시켰다"라고 밝혔다.

■ **대마초 (cannabis)**
대마초는 마취 또는 환각 작용이 있는 대마의 잎이나 꽃을 말려서 담배처럼 말아서 피울 수 있도록 만든 마약의 일종이다. 대마의 잎이나 꽃을 말린 것을 마리화나(marijuana)라고 하고, 대마의 꽃대 부분에서 얻은 진액으로 만든 것을 해시시

(hashish)라 하는데, 해시시가 마리화나보다 환각성이 더 강하다.

대마는 고대부터 두통이나 편두통 치료제로도 사용됐다. 칸나비놀(CBD)이라는 성분이 진통 효과를 낸다. 그러나 환각 작용과 정신적 의존성을 유발하는 테트라하이드로칸나비놀(THC) 성분도 포함돼 있다. 이 때문에 20C 들어 많은 국가에서 사용이 금지됐다.

한국, U-17 아시안컵 결승서 일본에 0-3 패배

한국이 17세 이하(U-17) 축구대표팀이 아시안컵 결승전에서 일본에 지며 준우승했다. 7월 2일(현지시간) 변성환 감독이 이끄는 한국 대표팀은 태국 빠툼타니 스타디움에서 열린 결승전에서 일본에 0 대 3으로 패배했다. **1986년, 2002년 우승에 이어 대표팀은 21년 만의 우승에 도전했지만 준우승에 만족**해야 했다.

전반전 한국과 일본은 비슷한 기량을 보였다. 볼 점유율은 51대 49로 한국이 앞섰다. 슈팅은 동일하게 5개였고, 유효슈팅은 한국이 2개, 일본이 3개였다.

전반전 막바지 이미 옐로카드를 받은 고종현이 공격수 미치와키 유타카에 투입되는 공간 패스를 차단하는 과정에서 경고를 받으며 레드카드를 받았다. 일본은 왼쪽 페널티 외곽에서 프리킥 기회를 얻었고, 나와타 가쿠가 오른발 감아차기로 선제골을 터뜨렸다.

후반전 21분 가쿠가 추가 골을 넣으며 멀티 골을 기록했다. 후반 38분 페널티 박스 안에서 김명준이 공을 먼저 터치한 후 골키퍼에 걸려 넘어졌으나 페널티킥은 선언되지 않았다. 이에 변 감독이 항의했고, 심판은 옐로카드를 꺼냈다.

후반 추가 시간 유타카가 오른발 슈팅으로 한국의 골방을 세 번째로 흔들었다. 일본은 이번 우승으로 대회 2회 연속 우승이자 4번째(1994·2006·2018·2023) 우승 타이틀을 가져갔다.

➕ 심각해진 한일 축구 역전 현상

한국 축구에 '일본 악몽'이 짙게 드리우고 있다. 기대를 모았던 17세 이하(U-17) 남자 축구대표팀이 일본과 아시안컵 결승에서 석연치 않은 퇴장 판정 속에 다시 0 대 3 완패를 당하면서 악몽의 골은 더욱 깊어졌다.

한국은 2019년 12월 18일 부산에서 열린 동아시아축구연맹(EAFF) E-1 챔피언십에서 황인범의 결승골로 1 대 0으로 이긴 뒤 이어진 각급 대표팀 한일전 5경기에서 모두 0 대 3으로 무릎을 꿇었다. 이 기간 A 대표팀이 2회, 16세 이하(U-16) 대표팀·23세 이하(U-23) 대표팀·U-17 대표팀이 1차례씩 모두 일본에 0 대 3의 수모를 당했다. 합계 5연패에 스코어는 0 대 15이다.

일부 편파 판정만 탓할 상황은 아니라는 진단이다. 과거 한국 축구는 한일전만큼은 지지 않는다는 각오로 일본을 압도했다. 하지만 현재 상황은 180도 역전돼 일본이 우리를 누르는 양상이다. 한국 축구로서는 하루빨리 이 구도를 깨는 것이 급선무로 떠올랐다.

분야별
최신상식

인물
용어

알라라
ALARA, As Low As Reasonably Achievable

알라라란 1977년 국제방사선방호위원회(ICRP)가 방사선 방호의 최적화 원칙으로 확립한 개념으로, **방사선은 가능한 한 피폭**(방사선을 쏘이게 되는 것)**을 피해야 한다는 것**이다. 엑스레이, CT 촬영 등 꼭 필요한 목적이 아니라면 아무리 적은 양이라도 불필요한 방사선 노출은 가능한 수준까지 최대한 줄이는 게 좋다는 원칙이다.

우리나라 원자력안전위원회를 포함해 전 세계 규제기관은 방사선과 관련해 모두 알라라 원칙을 기반으로 한다. 최근 일본 후쿠시마 제1원전(사진) 오염수 바다 방류가 초읽기에 들어가면서 이를 반대하는 측에서는 "오염수가 정말 안전하다면 일본에서 생활용수로 재활용하면 되지 않느냐"고 계속 일본에 항의했다.

이에 일본 정부는 알라라 원칙을 언급하면서 "방사선에 의한 피폭을 가능한 한 피한다는 관점에서 처리수에 대해 음용이나 생활용수로 활용함으로써 적극적으로 피폭되는 것은 바람직하지 않다"고 답변했다. 일본 정부가 오염수 안전성을 강조하며, 방사선은 가능한 한 피폭을 피해야 한다는 알라라 원칙을 거론하는 것은 모순이라는 지적이 나오고 있다.

보호출산제
保護出産制

▲ 김미애 의원(가운데)이 시민단체와 함께 보호출산제 도입을 촉구하고 있다.

보호출산제는 임신부의 병원 밖 출산을 막기 위해 익명으로 출산할 수 있도록 하는 제도다. 사회적 낙인이나 여러 사정 때문에 병원 등 제도권 밖에서 출산하는 경우를 방지함으로써 임신부와 신생아의 생명과 안전을 보호하자는 취지다. 국민의힘 김미애 의원이 지난 2020년 12월 발의한 '보호출산에 관한 특별법안'에 따르면 해당 법안은 출산으로 어려움을 겪고 있는 산모가 일정한 상담을 요건으로 자신의 신원을 감춘 채 출산할 수 있도록 규정하고 있다.

시민단체 등 보호출산제를 찬성하는 측은 **아동의 출생신고 누락을 방지하고, 이로 인한 의료기관 출산 기피를 막기 위해 보호출산제 도입이 필요하다**고 주장한다. 반면 의료계 등 반대 측은 출산기록 **익명화로 아동의 알권리가 침해될 수 있으며 보호출산제만으로 신생아 유기문제가 해결되지 않을 것**이라고 지적한다. 한편 김미애 의원이 발의한 '보호출산에 관한 특별법안'은 지난 6월 27일 불발됐다. 국민의힘은 '병원 밖 출산'을 막아야 한다고 주장한 반면, 더불어민주당은 '양육 포기' 등 부작용을 더 논의해야 한다고 맞섰다.

하이퍼오토메이션
hyperautomation

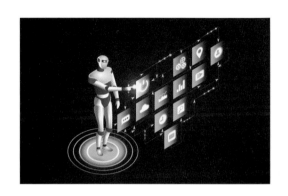

하이퍼오토메이션은 **로봇 프로세스 자동화**(RPA)**와 인공지능**(AI), **서비스형 소프트웨어 등을 결합하여 업무 프로세스를 자동화하는 전략 기술**을 의미한다. 글로벌 IT시장조사 기관인 가트너는 2020년 10대 전략 기술 트렌드 중 하나로 하이퍼오토메이션을 소개했다. 하이퍼오토메이션을 통해 IT 비전문가도 AI와 심층 데이터 등을 활용해 손쉽게 자동화를 구축하고 업무 프로세스를 통합할 수 있고, 비정형 데이터도 처리할 수 있다.

기업들은 코로나19로 생산·유통·판매과정에 어려움이 생겨 글로벌 공급망 문제가 발생하자 하이퍼오토메이션에 주목했다. 하이퍼오토메이션을 도입하면 생산성 증가와 비용 절감, 정확성 향상, 고객 및 직원 경험 개선 등 다양한 이점을 얻게 된다. 고도화된 디지털 재무 플랜 플랫폼을 출시한 웰스파고, 대화형 AI 챗봇을 활용한 SBI손해보험 등 해외 여러 기업이 하이퍼오토메이션을 도입했다. 국내에서는 AI 신경망을 활용한 이미지 및 문서처리 솔루션을 개발한 KB국민은행, 디지털 트윈 기술을 활용해 업무 정확도를 높인 포스코 등이 있다.

책무구조도
responsibilities map

책무구조도는 **금융회사 임원들이 직책별로 책무를 배분한 내역이 기재된 문서**다. 은행 경영진의 책임 영역을 사전에 정해놓는 게 핵심이다. 금융사가 임원별 내부통제 책무를 사전에 명확히 구분하고 각 임원이 금융사고 방지 등 내부통제 의무를 적극 이행하도록 하겠다는 취지다. 이르면 내년부터 금융회사는 금융사고 방지를 위해 책무구조도를 의무적으로 작성해야 한다. 금융위원회는 6월 22일 금융감독원과 함께 '금융권 협회장 간담회'를 열고 이런 내용을 담은 '금융회사 내부통제 제도개선 방안'을 발표했다.

지난해 '우리은행 700억원 횡령 사건', '2019년 사모펀드 불완전 판매 사태' 등이 터지자 금융 당국은 약 10개월간의 논의와 의견수렴 과정을 거친 끝에 금융사고에 대해 획일적인 제재가 아닌 금융사별 자율 예방을 유도하는 방향으로 가닥을 잡았다. 당국이 발표한 내부통제 제도 개선안의 핵심이 책무구조도 작성 의무 도입이다. 대형은행 기준으로 20~30명의 임원에게 책무구조도 작성 의무가 생길 예정이다.

버스 준공영제
bus 準公營制

버스 준공영제란 버스 회사에 지자체 재정을 지원해 운영의 공익성을 강화한 제도다. 버스 회사의 수익금을 지방자치단체가 공동으로 관리하고, 적자가 발생하면 세금으로 재정을 지원한다. 노선 입찰제, 수입금 공동관리제, 재정지원 등을 통해 변두리 취약 지역까지 버스 노선을 확대하는 등 버스 운영체계의 공익성을 강화한다. 버스 준공영제를 도입하면 버스 회사가 안정적인 재정을 유지하면서 경영상태와 직원 처우가 개선되는 효과가 있는 반면 지자체의 재정 부담이 늘어나 재정이 악화한다는 지적도 있다.

강원 춘천시가 7월 1일부터 시내버스 운영체계를 준공영제로 변경해 시행에 들어간다. 춘천시의 시내버스 준공영제 시행은 1960년대 민영제로 시내버스를 운행한 이후 약 60년 만이다. 이에 따라 시는 노선 조정 권한을 갖고, 버스회사의 운영비 등 일부를 지원한다. 버스 준공영제는 2004년 7월 1일 서울에서 처음 시행됐으며 현재 인천·대구·광주·부산 등 주요 광역시와 제주도에서 시행하고 있다.

생성식 AI
生成式 AI

생성식 AI는 **중국에서 챗GPT와 같은 생성형 콘텐츠 기술을 통칭하는** 용어다. 중국은 지난 4월 '생성식 인공지능 서비스 관리 방법(의견 수렴안)'을 반포했다. 본 방법은 생성식 AI를 '알고리즘, 모형, 규칙에 근거해 텍스트, 도면, 음성, 동영상, 코드 등의 콘텐츠를 생성하는 기술'이라고 정의한다. 생성식 AI 방법 이전에 중국은 '알고리즘 추천관리규정', AI 기반의 인간 이미지 합성 기술인 '딥페이크 관리규정'에서 알고리즘, 과도한 합성 행위를 규제하는 규정을 두고 있었다.

본 방법은 생성형 AI 관련 제품 및 서비스, 이를 통해 생성되는 산출물이 중국이 요구하는 일정한 가치를 준수할 것을 요구한다. 즉 생성형 AI를 이용해 생성하는 콘텐츠는 사회주의 제도를 부정하거나 국가의 분열을 선동하거나 국가의 통일을 파괴해서는 안 된다. 또한 테러주의, 극단주의를 전파하거나 폭력적이거나 음란한 내용, 허위 정보와 사회 시스템과 경제 질서에 혼란을 야기할 수 있는 내용을 포함해서는 안 된다. 중국 외에도 미국, 유럽연합(EU) 등이 생성형 AI에 대한 규제 방안을 검토하고 있다.

쉬커버리
she-covery

쉬커버리는 **여성을 뜻하는 'she'와 회복을 뜻하는 'recovery'를 합성한 단어로, 코로나19 팬데믹 이후 큰 폭 감소했던 여성 고용이 빠른 속도로 늘어나는 현상**을 말한다. 코로나19로 인한 여성의 대량 실직 현상을 '쉬세션(she-cession)'으로 명명했던 것과 반대 개념이다. 글로벌 금융위기 때 남성들이 대량 해고되는 현상이 '맨세션(man-cession)'이라고 불렀다는 사실에 착안해 '쉬세션'이라는 단어가 나왔다.

코로나19 이후 경제 활동 제약이 풀리면서 '쉬커버리' 현상이 나타나고 있다는 분석이 나왔다. 한국은행이 지난 5월 발표한 '여성고용 회복세 평가' 보고서에 따르면 2020년 1월 대비 올해 4월 남성의 고용률은 0.3%p 증가했지만, 여성 고용률은 1.8%p 올랐다. 특히 20~30대 젊은 여성의 고용이 빠르게 증가한 것으로 나타났다. 이런 흐름은 디지털 전환 등 팬데믹 이후 산업별 노동 수요의 변화에 일부 기인한 것으로 풀이된다. 20~30대 여성의 취업 비중이 높은 비대면 서비스업, 보건복지 등에서 취업자 수가 크게 늘었다.

스텔스 럭셔리
stealth luxury

스텔스 럭셔리란 **'조용한 명품'을 뜻하는 것으로, 브랜드 로고가 크게 보이지 않는 고가 브랜드 상품을 의미한다.** 한동안 명품 시장에는 상표만 보면 해당 브랜드를 알 수 있는 '빅 로고'가 유행했다. 최근에는 스텔스 럭셔리로 불리는 로고리스(상표가 보이지 않는) 제품에 대한 관심이 높아지고 있다. 화려한 디자인의 제품보다 로고가 없고 수수한 디자인의 명품이 인기다. 이 같은 명품 소비의 변화는 코로나19 대유행 이후 경제 불확실성 등 바뀐 사회 분위기와 관련 있다는 분석이 나온다.

지난 4월 미국의 시사주간지 타임은 최근 로고가 없고 수수한 디자인의 스텔스 럭셔리가 인기를 끌고 있다고 보도했다. 타임은 전문가 말을 인용해 팬데믹 기간에는 경기 부양책과 풍부한 유동성으로 젊은 구매자들이 로고가 크게 박힌 명품을 선호했지만 현재는 경제 불확실성과 함께 이에 대한 피로감이 쌓였고, 지금은 군이 돈이 많다는 것을 보여주고 싶어 하지 않는다고 설명했다. 또 분석가들은 사람들이 과시하고 싶을 때는 경제적으로 좋은 시기이지, 재정적 미래가 불확실한 시기는 아니라고 설명했다.

슈퍼 에이저
super ager

슈퍼 에이저란 **80세 이상의 노임임에도 중장년층 수준의 인지 능력을 보이는 이들을 일컫는 말**이다. 이 개념은 2007년 미국 노스웨스턴대학 인지신경학 알츠하이머 질환센터 연구진에 의해 만들어졌다. 이들은 자신들보다 훨씬 젊은 사람들처럼 새로운 정보를 쉽게 배우고 수월하게 기억한다. 지난해 미국 노스웨스턴대 의대 타마르 게펜 정신의학·행동과학 교수 연구팀이 사후 기증된 슈퍼 에이저의 뇌 조직을 다른 사람들의 뇌 조직과 비교 분석한 연구를 발표했다.

연구진에 따르면 슈퍼 에이저는 뇌 조직을 구성하는 '신경세포'(neuron·뉴런)의 크기가 크고, 알츠하이머 치매 원인 중 하나로 알려진 신경세포의 '비정상 타우(tau) 단백질'이 보통 노인들보다 훨씬 적은 것으로 나타났다. 연구팀은 슈퍼 에이저들이 애초부터 보통 사람보다 큰 신경세포를 가지고 태어났을 가능성이 있고 우수한 유전자와 건강에 좋은 생활 습관 요인들의 복합 효과일 가능성도 있다고 추측했다. 슈퍼 에이저의 기억력에 관한 연구는 인지력 저하에 대한 예방 및 치료 전략을 개발하는 데 도움이 될 것으로 기대된다.

글로컬대학 30

▲ 부산대학교

글로컬대학 30이란 윤석열 정부에서 **교육부가 2026년까지 비수도권의 지방대 30곳을 '글로컬 (glocal) 대학'으로 지정해 5년간 대학당 1000억원을 지원하는 정책 사업**이다. 교육부는 학령인구 감소와 급격한 산업구조 변화에 대응해 세계적 수준으로 성장할 지역 대학인 글로컬대학을 선정해 지원하는 계획을 밝힌 바 있다. 지난 6월 20일 교육부는 2023년 글로컬대학 예비지정 평가 결과 총 15개 혁신기획서가 선정됐다고 발표했다.

2023년 글로컬대학 예비지정 결과 강원대·강릉원주대, 경상국립대, 부산대·부산교대, 순천대, 순천향대, 안동대·경북도립대, 연세대(미래캠퍼스), 울산대, 인제대, 전남대, 전북대, 충북대·한국교통대, 포항공과대, 한동대, 한림대가 선정됐다. 한편, 이번 예비지정에 사립대나 전문대가 포함되지 않은 것 등 특정 대학 쏠림 현상이 발생한 것 아니냐는 지적도 나왔다. 지역별로 살펴보면 대구·대전·세종·제주 지역의 대학은 모두 선정되지 못했다.

우울증갤러리

우울증갤러리는 국내 최대 규모의 커뮤니티 사이트인 디시인사이드의 하위 게시판 중 하나로, 우울증 관련 게시글이 올라오는 곳이다. 우울감을 호소하고 위로받는 목적으로 활용되는 한편, 최근 이를 악용해 오프라인 만남을 유도하고 성범죄로 이어진 사례가 이어져 갤러리를 폐쇄해야 한다는 주장으로 이어졌다. 갤러리 폐쇄 반대 측은 **우울증 환자들이 해당 공간에서 긍정적인 효과를 얻고 있다는 점, 표현의 자유를 존중해야 한다는 점**을 강조한다. 폐쇄 찬성 측은 **우울증을 익명의 사람들과 공유하는 것이 안전한지, 악용되는 사례는 어떻게 방지할 것인지**를 우려한다.

최근 경찰은 우울증 갤러리 내 성폭력 사건 수사에 나섰고, 우울증 갤러리를 통해 미성년자 대상 범죄를 저지른 일명 '신림팸'이 구속됐다. 한편 지난 5월 방송통신심의위원회는 경찰이 요청한 우울증갤러리 게시판 차단 여부에 대해 해당 커뮤니티를 차단하지 않기로 결정했다. 위원들은 게시판 성격과 표현의 자유 등을 종합적으로 고려했을 때 커뮤니티 자체를 폐쇄하기보다 사업자가 자율적으로 규제를 강화하도록 둬야 한다고 설명했다.

절망사
絕望死

절망사란 **자살, 약물·알코올 중독에 의한 사망**을 말한다. 노벨경제학상을 수상한 앵거스 디턴 미국 프린스턴대 교수가 1990년대 후반부터 제조업 몰락 등으로 저소득·저학력 백인 중년들 사이에서 약물 중독 사망과 자살이 급속히 번진 현상을 발견하고, 이를 '절망의 죽음'이라고 이름 붙였다. 앵거스 디턴의 책『절망의 죽음과 자본주의의 미래』에 따르면 1999년부터 2017년 사이 '절망사'로 사망한 사람은 총 60만 명이다.

미국에서 최근 2년 연속 19세 이하 사망률이 급증해 비상이 걸렸다. 미국 월스트리트저널(WSJ)은 버지니아주립대 연구팀 보고서를 인용해 지난 2020년 미국 1~19세의 사망률이 2019년 대비 10.7% 상승한 데 이어 2021년에도 8.3%(잠정치) 늘었다고 보도했다. 미국에서 청소년층 사망률이 이처럼 2년 연속 큰 폭 늘어난 건 1970년대 이후 반세기 만에 처음이다. 연구팀에 따르면 사망 원인 가운데 코로나가 차지하는 비율은 5~10분의 1 정도인 반면 젊은층이 절망, 소외, 박탈감에 빠져 죽음에 이른 경우가 훨씬 많다고 분석됐다. 특히 마약을 포함한 약물 중독 사망도 같은 기간 2배 이상 증가했다.

쿵이지
孔乙己

▲ 루쉰 흉상

쿵이지는 중국 근현대 문학을 대표하는 작가 루쉰(魯迅, 1881~1936)이 1919년 발표한 소설이자 소설의 주인공 이름이다.『쿵이지』는 청나라 말기 신분에 얽매이며 육체노동을 거부하는 봉건적 지식인과 유교 사상에 대한 비판을 담은 소설로, 주인공 쿵이지는 지식인 행세를 하지만 가난하고 비루한 삶을 사는 인물로 묘사된다. 최근 중국 젊은이들 사이에서 '쿵이지 문학'이 유행하고 있다. 온라인상에서 누리꾼들이 루쉰의 소설 속 주인공 '쿵이지'를 비웃었지만 결국 내 자신이 쿵이지가 됐다며 올린 한탄조 글이 유행하며 쿵이지 문학이라는 말이 생겨났다.

중국의 대학 진학률은 이미 80%를 넘어섰다. 지난해 대학 입학시험인 가오카오 응시자의 92.9%가 대학에 진학했고, 올해도 입학률이 85%를 넘어설 것으로 중국 언론은 추산한다. 하지만 중국이 10%대 고성장 시대를 마감하면서 일자리 부족이 심화됐다. **고학력 실업자들이 늘면서 젊은이들이 신세 한탄을 하듯 올린 짧은 글들이 쿵이지 문학이라 불리며 온라인상에서 큰 반향**을 일으킨 것이다.

베네펙턴스 현상
beneffectance effect

베네펙턴스 현상이란 선행·자비심을 뜻하는 'beneficence'와 결과·효과를 뜻하는 'effectance'의 합성어로, **자신의 공로는 부풀리고 실패에 대한 책임은 축소하는 행동 특성**을 말한다. 여러 사람이 모여 일을 하는 경우 그 일이 성공하면 자신이 결정적인 역할을 했다고 생각하는 반면 실패하면 남의 실책 때문이라고 생각하는 '잘 되면 내탓, 안되면 남의 탓'의 사고방식이다. 사회심리학자인 앤서니 그린월드에 의해 심리학적으로 처음 명명됐다.

인간의 뇌는 자신의 인식과 행동을 자신에게 유리하도록 왜곡하는 경향이 있어 공로를 자신에게 돌린다. 대부분 성공의 공로는 실제보다 무겁게, 실패에 대한 책임은 가볍게 여기도록 유도하는 심리기제를 가지고 있다. 이는 자기 존중과 사회적 인정 욕구에 기인한 것으로 자신을 보호하는 인간 본성에서 나오는 행동이라고 볼 수 있다. 실제로 유럽의 한 연구에서는 사람들에게 그가 속한 집단의 성과에 얼마나 기여했는지 물어 종합한 결과 총합이 100퍼센트를 훨씬 초과했다고 한다.

점도표
點圖表·Dot Chart

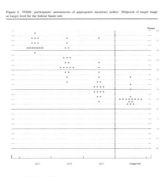

▲ FOMC 점도표

점도표는 말 그대로 점(Dot)으로 나타내는 도표(Chart)라는 의미다. 미국 중앙은행인 연방준비제도(Fed·연준)가 금리를 발표할 때 연방공개시장위원회(FOMC) 위원들이 내다본 향후 금리 전망도 함께 내놓는데, 이때 위원들 개개인의 금리 전망을 '점'으로 나타낸다. **최근 미국 월가에서 FOMC 참석자들의 금리 전망을 분기마다 표로 정리해서 발표하는 점도표라는 자료가 핵심 키워드로 부상**했다. 기존에 발표된 점도표를 통해 연준이 현재 처한 상황을 해석하고, 여기에 6월 FOMC 이후에 새로 발표될 점도표상의 데이터를 더해 향후 연준의 행보를 예측할 수 있기 때문이다.

연준이 지난 6월 14일(현지시간) 금리 동결을 발표하자 뉴욕 증시가 상승세로 출발했는데 이어 발표된 점도표가 고금리 쪽에 몰리자 하락했다. 6월 정례 FOMC 결과 기준금리를 동결하기로 했지만 연내 기준금리를 현재보다 높은 5.6%까지 올릴 수 있다는 가능성을 열어뒀기 때문이다. 금리 발표가 발표 시점을 기준으로 한 것이라면, 점도표는 몇 개월 후를 예측하는 것이라 투자자들의 관심이 쏠린다.

대니얼 엘스버그

Daniel Ellsberg, 1931~2023

▲ 고(故) 대니얼 엘스버그

대니얼 엘스버그는 **베트남 전쟁 당시 미군의 과잉 대응을 보여주는 기밀 문건인 일명 '펜타곤 페이퍼'를 유출한 혐의로 기소됐던 인물**이다. 지난 6월 16일 92세의 일기로 별세했다. 고인은 1964년 미 국방부에 보좌관으로 취업해 핵무기 관련 연구를 수행하고 전쟁이 한창이던 베트남에서 2년간 체류했다. 1967년에는 군사·안보 분야 연구소에 들어가 오랫동안 미국 국가안보 시스템 분야에서 가장 높은 수준의 문제를 다뤘다.

국방부와 랜드연구소에서 일하는 동안 고인은 미군이 베트남에서 수행 중인 군사작전에 강한 불만을 품었다. 1971년 펜타곤 페이퍼로 불리는 약 7000건의 국방부 기밀 문건을 뉴욕타임스(NYT)에 넘겼다. 당시 리처드 닉슨 정부는 미국 안보에 치명적인 손실을 끼칠 것이라며 NYT를 상대로 보도 금지 가처분 신청을 냈으나 연방대법원은 '언론의 자유'가 더 중요하다는 이유로 기각했다. 검찰은 엘스버그를 간첩법 위반 혐의로 기소하고 115년을 구형했으나 결국 법원에서 무죄 판결이 내려졌다.

존 구디너프

John Goodenough, 1922~2023

▲ 고(故) 존 구디너프 교수

존 구디너프는 **휴대전화, 노트북, 전기자동차 등에 쓰이는 리튬 배터리의 기반을 닦아 '배터리 아버지'로 불리는 인물**이다. 지난 6월 25일(현지시간) 화학자 존 구디너프 교수가 향년 100세로 세상을 떠났다. 그는 텍사스대 재임 기간 내내 차세대 충전식 배터리를 만들기 위한 과학적 기반을 다지는 데 몰두했다. 그 결과 그의 연구팀은 1979년 리튬 코발트 산화물을 리튬-이온 충전식 배터리에 쓰면 다른 양극재와 함께 고밀도의 에너지를 저장할 수 있다는 사실을 발견했고, 이는 리튬 이온 배터리에 쓰이는 안정적인 소재 개발로 이어졌다.

구디너프 교수는 이러한 공로를 인정받아 스탠리 휘팅엄, 요시노 아키라 교수와 함께 2019년 노벨화학상을 공동 수상했다. 당시 97세의 나이에 노벨화학상을 수상하며 역대 최고령 노벨상 수상자로 기록됐다. 상을 수여한 스웨덴 왕립과학원은 "가볍고 재충전할 수 있으며 강력한 리튬이온 배터리는 휴대전화부터 노트북, 전기자동차까지 모든 제품에 쓰인다"며 "1991년 출시된 이래 우리의 일상을 혁신했다"고 평가했다.

코맥 맥카시
Cormac McCarthy, 1933~2023

▲ 고(故) 코맥 매카시

코맥 매카시는 『노인을 위한 나라는 없다』로 잘 알려진 미국 현대문학의 대표 작가다. 지난 6월 13일(현지시간) 별세했다. 향년 89세. 그의 소설은 미국 서부 사막, 종말 이후의 지구 등 삭막한 세상에서 인간이 겪는 폭력·고통·상실을 그렸다. 저명한 문학평론가 해럴드 블룸은 그를 필립 로스, 토머스 핀천, 돈 드릴로와 함께 '미국 현대문학의 4대 작가'로 꼽았다. 또한 매카시는 어니스트 헤밍웨이나 윌리엄 포크너 등 미국의 위대한 작가들과 비견됐으며, 노벨문학상 단골 후보로 꼽히기도 했다. 2008년 아카데미 작품상과 감독상을 비롯해 5개 부문을 석권한 영화 '노인을 위한 나라는 없다'의 원작자로도 널리 알려져 있다.

본격적으로 문단에 이름을 알린 작품은 미국 멕시코-전쟁이 끝난 뒤 벌어졌던 잔혹한 살육 사건을 배경으로 한 『핏빛 자오선』이다. 이어서 미국 서부 사막을 배경으로 한 '국경 3부작'으로 불리는 장편소설 『모두 다 예쁜 말들』, 『국경을 넘어』, 『평원의 도시들』을 남겼다. 그는 특히 서부를 배경으로 뛰어난 소설을 다수 집필했고 디스토피아 소설 『더 로드(The Road)』로 퓰리처상(미국에서 가장 권위 있는 보도·문학·음악상)을 수상하기도 했다.

실비오 베를루스코니
Silvio Berlusconi, 1936~2023

▲ 고(故) 실비오 베를루스코니 전 이탈리아 총리

실비오 베를루스코니는 **이탈리아의 미디어 재벌 출신으로 각종 성추문과 부패 의혹에도 불구하고 총리를 3차례나 지냈던 인물**이다. 지난 6월 12일(현지시각) 별세했다. 향년 86세. 그는 건설업으로 부를 축적한 뒤 이탈리아 민영방송을 경영해 미디어 재벌이 됐다. 1994년 처음 총리에 올랐으나 1년도 채우지 않고 총리에서 물러났다. 2001년에 다시 집권에 성공, 2006년까지 총리직을 수행했다. 2008년 이탈리아 사상 처음으로 3선 총리가 되어 2011년까지 집권해 이탈리아 역사상 최장기 집권 총리(9년 2개월)라는 기록을 세웠다.

베를루스코니는 재임 중 수많은 뇌물과 횡령, 탈세, 성추문 등의 의혹에 시달리면서 '부패 정치인'이라는 오명을 남겼다. 2013년 탈세로 유죄 선고를 받아 상원의원직을 박탈당했고 이후 2018년 밀라노법원이 복권 요청을 받아들여 지난해 이탈리아 총선에서 상원의원에 당선돼 85살 나이에 다시 현역 의원이 됐다. 그는 활발한 정계 활동 의욕을 보였으나, 건강 악화로 그 뜻을 이루지 못했다.

빅터 웸반야마

Victor Wembanyama, 2004~

▲ 빅터 웸반야마

빅터 웸반야마는 지난 6월 23일 2023 미국 프로농구(NBA) 신인 드래프트에서 1라운드 전체 1순위로 샌안토니오 스퍼스에 지명된 프랑스 출신 농구 선수다. 224cm의 장신임에도 내외각을 모두 소화할 수 있으며 유연한 움직임과 볼 드리블링 능력과 슈팅 능력까지 두루 갖춘 특급 기대주로 꼽힌다. 220cm가 넘는 신장에도 드리블 중 안정적으로 슈팅을 생산해 가드, 포워드 포지션에 두루 쓰일 수 있으며, **양팔을 쭉 뻗었을 때 측정한 길이**(wing span·윙스팬)가 무려 243cm에 달한다.

웸반야마는 지난 시즌 LNB(프랑스리그) Pro A에서 메트로폴리탄스92를 파이널로 이끈 후 미국에 진출했다. 웸벤야마는 LNB에서 득점과 리바운드 그리고 블록 부문에서 리그 1위를 차지했다. 여기에 수준급 볼 핸들링 기술과 스피드, 수비력까지 갖추고 있고, 3점 숏 성공 개수 2위를 차지하는 등 외곽숏 능력도 있다. 외신은 그를 '1000년에 한 번 나오는 천재', '세기의 재능'이라고 평가하고 있다.

피터 손

Peter Sohn, 1977~

▲ 피터 손 감독과 그가 연출한 '엘리멘탈' 포스터

피터 손은 **픽사**(Pixar Animation Studios) **최초의 한국계 감독으로, 최근 자전적 이야기를 담은 '엘리멘탈'을 연출해 주목받고 있는 인물**이다. 픽사는 '토이스토리'를 시작으로 '니모를 찾아서', '인크레더블', '코코' 등의 히트작을 발표한 세계에서 가장 영향력 있는 컴퓨터 애니메이션 스튜디오로 평가받는다. 손 감독은 2015년 픽사 애니메이션 '굿 다이노'로 첫 장편 애니메이션을 연출했다.

'엘리멘탈'은 불, 물, 공기, 흙 4원소가 살고 있는 '엘리멘트 시티'에서 재치 있고 불처럼 열정 넘치는 앰버가 유쾌하고 감성적이며 물 흐르듯 사는 웨이드를 만나 특별한 우정을 쌓으며 자신의 새로운 가능성을 발견하는 이야기다. 제76회 칸 영화제 폐막작으로 선정됐다. 북미에서는 다소 저조한 성격을 거뒀지만 국내에서는 입소문을 타며 100만 관객을 넘겼다. '엘리멘탈'은 아메리칸 드림을 위해 한국을 떠나 미국에 이민 온 감독 자신의 가족을 모티브 삼은 것으로 한국적인 정서와 가족애가 담겨 국내 관객의 공감을 얻었다.

셰어런팅
sharenting

▲ 마크 저커버그가 올린 가족사진 (인스타그램 캡처)

셰어런팅은 부모가 아이의 사생활을 사진이나 동영상으로 찍어 SNS나 블로그에 올리는 행위를 말하는 신조어다. 셰어런팅을 하는 부모는 공유(share)와 부모(parents)를 합성해 셰어런츠(sharents)라고 일컫는다. 미국 일간지 월스트리트저널이 2012년에 처음 사용하며 사회적 이슈로 등장했다. **셰어런팅은 아이들의 의지와 무관하게 사생활이 공개되는 것으로서 범죄의 타깃이 될 수 있고 아이들이 자란 뒤 불쾌감을 가질 수 있어 문제**로 지적된다.

최근 한국에서도 아이의 생년월일이나 병원 진료 기록, 일상생활 등 프라이버시를 열성적으로 올리는 셰어런츠가 늘고 있다. 신체 노출이나 배변·구토 등 지나치게 사적인 모습까지 촬영·공유하는 것은 다른 네티즌들은 물론 자라나는 아이들에게도 불쾌감을 줄 수 있다. 최근 마크 저커버그 메타 최고경영자(CEO)는 셰어런팅을 우려한 듯 두 자녀의 얼굴을 이모티콘으로 가린 가족사진을 올려 화제가 됐다.

ECB 포럼
ECB Forum

ECB 포럼은 '중앙은행업에 관한 유럽중앙은행 포럼(ECB Forum on Central Banking)'의 줄임말로서, 유럽중앙은행(ECB, European Central Bank)이 매년 포르투갈에서 여는 행사다. 수도 리스본 근방의 소도시 신트라에서 주요국 중앙은행 인사와 학자, 금융인, 언론인 등이 모여 정책 이슈와 포럼 주제를 논한다. 또한 매년 행사 기간에 리서치 경연을 열고, 현안에 대해 신선한 관점을 제시한 젊은이에게 '젊은 경제학자 상(Young Economist Prize)'을 수여한다.

2023년 ECB 포럼은 6월 26일부터 28일까지 사흘 동안 **'요동치는 인플레이션 환경에서의 거시경제 안정화'**라는 주제로 열렸다. ECB 포럼에서는 크리스틴 라가르드 ECB 총재는 물론 제롬 파월 연방준비제도 의장, 우에다 가즈오 일본은행 총재, 앤드루 베일리 잉글랜드은행 총재 등이 참석했다. 한편 파월 의장, 라가르드 총재 등 주요 중앙은행 총재들은 이번 포럼에서 추가 금리인상을 예고했다. 시장은 최근 인플레이션이 둔화하고 있어 중앙은행의 금리인상이 이제 막바지에 다다랐다고 예상했지만 이러한 성급한 기대를 깬 것이다.

만리경 1호

▲ 북한 우주발사체 '천리마 1형'의 잔해 (자료 : 합동참모본부)

만리경 1호는 북한의 군사정찰위성이다. 북한이 5월 31일 평양북도 동창리에서 쏘아올린 우주발사체 천리마 1형의 상단에 탑재됐다. 천리마 1형은 1단 분리 후 2단 분리에 실패하면서 추진력을 상실했고 서해로 추락했다. 당시 합동참모본부는 서해에서 천리마 1형 2단체와 원형 고리를 수거했다. 지난 6월 26일 합동참모본부는 해군이 최근 서해에서 북한의 우주발사체 관련 잔해를 추가 인양했다고 밝혔다.

우리 군은 7월 5일 "서해에서 인양한 북한 우주발사체와 위성체 잔해를 분석한 결과 위성체가 정찰 위성으로서 군사적 효용성이 전혀 없는 것으로 평가됐다"고 밝혔다. 합동참모본부는 한미 합동 분석 결과 만리경 1호가 군사적으로 의미 있는 기능을 수행하기는 어려운 수준이라고 평가했다. **우주에서 지상의 군사 동향을 살피기 위해선 카메라 등 광학 장비의 해상도가 1m 이하여야 하는데, 만리경 1호의 해상도는 망원경 수준에 불과했다.** 이에 북한의 발사가 군사 목적이라기보다는 내부 결속과 외부 과시를 위한 정치적 목적이라는 분석이 나온다.

미이즘
meism

미이즘은 '나'를 뜻하는 'me'에 특성을 나타내는 접미사 '-ism'을 합친 말로, 자기중심주의를 뜻한다. **기술의 발전 속도가 빨라지고 1인 가구가 늘어나면서, 사회의 전통적 관습을 따르지 않는 개인이 많아지는 현상**을 나타낸다. 최근 1인 가구 증가와 함께 MZ세대를 중심으로 일상생활에서 음식 등 소소한 행복을 추구하는 이른바 미이즘 열풍이 일고 있다. 미이즘은 처음에는 '자기중심주의'라는 한정적 의미로 사용됐지만, '남에게 피해를 주지 않으면서 자신이 하고 싶은 일을 하는 것'으로 의미가 확장되고 있다.

이런 소비자 니즈를 충족하기 위해 식품업계는 제로와 저칼로리로 대표되는 '빼는' 마케팅, 차별화를 강조하는 '프리미엄 마케팅' 등에 열을 올리고 있다. 하이트진로와 롯데칠성음료는 건강을 위해 섭취 칼로리를 줄이는 소비자를 공략하기 위해 제로 소주 제품인 '진로이즈백'과 '새로'를 출시한 바 있다. 하림은 '더미식'이라는 브랜드로 첨가물이 아닌 자연 유래 소재를 최대한 활용하고 있다는 점을 강조하는 프리미엄 **가정간편식**(HMR, Home Meal Replacement) 제품을 선보였다.

매그니피센트 7
magnificent 7

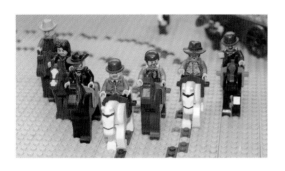

매그니피센트(아름다운, 위대한이란 뜻) 7은 올해 뉴욕증시 강세장을 이끈 7개 기술주인 '애플, 엔비디아, 테슬라, 메타, 아마존, 마이크로소프트, 알파벳을 묶어 말하는 신조어이다. 이들은 미국 서부 실리콘밸리 기업들인데 '매그니피센트 7'이란 서부극 영화도 있다. 뱅크오브아메리카(BofA)의 마이클 하트넷 최고 투자 전략가가 명명했다. 미국 나스닥지수는 올해 상반기 31.7% 급등하며 1983년 이후 40년 만에 상반기 기준 최대 상승폭을 기록했다. 상·하반기를 통틀어서는 닷컴 버블 때인 1999년 하반기 이후 최대다.

지난해 내내 부진했던 나스닥의 분위기 반전을 이끈 키워드는 생성형 AI(인공지능)다. 오픈 AI가 개발한 챗봇 챗GPT 열풍으로 이와 관련된 기업의 주가가 가파른 반등세를 보였다. 최대 수혜주로 꼽히는 엔비디아는 올해 상반기 189.4% 급등했다. 오픈 AI와 손잡은 마이크로소프트(MS)도 같은 기간 42.0% 상승했다. 반면 네이버, 카카오 등 한국 빅테크 주가는 부진을 면치 못했는데 네이버와 카카오가 아직 생성형 AI 서비스를 내놓지 못하며 AI 경쟁에서 뒤처졌다는 평가가 있다.

대중부유층
mass affluent

대중부유층은 고액 자산가와 중산층 사이의 부유층을 뜻하는 것으로, 부를 본격적으로 성장시키기 직전의 계층을 말한다. 주요 금융권 연구소에서는 대중부유층의 금융자산 규모를 1억원 이상 10억원 미만으로 정의한다. 돈이 많은 집단을 단순히 부자로 묶었던 예전과 달리 부자 사이에도 자산 격차가 커지고 자산 규모별 금융 서비스의 니즈가 달라지면서 부자들을 세분화할 필요가 생겼다.

대중부유층은 주로 노동소득 및 사업소득으로 부를 창출해 왔다. 반면 2020년 코로나19 여파로 증시가 급락한 뒤 2021년까지 상승장이 열리면서 대중부유층이 확대됐다. 이들의 특성은 부동산 및 사업으로 부를 일군 전통의 부유층과 달리 금융자산 투자에 적극적이며 디지털 환경에 친숙하다는 것이다. 이에 따라 금융권에서는 이들을 위한 서비스를 제공하고 있다. 대중부유층이 주로 경제·투자 방송이나 카페·블로그 등 온라인 커뮤니티 등으로 투자 정보를 얻는 만큼 로보어드바이저(로봇+투자전문가), 자산관리 앱 등 디지털 채널 경쟁력을 키우고 있다.

파이로 플라스틱
pyroplastics

파이로 플라스틱이란 플라스틱 조각이 녹거나 소각돼 바다에 버려진 채로 오랜 기간 바람과 파도 등에 의해 깨지고 부서지면서 돌과 유사한 형태로 변형된 조각을 말한다. 오랜 시간 바다에 떠다니며 서서히 돌과 비슷한 색상인 회색을 띠게 되며 표면이 매끄러워져 실제 돌과 구분하기 어려워 '짝퉁 돌', '가짜 돌'이라고도 불린다.

2019년 플리머스대학 박사 앤드류 터너가 영국의 해변에서 처음 발견해 학계에 보고한 바 있다. 연구진이 분석한 결과 파이로 플라스틱은 플라스틱 형태인 폴리에틸렌, 폴리프로필렌으로 이루어져 있고 납과 크롬 등의 중금속이 발견됐다. 파이로 플라스틱은 바위에 엉겨 붙은 뒤 떨어져 나오면 다시 바다로 흘러들어가 끊임 없이 미세플라스틱을 만들어 낸다. 또한 중금속에 의해 전체 해양 생태계의 먹이사슬까지 파괴할 것으로 우려되며 새로운 환경문제로 떠오르고 있다. 제주 해안가에서도 파이로 플라스틱이 나오고 있는 것으로 알려졌다.

베이비 스키마
Baby schema

베이비 스키마란 **사람과 동물의 얼굴에서 나타나는 아기의 귀여운 특성**을 뜻한다. 즉 신체 길이에 비해 크고 둥그스름한 머리, 큰 눈, 작은 코, 통통한 볼 등의 생김새다. 1943년 저명한 생태학자 콘래드 로렌츠가 개념화한 용어다. 베이비 스키마는 인간뿐만 아니라 일정 기간 어미의 보호 없이는 살 수 없는 포유류에게서 양육 행동을 불러일으키는 역할을 한다. 베이비 스키마가 뚜렷할수록 보호하고 부양하는 행위는 촉진되고, 공격성은 낮아진다.

인간 진화론적 관점에서 아기의 특징이 보호본능을 자극해 보호받기 쉽게 진화했고, 아기의 전형적인 특성을 보면 귀여움을 느낀다는 것이다. 이에 사람들은 귀여운 것을 보면 경계심이 풀어지고 마음을 열기 쉽게 된다. 옥스퍼드 대학 연구진에 따르면 어린 아기나 동물을 볼 때 동기부여에 관련된 뇌의 영역인 안와전두피질에 빠른 속도로 활성화된다. 연구진은 이 자극이 아기에게 다가가거나 돌봐주려는 행동으로 이어진다고 설명했다.

강만길

姜萬吉, 1933~2023

▲ 고(故) 강만길

강만길 고려대 명예교수는 **'분단과 통일'을 화두로 우리 근현대사 연구에 중요한 발자취를 남긴 역사학자**다. 시대를 꿰뚫는 역사 인식으로 역사학을 비롯한 다양한 분야에서 실천적 활동을 펼친 지식인으로 꼽힌다. 강만길 명예교수가 6월 23일 별세했다. 향년 90세. 그는 사학계가 민족주의와 분단체제론에 관심을 기울일 무렵인 1978년 대표작『분단시대의 역사인식』을 펴내 '분단시대'라는 개념을 강조했다. 분단시대를 외면할 게 아니라 현실로 직시하고 역사학이 분단시대 그 극복을 위해 노력해야 한다고 주장했다.

분단 체제의 인식과 극복을 위한 실천을 강조한 그의 주장은 1980년대 이후 인문·사회과학 등 학계 곳곳에 큰 영향을 미쳤다는 평가를 받는다. 1998~2003년 김대중·노무현 정권에 걸쳐 약 10년간 통일고문을 역임하기도 했다. 남북역사학자협의회 남측위원회 위원장, 친일반민족행위진상규명위원회 위원장 등으로도 활동했다. 그의 이름을 딴 '강만길연구지원금'이 생겨 한국 근현대사 분야에서 박사학위를 취득한 사람을 선정해 연구지원금을 수여하고 있다.

안정효

安正孝, 1941~2023

▲ 고(故) 안정효

안정효는 장편소설『하얀 전쟁』,『은마는 오지 않는다』등을 쓴 소설가 겸 번역가다. 암으로 투병하다 지난 7월 1일 별세했다. 향년 82세.

1964년부터 코리아헤럴드 문화부 기자로 일했다. 입대 후 백마부대 소속으로 베트남 전쟁에 참전해 코리아타임스에 글과 소식을 연재했다. 참전 경험은 고인의 첫 소설의 토대가 됐다. 1985년 계간 '실천 문학'에 '전쟁과 도시'를 발표하면서 등단했고 이후『하얀 전쟁』이름으로 개정돼 출간됐다. 소설은 베트남 전쟁에 참전 후 돌아와 그 후유증에 시달리는 한기주란 인물을 중심으로 참전 군인의 외상후스트레스장애(PTSD)를 비롯해 여러 인간군상을 다룬 안 작가의 대표작이다.

『하얀 전쟁』은 1992년 안성기, 이경영 등이 출연한 동명의 영화로도 만들어졌다. 이후 고인은『은마는 오지 않는다』,『헐리우드 키드의 생애』등 20편이 넘는 소설을 썼다.『은마는 오지 않는다』는 군의 베트남 양민 학살, 주한미군의 성범죄를 다뤄 쟁점이 되기도 했다. 번역가로도 왕성히 활동하며 130여 권의 번역서를 펴냈다. 1982년 존 업다이크의『토끼는 부자다』로 한국번역문학상을 받았고『악부전』으로 김유정문학상을 수상했다.

힙트래디션
hip tradition

▲ 약과

힙트래디션이란 유행에 밝다는 의미의 힙(hip)과 전통적(traditional)이라는 뜻의 영어 단어가 합쳐진 신조어를 말한다. 약과·개성주악과 같은 전통 한식 디저트가 불티나게 팔리고 고려청자나 백자 달항아리, 반가사유상 등을 모티브로 디자인된 굿즈가 완판되는 등 전통적인 문화에 현대적인 아이디어가 결합할 때 폭발적으로 인기를 끄는 현상을 의미한다.

최근에는 외국인 관광객뿐 아니라, 우리 전통문화가 고리타분하지 않고 오히려 '힙'하다고 여기는 **MZ세대(밀레니얼+Z세대)가 늘면서 업계는 이 같은 트렌드에 더욱 주목**하고 있다. 할머니 세대의 취향을 선호하는 밀레니얼 세대를 뜻하는 '할매니얼'이나 궁궐 문화 체험을 위해 치열한 티케팅을 하는 '궁케팅' 현상도 전통을 '힙하게' 즐기는 힙트래디션의 일종으로 해석할 수 있다.

샤크 피닝
shark finning

▲ 상어 지느러미

샤크 피닝이란 상어의 지느러미(샥스핀)를 잘라내고 나머지 몸통은 산 채로 바다에 던져 버리는 불법적인 어획 방법을 말한다. **상어의 지느러미는 샥스핀 요리의 주재료로 사용돼, 상업적 수익 창출을 위해 세계 곳곳에서 불법으로 성행**되고 있다. 세계자연보전연맹(IUCN)은 매년 샤크 피닝에 의해 죽는 상어의 수를 약 1억 마리로 추산하였고, 세계자연기금(WWF)은 상어 종의 약 30%가 멸종 위기라고 밝혔다. 전문가들은 상어의 개체 수가 계속해서 줄어든다면 해양 생태계 전체에 심각한 영향을 끼칠 수 있고, 결국에는 바다에서 식량이나 자원을 얻는 데에도 어려움이 생길 수 있다고 경고한다.

한편, 여러 환경 단체와 국제 사회에서는 샤크 피닝을 근절하기 위해 다양한 노력을 하고 있다. 미국과 캐나다 등 일부 국가에서는 샤크 피닝과 샥스핀 수출입을 금지하거나 제한하는 법률을 시행하였고, **CITES**(멸종 위기에 처한 야생 동식물의 국제거래에 관한 협약)에서는 10종의 상어를 멸종 위기에 처할 우려가 있는 종으로 규정하는 등 상어 보호를 위한 움직임들이 지속되고 있다.

페탕크
pétanque

페탕크는 19C 프랑스 남부 프로방스 지역에서 유래해 현재 전 세계적으로 100개 이상 국가에서 즐기는 구기 스포츠다. 경기 규칙은 컬링이나 구슬치기와 비슷하다. 땅바닥에 놓인 작은 공(but·뷧)에 금속 공(boule·불)을 던져 더 가까이 놓는 쪽이 승리한다. 주로 2~3명씩 팀을 이루며 선수들은 경기장에 표시해 둔 동그란 원 위에서만 불을 던질 수 있다. 각 팀의 1번 주자가 불을 던지고 나면 상대보다 뷧에서 먼 쪽이 투구권을 얻는다. 목표 공에 가까운 금속공 1개가 1점이 되는데 이렇게 13점을 먼저 득점하면 승리한다.

페탕크는 국내에 도입된 지 5년 정도 되었으나 **규칙이 쉽고 간단하면서도 운동 효과가 커 노인들에게 안성맞춤인 실버 스포츠로 인기**를 모으고 있다. 몸에 무리가 가는 동작은 없지만 경기 중 많이 걸으며 체력을 단련할 수 있고 팀원들과 계속 소통하며 전략을 짜야 하므로 인지 능력을 높이는 데도 도움이 된다고 한다.

집속탄
cluster bomb

▲ 집속탄

집속탄(클러스터밤)은 한꺼번에 많은 폭탄을 퍼뜨리는 무기다. 한 발의 폭탄 안에 작은 폭탄인 수백~수천 개의 자탄(子彈)을 넣어 놓고, 이 자탄을 공중에서 퍼뜨리는 방식으로 작동한다. 집속탄 1발이면 축구장 4개를 초토화할 수 있다. 집속탄은 자탄이 넓은 지역에 퍼지기 때문에 민간인 피해가 매우 크고 수년간 불발탄으로 남아 있다가 터질 수 있어서 매우 비인도적인 무기로 지탄받는다.

이에 1997년 **집속탄 사용을 금지하는 오타와 협약**(Ottawa Treaty)**이 채택돼 120개국 이상이 비준했다. 그러나 휴전 중인 한국과 북한, 미국, 중국, 러시아 등은 이 협약에 가입하지 않았다.** 최근 우크라이나-러시아 전쟁에서 집속탄이 사용되고 있다. 러시아는 집속탄을 사용해 우크라이나 민간인과 시설을 공격해 많은 민간인이 사망·부상했다. 7월 7일(현지시간) 미국이 우크라이나에 집속탄을 제공하기로 하면서 논란이 일었다. 영국, 캐나다, 스페인 등 미국의 서방 동맹국들도 이러한 결정을 지지하지 않는다는 입장을 밝혔다.

SNS 톡! 톡!

해야 할 건 많고, (이거 한다고 뭐가 나아질까) 미래는 여전히 불안하고 거울 속 내 표정은 (정말 노답이다) 무표정할 때! 턱 막힌 숨을 조금이나마 열어 드릴게요. "톡!톡! 너 이 얘기 들어봤니?" SNS 속 이야기로 쉬어가요.

#이 정도는_알아야 #트렌드남녀

'시럽급여' 망언에 구직자들 '부글부글' • • • •

정부여당이 실업급여가 악용돼 노동 의욕을 낮추고 있다며 실업급여를 '시럽(syrup)급여(시럽처럼 달콤하다는 뜻)'라고 조롱했다가 역풍을 맞았다. 국민의힘이 개최한 공청회에서 한 관계자는 "젊은 청년들은 이 기회에 쉬겠다고 온다. 그리고 해외여행가고 샤넬 선글라스를 사며 즐긴다"고 말했다. SNS에서 구직자들은 "실업급여가 그렇게 달콤하면 너희가 해고당하고 받아라"고 분노를 터트렸다.

@ 실업급여 (失業給與)
고용보험 가입 근로자가 실직하여 재취업 활동을 하는 기간에 생활 안정과 재취업 기회 지원을 위해 지급하는 소정의 급여

#실업은_쓴데 #급여만_보이나요

지하철 오물 닦아낸 '아름다운 청년' • • • •

▲ 인스타그램(chae.mook) 캡처

서울의 한 지하철에서 누군가 더럽히고 간 좌석을 깨끗이 닦아낸 청년의 모습이 누리꾼들에게 큰 감동을 안겼다. 지난 7월 7일 인스타그램 릴스에 한 청년이 지하철 의자 앞에 쭈그려 앉은 채 휴지로 시트 위를 열심히 닦는 영상이 올라왔다. 영상을 올린 누리꾼은 늦은 밤 지하철을 타고 귀가하던 중 다른 승객이 남긴 토사물을 묵묵히 닦아내는 청년의 모습을 보고 감동을 받았다고 전했다.

@ 릴스 (Reels)
인스타그램에서 제공하는 숏폼 서비스로 15~30초의 짧은 영상을 공유

#지하철에_빌런_말고 #히어로도_있습니다

이천수, 빗길 도로 1km 달려 음주 뺑소니범 검거

▲ 유튜브 '리춘수' 캡처

축구 국가대표 출신 이천수가 음주 뺑소니범을 잡았다. 7월 5일 경찰 등에 따르면 이천수는 전날 늦은 오후 서울 동작역 부근 올림픽대로에서 "저 사람 좀 잡아달라"고 부탁하는 노령 택시 기사를 목격하고 즉시 차에서 내려 비가 오는 와중에 올림픽대로를 약 1km 전력 질주, 음주 뺑소니 후 차량을 버리고 달아난 범인을 잡았다. 이천수의 미담이 알려지며 그의 개인 유튜브 채널 '리춘수'에는 많은 칭찬 댓글이 올라왔다.

@ 한강 다리
한강에는 현재 다리가 총 31개(서울시 기준 22개) 있다. 최초로 건설된 다리는 1900년 만들어진 한강철교이고 가장 최근에 개통된 다리는 2021년 개통한 월드컵대교다. 2023년 서울시 강동구와 경기도 구리시를 잇는 고덕대교가 완공될 예정이다.

#이것이_국대_출신_클래스

맏언니 된 푸바오...쌍둥이 동생들 태어나

▲ 생후 6일된 쌍둥이 판다 (자료 : 에버랜드)

에버랜드 최고의 인기 동물인 자이언트 판다 푸바오가 언니가 됐다. 푸바오의 엄마 아이바오가 7월 7일 진통을 시작한 지 1시간여 만에 태어난 쌍둥이는 언니가 180g, 막내는 140g이었다. 국내에서 자연 분만으로 판다 쌍둥이가 태어난 것은 처음이다. 누리꾼들은 판다 가족의 경사를 축하하며 쌍둥이 동생들에게 '동바오', '생바오'라는 귀여운 별명을 붙여줬다. 한편, 푸바오는 중국과의 협정에 따라 네 살이 되는 2024년 중국에 반환된다. 판다가 멸종위기종인 만큼 짝을 찾아 번식해야 하기 때문이다.

@ 푸바오 (福宝)
2014년 중국 시진핑 국가주석 방한 선물로 에버랜드에 들여온 자이언트 판다 러바오(수컷)와 아이바오(암컷)의 새끼로 '행복을 주는 보물'이란 뜻

#동바오_생바오 #튼튼하게_무럭무럭

페이스북에서 이벤트도 참여하세요.

• **페이스북**
facebook.com/eduwillnet

• **에듀윌 도서몰**
book.eduwill.net

• **시사상식 App**
에듀윌 시사상식

구글 플레이스토어 or 애플 앱스토어에서 에듀윌 시사상식을 검색하세요.

* Cover Story와 분야별 **최신상식**에 나온 중요 키워드를 떠올려보세요.

01 적도 근처 동태평양 해수면 온도가 5개월 동안 장기 평균 대비 섭씨 0.5도 이상 높게 유지될 때 선언되는 현상은? p.8

02 정부의 재정이 대규모로 투입되는 사업의 정책적·경제적 타당성을 사전에 면밀하게 검증·평가하는 제도는? p.14

03 동종 집단이나 이익 단체 간의 사익 추구 및 담합 구조를 통틀어 일컫는 말은? p.25

04 최저임금위원회는 모두 몇 명으로 구성돼 있는가? p.32

05 공교육 과정에서 다루지 않는 내용의 초고난도 문항을 일컫는 말은? p.47

06 중국이 주장하는 남중국해 해상 경계선으로서 1947년에 설정되었으며 남중국해의 대부분을 중국의 수역으로 설정하고 있는 것은? p.65

07 국제 조약이나 협약에 의해서 무장이 금지된 지역으로서 군대의 주둔, 무기의 배치, 군사 시설의 설치 등이 금지되고, 출입이 엄격히 통제되는 곳은? p.70

08 발레에서 여성과 남성 무용수가 함께 추는 쌍무를 일컫는 말은? p.73

09 소량으로도 충분히 단맛을 낼 수 있고 당분이 없어 '무설탕', '다이어트' 식품 및 음료에 사용되는 인공감미료는? p.80

10 15번째 한국인 프리미어리거이자 10대 선수로서는 최초로 EPL에 진출한 선수는? p.91

11 1977년 국제방사선방호위원회(ICRP)가 방사선 방호의 최적화 원칙으로 확립한 개념으로 방사선은 가능한 한 피폭(방사선을 쏘이게 되는 것)을 피해야 한다는 것은? p.96

12 로봇 프로세스 자동화(RPA)와 인공지능(AI), 서비스형 소프트웨어 등을 결합하여 업무 프로세스를 자동화하는 전략 기술을 의미하는 것은? p.97

13 브랜드 로고가 크게 보이지 않는 고가 브랜드 상품을 의미하는 것은? p.100

14 플라스틱 조각이 녹거나 소각돼 바다에 버려진 채로 오랜 기간 바람과 파도 등에 의해 깨지고 부서지면서 돌과 유사한 형태로 변형된 조각은? p.110

정답 **01** 엘니뇨 **02** 예비타당성조사 **03** 카르텔 **04** 27명 **05** 킬러문항 **06** 구단선 **07** DMZ(비무장지대)
08 파 드 되 **09** 아스파탐 **10** 김지수 **11** 알라라 **12** 하이퍼오토메이션 **13** 스텔스 럭셔리
14 파이로 플라스틱

스스로 자신을 존경하면
다른 사람도 그대를 존경할 것이다.

– 공자

에듀윌, 육군본부와 손잡고
'육군 장병들의 취업역량 강화' 지원

종합교육기업 에듀윌이 육군본부와 업무협약을 체결하고, 장병들의 취업역량 강화와 안정적 사회 복귀를 위해 상호 협력한다고 6월 12일 밝혔다.

에듀윌은 육군 장병들에게 자사가 보유한 40여 종의 온라인 강의와 학원 강의에 대해 특별 수강 혜택을 제공키로 했다. 에듀윌의 전기기사와 산업안전기사 등 기술자격증과 행정사, 세무사와 회계사 등 전문자격증, 공무원 시험대비 과정 그리고 토익, 공기업·대기업 취업 과정 등의 학습 콘텐츠를 활용해 취업 스펙을 쌓을 수 있다.

이와 같은 수강 혜택은 전역 후에도 적용돼 전역 후 1년 이내의 육군 간부와 전역 후 2개월 이내의 장병이면 동일한 할인 혜택을 받을 수 있다.

아울러, 에듀윌과 육군본부는 상호 친밀한 협조 체제를 유지하며, 전·현역 장병들의 자기개발을 위한 교육 지원에 대해서도 지속적으로 협의해 나갈 계획이다.

에듀윌 관계자는 "군 복무 중 여가시간에 취업에 필요한 자격증 취득이나 공무원시험 준비를 통해 제대 후 빠르게 취업 경쟁력을 갖추고 사회에 안정적으로 복귀하도록 돕고자 이번 협약을 체결하게 됐다"며, "에듀윌의 지원으로 육군 장병들이 제대 후 고민 없이 미래를 준비할 수 있길 바란다"고 말했다.

취업상식
실전TEST

취업문이 열리는 실전 문제 풀이

최근 출판된 에듀윌 자격증·공무원·취업
교재에 수록된 문제를 제공합니다.

01 국회의원의 불체포특권에 대한 설명으로 옳지 <u>않은</u> 것은?

① 국회 회기 중 의원을 체포하려면 국회의 동의가 필요하다.

② 행정부의 불법한 억압으로부터 입법부의 자주적 활동을 보장하기 위한 제도다.

③ 현행범인 경우에는 불체포특권이 적용되지 않는다.

④ 재적의원 3분의 2 이상 참석에 과반수 찬성으로 체포동의안이 통과되면 법원은 의원을 구속할 수 있다.

해설 재적의원 과반수 참석에 과반수 찬성으로 체포동의안이 통과되면 법원은 구속영장을 발부하여 해당 국회의원을 구속할 수 있지만, 부결될 경우 법원은 곧바로 영장을 기각하게 된다.

📂 민주당 혁신위 '당 소속 의원 전원 불체포특권 포기' 요구

더불어민주당 혁신기구인 '김은경 혁신위원회'(혁신위)가 6월 23일 당 소속 의원 전원을 상대로 불체포특권을 포기할 것을 요구했다. 혁신위는 앞으로 국회의원 체포동의안이 국회로 넘어올 때 이를 통과시키는 것을 당론으로 채택하자고 제안했다. 혁신위는 불체포특권 포기가 최근 잇따른 체포동의안 부결로 '방탄 정당'이란 비판을 받은 민주당이 신뢰를 회복하기 위해 불가피한 조치라고 밝혔다.

다만 혁신위는 물론 당내에서도 반응은 엇갈렸다. 불체포특권은 헌법에 규정된 입법부의 권리로서 문제가 있다면 법적으로 폐지하거나 개선해야 하지, 서약서를 쓰는 방식으로 포기하자는 것은 반정치적인 발상이라는 주장도 나온다. 다만 지난 대선에서 민주당이 불체포특권 폐지를 공약한 바 있는 만큼 포기 서약서를 피할 이유가 없다는 반론도 있다.

정답 ④

02 현재 베트남 권력 서열 1위인 인물은?

① 브엉 딩 후에

② 응우옌 푸 쫑

③ 보 반 트엉

④ 팜 밍 찡

해설 베트남 권력 서열은 1위부터 4위까지 당 서기장, 국가주석, 총리, 국회의장으로 이어진다. 2023년 7월 현재 기준으로 1위 응우옌 푸 쫑(당 서기장) - 2위 보 반 트엉(국가주석) - 3위 팜 밍 찡(총리) - 4위 브엉 딩 후에(국회의장)의 순서다.

📂 윤 대통령, 프랑스·베트남 순방...부산 엑스포 유치 활동

▲ 6월 23일 윤석열 대통령과 보 반 트엉 베트남 국가주석이 협정 서명 후 공동언론발표를 하고 있다. (자료 : 대통령실)

윤석열 대통령이 4박 6일 프랑스·베트남 순방을 마치고 6월 24일 귀국했다. 윤 대통령은 이번 프랑스 순방에서 2030 부산세계박람회(엑스포) 유치 지원 활동을 벌였다. 국제박람회기구(BIE) 총회에 참석해 영어로 부산엑스포 유치 연설을 했고 각국 대표단과 만나 지지를 호소했다. 파리에서 열린 유럽 지역 기업 투자 신고식에선 유럽 기업 6곳이 9억4000만달러 규모의 한국 투자를 약정했다.

윤 대통령은 이어 베트남을 국빈 방문해 보 반 트엉 베트남 국가주석과 정상회담을 가졌다. 윤 대통령은 이번 순방에서 베트남 권력 서열 1~4위를 모두 만났다. 양국 정상은 '핵심 광물 공급망 센터' 설립 등 공급망 협력 강화와, 교역 확대를 위한 제도적 지원, 우리 해경 퇴역 함정을 베트남에 양도하고 양국 외교·국방장관 회담을 정례화하는 등의 안보 협력 강화에 합의했다.

정답 ②

03 1985년 미국의 주도로 G5(프랑스·독일·일본·미국·영국) 재무장관들이 '외환시장 개입에 의한 달러화 강세 시정'을 결의하며 엔화 절상 효과로 이어진 합의는?

① 빈 합의
② 플라자 합의
③ 파리 합의
④ 교토 합의

해설 1985년 플라자 합의가 채택된 지 1주일 만에 엔화 가치는 달러화 대비 8.3% 절상됐고, 이후 2년간 달러 가치는 30% 이상 급락했다. 덕분에 미국 제조업체들이 가격 경쟁력을 되찾으면서 미국 경제는 황금기를 누렸다. 반면 엔화 절상으로 버블 붕괴현상을 겪은 일본은 '잃어버린 30년'이라고 불리는 초장기 경제 침체에 빠져 그 후유증에서 벗어나지 못했다.

📂 원·엔 환율 8년 만에 800원대 진입

지난 6월 19일 원·엔 환율이 8년 만에 100엔당 800원대에 진입했다. 이날 오전 8시 23분 기준 원·엔 재정환율은 100엔당 897.49원을 기록했다. 원·엔 환율이 800원대에 진입한 것은 2015년 6월 이후 8년 만이다. 미국과 유럽의 통화 긴축 기조가 당분간 이어질 것으로 예상되는 반면 일본만 완화 정책을 고수하면서 엔화 가치를 끌어내리고 있다.

일본은행은 지난 6월 16일 금융정책결정회의를 열고 일본은행 단기금리를 마이너스(–0.1%) 상태로 동결하고 장기금리 지표인 10년물 국채금리를 0% 수준으로 유지했다. 엔저 현상으로 수출 호조가 이어지고 미중 간 지정학적 리스크로 해외 자본이 몰리면서 일본 증시인 닛케이지수는 올해 들어 6월 6일 기준 6%나 상승했다. '잃어버린 30년'이라고 불릴 정도로 장기불황 늪에 빠졌던 일본 경제의 부활 조짐이 나타나고 있다.

정답 ②

---

04 2023년 최저시급은 얼마인가?

① 9120원
② 9160원
③ 9620원
④ 9820원

📁 직장인 77% "최저임금 1.1만원 이상은 돼야"

최저임금위원회

내년도 최저임금 논의가 본격 시작된 가운데 직장인 4명 중 3명은 시급 1만1000원 이상이 적절하다고 생각한다는 설문 결과가 나왔다. 이는 올해 최저임금 9620원보다 많지만 노동계가 요구하는 1만2210원보다는 적은 액수다. 직장갑질119는 직장인 1000명을 대상으로 설문조사한 결과 내년도 최저시급이 1만1000원(월 230만원) 이상 돼야 한다고 답한 응답자가 전체의 77.6%였다고 6월 25일 밝혔다.

구체적으로는 1만1000원(월 230만원)이 37.1%로 가장 많았고 1만3000원(월 272만원) 이상 20.8%, 1만원(월 209만원) 이하 17.9% 순이었다. 물가 인상으로 체감 임금이 줄었느냐는 질문에는 응답자 85.6%가 '동의한다' 또는 '동의하는 편'이라고 답했다. 희망하는 월급 인상 액수는 평균 83만6000원이었다. 업종별 차등 최저임금 도입에 대해서는 65.0%가 반대, 34.0%는 찬성했다. 한편, 2024년도 최저임금은 시급 9860원으로 결정됐다.

정답 ③

해설 2023년 현재 최저시급은 9620원이다.

05 어떤 국적의 투자자가 다른 국가에 투자했다가 법적 분쟁이 생겼을 때 그 국가가 관할하는 재판에서 불이익을 당하지 않도록 중립적인 국제기구의 중재로 분쟁을 해결하도록 한 제도는?

① ISDS

② ISO

③ IAEA

④ IEEE

해설 투자자-국가 간 분쟁 해결 제도(ISDS, Investor-State Dispute Settlement)에 대한 설명이다. ISDS는 외국인투자자가 투자협정에 규정된 분쟁해결절차에 따라 직접 투자유치국 정부를 상대로 청구할 수 있는 제도이다. ISDS의 중재 절차 중에 가장 널리 이용되는 것은 ICSID(International Centre for Settlement of Investment Disputes·국제투자분쟁해결센터)를 통한 중재이다.

🗁 "한국 정부, 엘리엇에 690억 배상해야"...청구액 7% 인용

ELLIOTT

미국 행동주의 헤지펀드 엘리엇이 한국 정부에 제기한 투자자-국가 간 분쟁 해결 제도(ISDS)에서 한국 정부가 엘리엇에 약 690억원을 배상하라는 판결이 나왔다. 법무부는 6월 20일 상설중재재판소(PCA)의 중재판정부가 엘리엇 측 주장 일부를 인용해 우리 정부에 5358만6931달러(약 690억원) 및 지연이자를 지급하라고 판정했다고 밝혔다.

이는 앞서 엘리엇 측이 요구한 7억7000만달러의 7%가 인용된 것이다. 지난 2015년 삼성물산과 제일모직 합병이 추진되던 때 당시 삼성물산 지분 7.12%를 보유하던 미국계 헤지펀드 엘리엇은 삼성물산보다 제일모직 주식을 3배가량 비싸게 친 합병 비율이 불공정하다며 합병을 공개 반대했다. 그러나 합병안이 주주총회를 통과하자 엘리엇은 2018년 합병 과정에 우리 정부가 부당하게 개입해 주주로서 손해를 봤다며 상설중재재판소에 중재를 신청했다.

정답 ①

06 북한이 대북전단 살포에 대한 보복으로 2020년 6월 16일 폭파한 시설은?

① 영변 핵시설

② 남북공동연락사무소

③ 조선노동당 본부청사

④ 남북경제협력협의사무소

해설 북한은 대북전단 살포에 대한 우리 당국의 대응을 문제 삼아 2020년 6월 16일 개성 남북공동연락사무소를 일방적으로 폭파했다. 지난 2018년 4월 27일 남북 정상이 합의한 판문점 선언에 따라 같은 해 9월 문을 연 연락사무소는 19개월 만에 사라졌다.

🗁 정부, 북한 상대로 사상 첫 손해배상 소송 제기

정부가 6월 14일 북한의 남북공동연락사무소 폭파에 대해 손해배상 소송을 제기했다. 통일부는 이날 북한의 3년 전 남북공동연락사무소 폭파로 우리 측이 입은 피해에 대해 손해배상을 청구하는 소송을 서울중앙지방법원에 제기했다고 밝혔다. 통일부가 청구한 손해배상액은 남북공동연락사무소 피해액 102억5000만원과 연락사무소 폭파로 부서진 종합지원센터 건물 피해액 344억5000만원을 합쳐 모두 447억원이다.

손해배상청구 소송의 피고는 '조선민주주의인민공화국'으로, 정부가 북한을 상대로 소송을 제기한 것은 처음이다. 정부가 이 같은 소송을 제기한 것은 손해배상 청구권의 소멸시효가 3년이라 소송을 통해 손해배상의 청구 권리를 연장하기 위한 것이다. 북한은 2020년 6월 16일, 민간단체의 대북전단 살포에 반발하며 개성공단 내 남북공동연락사무소를 폭파한 바 있다. 한편, 탈북민 단체인 자유북한운동연합이 대북전단과 의약품 등을 대형 풍선에 달아 북한으로 보냈다고 6월 26일 밝혔다.

정답 ②

07 다음 중 교육 3불 정책이 아닌 것은?

① 기여 입학제 금지
② 본고사 금지
③ 고교 등급제 금지
④ 교과과정 이외 수능 출제 금지

해설 3불 정책은 교육 및 입시 제도에서 ▲본고사 ▲기여 입학제 ▲고교등급제를 전면 금지하는 정책기조로서 1999년 국민의 정부 시절에 공식화되었다.

교육부가 대학수학능력시험(수능) '킬러 문항 배제' 방침을 공고히 하며 최근 3년간 수능과 지난 6월 모의평가에서 출제된 킬러 문항 예시를 공개했다. 국어, 영어, 수학 3개 과목을 통틀어 총 22개 문항이 킬러 문항으로 지목됐다. 교육부는 킬러 문항 배제를 위해 공정수능평가 자문위원회와 공정수능 출제 점검위원회를 신설할 방침이다.

6월 26일 교육부는 이 같은 내용이 담긴 '사교육 경감대책'을 발표했다. 당장 오는 11월 치러질 수능을 겨냥한 대책을 포함해 유·초·중·고 사교육 수요 원인별 맞춤 정책이 담겼다. 사교육 수요를 공교육으로 흡수해 사교육비를 줄이자는 취지다. 한편, 6월 25일 교육부에 따르면 교육부가 '사교육 카르텔' 등에 대한 제보를 받겠다며 신고센터를 만든 가운데 3일간 40건의 신고가 접수된 것으로 집계됐다.

정답 ④

08 예브게니 프리고진이 이끌었던 러시아 용병 기업은?

① 톱 에이스
② 바그너 그룹
③ 아조우 연대
④ ACADEMI

해설 바그너 그룹(Wagner Group)은 러시아의 민간군사기업(PMC, Private Military Company)으로 러시아 기업가 예브게니 프리고진과 스페츠나츠(러시아 특수부대) 지휘관 출신인 드미트리 우트킨이 공동 설립했다. 2014년 러시아의 크림반도 합병 작전에 등장했으며 2022년 러시아의 우크라이나 침공에 참전해 러시아군을 지원하는 임무를 맡았다.

▲ 예브게니 프리고진

블라디미르 푸틴 러시아 대통령의 충복으로 러시아 용병 기업인 바그너 그룹을 이끌며 우크라이나 침공에 참여하고 있던 예브게니 프리고진이 무장 반란을 일으켰다. 바그너 그룹은 러시아 국방부의 부실한 지원과 처우에 공개적인 항의를 했었고 이로 인해 정부와 사이가 벌어졌다. 프리고진은 결국 6월 24일 러시아 본토 진격을 선포했다.

러시아 정부 측에서는 이를 무장 반란으로 간주했다. 러시아 연방 건국 이후 대통령을 겨냥한 대규모 군사 쿠데타가 일어난 건 처음이다. 그러나 벨라루스의 알렉산드르 루카셴코 대통령이 푸틴 대통령의 승인을 얻어 프리고진과 협상을 진행했고 프리고진이 협상을 받아들이며 쿠데타는 대규모 유혈충돌 없이 무산됐다. 바그너 그룹은 전선으로 돌아가라는 명령을 전달받았고 프리고진은 처벌받지 않겠다는 약속을 받고 벨라루스에 망명하기로 했다고 전해졌다.

정답 ②

09 비극적인 역사 현장이나 대규모 재난 재해가 일어났던 곳을 돌아보며 교훈을 얻는 여행을 일컫는 말은?

① 블루 투어리즘
② 지오 투어리즘
③ 다크 투어리즘
④ 네이처 투어리즘

해설 다크 투어리즘(dark tourism)은 전쟁이나 학살처럼 비극적인 역사 현장이나 대규모 재난재해가 일어났던 곳을 돌아보며 교훈을 얻는 여행을 말한다. 다른 말로 '블랙 투어리즘(black tourism)', 비탄이나 큰 슬픔을 의미하는 '그리프 투어리즘(grief tourism)'이라고도 한다.

타이태닉 관광 잠수정 잔해 발견...탑승자 전원 사망

▲ 실종된 오션게이트 잠수정

100여 년 전 침몰한 타이태닉호를 보기 위해 지난 6월 18일 출항(현지시간)했다가 실종된 잠수정의 잔해가 타이태닉호와 멀지 않은 북대서양 심해에서 발견됐다. 세계 각국의 구조 노력 동참에도 불구하고 탑승객 5명은 돌아오지 못했다. 미국 보스턴 해안경비대는 잠수정 내파(외부 압력으로 구조물이 안쪽으로 급속히 붕괴하며 파괴되는 현상) 사고가 일어난 것으로 보인다고 밝혔다.

이번 사고로 심해 관광을 기획하고 잠수정을 조종한 탐사업체 '오션게이트'의 최고경영자(CEO)를 비롯해 영국의 억만장자 탐험가, 파키스탄 재계 거물과 그 아들, 프랑스의 해양 전문가 등 탑승객 5명이 전원 숨졌다. 이들은 우리 돈 3억원이 넘는 비용을 내고 8일간의 탐사 관광에 나선 사람들이다. 타이태닉호 사고라는 비극을 고액 관광 상품 소재로 내놓고 안전을 제대로 확보하지 않은 업체에 대해 비판이 이어졌다.

정답 ③

10 부산국제영화제의 약칭은?

① PIMF
② BIFF
③ PIFF
④ BIMF

해설 부산국제영화제(BIFF)는 1996년부터 부산광역시에서 매년 개최되고 있는 우리나라 첫 번째 국제영화제. 영화제가 처음 개최될 때 PIFF(Pusan International Film Festival)라는 영문 표기를 사용했으나, 2011년 지역명 로마자 표기의 통일성을 따르기 위해 BIFF(Busan International Film Festival)로 영문 표기를 변경했다.

부산국제영화제 내홍...이용관 이사장 사의 표명

▲ 2022년 부산국제영화제

부산국제영화제(BIFF)가 사유화 논란에 휘말려 내홍을 겪었다. BIFF는 지난 5월 총회에서 조종국 씨를 운영위원장으로 임명했고 이틀 뒤 허문영 집행위원장이 사임해 갈등이 불거졌다. 국민의힘 소속 문화체육관광위원회 위원들은 6월 23일 이용관 BIFF 이사장이 직제에도 없이 자기 사람을 운영위원장으로 앉혀 인사·예산권을 전횡했다며 즉각 사퇴를 촉구했다.

전국영화산업노동조합, 한국영화인총연합회, 여성영화인모임 등 영화계 18개 단체는 6월 26일 '부산국제영화제 임시총회에 대한 영화인 입장문'을 통해 요구 사항을 전달했다. 이들은 "투명한 절차와 검증을 거치지 않고 선임된 조종국 운영위원장을 해촉하라"면서 BIFF 쇄신을 이끌 혁신위원회의 구성과 올해 영화제를 무사히 치를 안정적인 체제 마련도 주문했다.

정답 ②

11 여러 대의 공격자를 분산 배치하여 동시에 서비스 거부 공격을 함으로써 시스템이 더 이상 정상적 서비스를 제공할 수 없도록 만드는 해킹 수법은?

① 파밍
② 피싱
③ 디도스
④ 랜섬웨어

해설 디도스(DDoS, Distributed Denial of Service·분산서비스공격)에 대한 설명이다.
① 파밍(pharming): 사용자로 하여금 진짜 사이트로 오인해 접속하도록 유도한 뒤에 개인정보를 훔치는 컴퓨터 범죄 수법
② 피싱(phishing): 금융기관 등으로부터 개인정보를 불법적으로 알아내 이를 이용하는 사기수법
④ 랜섬웨어(ransomeware): 시스템을 잠그거나 데이터를 암호화해 사용할 수 없도록 만든 뒤, 이를 인질로 금전을 요구하는 악성 프로그램

📁 디아블로4, 디도스 공격에 서버 12시간 먹통

▲ 디아블로4 접속 오류 화면 캡처

최근 출시돼 3040 세대들의 향수를 불러일으키며 많은 관심을 받은 블리자드엔터테인먼트의 게임 '디아블로4'가 전날 분산서비스거부(DDoS·디도스) 공격을 받아 12시간이 넘도록 접속 장애가 일어났다. 6월 26일 블리자드에 따르면 디아블로4는 전날 오후 2시부터 이날 오전 2시까지 12시간가량 접속 장애가 발생했다. 사용자들에 따르면 PC는 물론이고 콘솔, 스팀덱 모두에서 접속 장애가 발생했다.

게임 서버는 보통 디도스 공격자들이 선호하는 표적이어서 게임사들은 디도스 공격에 철저히 대비하는 편이다. 그러나 정식 출시한 지 한 달도 안 된 '디아블로4'가 디도스에 즉각 대응하지 못하면서 이용자들 사이에서는 '블리자드가 서버 관리 손 놓은 것 아니냐', '게임 반응이 좋지 않아 서버를 줄이는 것 아니냐'는 등 불만이 터져 나왔다. PC방 업주들도 손님이 떠났다며 불만을 호소했다.

정답 ③

12 2022년 발롱도르 수상자는 누구인가?

① 카림 벤제마
② 리오넬 메시
③ 사디오 마네
④ 엘링 홀란드

해설 2022년 발롱도르는 당시 레알 마드리드 소속이었던 카림 벤제마(35)가 차지했다. 벤제마는 지난해 12월 프랑스 국가대표에서 은퇴했으며 최근 사우디 프로페셔널 리그 소속 알이티하드로 이적했다. 벤제마는 3년간 크리스티아누 호날두와 같은 수준인 연봉 2억유로를 받기로 했다.

📁 다 쓸어 담으려는 사우디 축구...'스포츠 워싱' 비난도

오일머니를 앞세운 사우디아라비아가 세계 축구 선수들을 싹쓸이 할 기세다. 시작은 지난해 2025년까지 2억유로(2862억원) 연봉을 받기로 하며 알나스르와 계약한 크리스티아누 호날두였다. 지난 6월에는 지난해 발롱도르 수상자 카림 벤제마와 프랑스 대표팀의 핵심 미드필더 은골로 캉테가 알이티하드와 계약을 맺고 사우디 생활을 시작했다.

이들은 월드 클래스이긴 하나 최전성기가 지났다. 그러나 젊고 한창 기량이 올라온 선수도 사우디로 흘러가고 있다. 1997년생 유망주 후벵 네베스가 최근 사우디리그에 합류했다. 심지어 대한민국 대표팀 주장 손흥민도 사우디 클럽에서 거액을 제안받았다는 보도가 나왔다. 하지만 사우디 리그의 통 큰 행보를 스포츠를 앞세워 부정적 평판을 세탁하려는 '스포츠 워싱'으로 보는 비난 여론도 있다. 언론 및 여성 인권 탄압이 이어지고 있는 가운데 막강한 자본력으로 국제 사회의 관심을 돌리려 한다는 것이다.

정답 ①

01 다음 중 대통령에 관한 사항으로 옳지 않은 것은?

① 대통령의 임기는 5년이며 중임할 수 없다.

② 임기가 만료되는 때에는 임기 만료 70일 내지 40일 전에 후임자를 선거한다.

③ 대통령으로 선거될 수 있는 자는 국회의원의 피선거권을 가지지 못하며 선거일 현재 40세에 달하여야 한다.

④ 대통령이 궐위된 때 또는 대통령 당선인이 사망하거나 판결 기타의 사유로 그 자격을 상실한 때에는 60일 이내에 후임자를 선거한다.

해설 대통령으로 선거될 수 있는 자는 국회의원의 피선거권(선거에서 당선인이 될 수 있는 국민의 기본권)이 있고 선거일 현재 40세에 달하여야 한다.

정답 ③

02 다음 중 발트해 남동 해안에 위치한 발트3국은?

① 러시아, 폴란드, 에스토니아

② 독일, 덴마크, 스웨덴

③ 에스토니아, 라트비아, 리투아니아

④ 노르웨이, 스웨덴, 리투아니아

해설 발트3국은 발트해 남동 해안에 위치해 있는 ▲에스토니아 ▲라트비아 ▲리투아니아를 가리킨다. 이 3국은 1940년 소련에 합병되었다가 고르바초프 개혁 정책의 영향으로 1991년 소련으로부터 독립한 후 국제연합(UN)에 가입했다.

정답 ③

03 다음 중 민법상 무능력자가 아닌 사람은?

① 부재자

② 미성년자

③ 피한정후견인

④ 피성년후견인

해설 행위능력(行爲能力)이란 단독으로 확정적인 유효한 법률행위를 할 수 있는 능력을 말한다. 스스로 법률행위를 할 수 없는 자를 제한능력자(구 무능력자)라고 하며 민법은 ▲미성년자 ▲피한정후견인(구 한정치산자) ▲피성년후견인(구 금치산자)을 무능력자로 규정하고 있다. 피한정후견인 및 피성년후견인은 질병·장애·노령·그 밖의 사유로 인한 정신적 제약으로 사무를 처리할 능력이 부족·결여되어 가정법원에서 한정후견·성년후견 개시의 심판을 받은 사람이다.

정답 ①

04 다음 중 『사회계약론』을 저술하고 모든 사람의 정치 참여를 강조한 인물은?

① 로크
② 루소
③ 칸트
④ 몽테스키외

해설 『사회계약론』을 저술하고, 모든 사람의 정치참여를 강조한 인물은 루소(Jean-Jacques Rousseau, 1712~1778)이다. 루소는 사회계약을 사회의 각 구성원이 자신의 모든 권리를 공동체에 양도하여 '일반 의지'를 형성하는 것이라고 하였다.

정답 ②

05 다음 중 종교·정치·도덕적 의무 등의 확신으로 행하여진 범죄 또는 그 범인을 일컫는 말은?

① 확신범
② 종교범
③ 정치범
④ 간접정범

해설 종교·정치·도덕적 의무 등의 확신에 의해 행하여진 범죄 또는 그 범인을 뜻하는 것은 확신범이다. 1922년 독일 형법 초안에서 처음으로 사용했다. 사상범·정치범·국사범 등의 범죄는 보통 확신범의 성격을 띤다.

정답 ①

06 〈보기〉에서 설명하는 것은?

──── 보기 ────
모내기, 김매기, 타작 등 단기간에 많은 인력이 합심하여 일해야 할 때 서로 공동으로 작업하기 위해 마을 단위로 구성된 조직

① 계
② 향약
③ 두레
④ 품앗이

해설 두레는 우리나라 전통 농업사회에서 힘든 노동을 함께 나누기 위해 짜인 공동 노동조직으로, 합심해 일해야 하는 논농사 경작의 전 과정에 적용됐다.
① 계 : 민간 전통 협동 조직
② 향약 : 향촌 규약의 준말로 조선 시대에 향촌에서 양반들의 자치 활동을 보장받고 하층민을 통제하기 위한 규율
④ 품앗이 : 농촌에서 서로 노동력을 일대일로 교환하여 돕는 것

정답 ③

07 다음 중 달리던 버스가 급정거하는 경우 사람들이 앞으로 넘어지는 현상과 관련이 있는 것은?

① 가속도의 법칙
② 작용과 반작용의 법칙
③ 관성의 법칙
④ 만유인력의 법칙

해설 물체에 작용하는 외력이 없거나 작용하는 알짜 힘(합력)이 0일 때, 정지한 물체는 계속해서 정지해 있고 운동하던 물체는 계속 등속직선(등속도)운동을 하려는 성질을 가지는데, 이를 관성의 법칙이라고 한다.

정답 ③

08 다음 설명 중 옳지 않은 것은?

① 오존주의보의 주요 목적은 기후변화의 위험성을 경고하는 것이다.
② 산성비는 수소이온 농도지수(pH)가 5.6 미만인 비를 말한다.
③ 환경파괴로 인해 발생하는 난민을 생태학적 난민이라고 한다.
④ 에코폴리스란 사람과 자연환경이 조화를 이루며 공생할 수 있는 체계를 갖춘 미래형 도시를 말한다.

해설 오존주의보는 오존의 오염 농도가 건강에 위해를 줄 수 있다고 판단되는 0.12ppm/h 이상일 때 노약자나 어린이 등의 건강 피해를 사전에 예방하고자 경고하는 것이다.

정답 ①

09 다음 중 국제축구연맹(FIFA)이 주관하는 대회가 아닌 것은?

① 아시안컵
② U-20 월드컵
③ 여자 월드컵
④ 컨페더레이션스컵

해설 아시안컵은 아시아축구연맹(AFC)이 주관하는 대회다. AFC 산하 최상위 대륙 국가 대항전으로서 대한민국은 1968년과 1972년에 우승을 차지했다.

정답 ①

10 이슬람교에 관한 설명으로 옳지 <u>않은</u> 것은?

① 유일신인 알라를 믿는다.
② 이슬람 경전인 코란은 아랍어로 '사랑의 실천서'라는 뜻이다.
③ 이슬람교도들은 돼지고기를 먹지 않는다.
④ 쿠웨이트는 이슬람 국가다.

해설 이슬람 경전인 코란(Koran)은 아랍어로 '암송하다', '읽어야 할 것'이란 의미다.

정답 ②

11 우리나라에서 현재 채택하고 있는 직접 민주주의 제도로만 묶인 것은?

① 주민소환, 국민발안
② 국민투표, 주민소환
③ 국민소환, 국민투표
④ 국민소환, 주민소환

해설 우리나라는 직접민주제도인 국민투표·국민발안·국민소환 중에 국민투표만 시행하고 있으며 2006년에 주민소환에 관한 법률이 제정돼 주민들이 지방의 선출직 지방공직자에 대해 소환투표를 실시하여 그 결과에 따라 임기종료 전에 해직시키는 제도인 주민소환제를 시행하고 있다.

정답 ②

12 다음 용어에 대한 설명으로 옳지 <u>않은</u> 것은?

① 교향곡 : 관현악으로 연주되는 다악장 형식의 악곡
② 녹턴 : 낭만파 시대에 주로 피아노를 위하여 작곡된 소곡
③ 칸타타 : 바로크 시대에 가장 성행했던 성악곡의 형식
④ 랩소디 : 성경 장면을 음악과 더불어 구상한 종교적 악극

해설 랩소디(rhapsody)는 형식·내용 면에서 비교적 자유로운 환상곡 풍의 기악곡이다. 성경 장면을 음악과 더불어 구상한 종교적 악극은 오라토리오(oratorio)다.

정답 ④

2023 경향신문

01 생성형 인공지능(AI)에 대한 설명으로 옳지 않은 것은?

① 챗GPT의 현재 유료 버전은 GPT-4다.
② 챗GPT의 아버지라고 불리는 개발자는 샘 올트먼이다.
③ 바드가 영어 다음으로 지원을 시작한 언어는 한국어와 일본어다.
④ 바드는 신뢰성 검증을 거치므로 할루시네이션 문제를 일으키지 않는다.

해설 AI 할루시네이션은 생성형 AI 모델이 주어진 데이터나 맥락에 근거하지 않고 부적절하거나 허위 정보를 생성하는 현상으로서 오픈 AI의 챗GPT와 구글 바드 등 현재 생성형 AI 서비스에서 대부분 나타나는 문제점이다.

02 최저임금에 대한 설명으로 옳지 않은 것은?

① 2023년 최저임금은 시급 9620원이다.
② 최저임금위원회는 매년 7월 1일 이전에 내년 최저임금을 결정해야 한다.
③ 최저임금위원회는 공익위원 3명, 노동자위원 3명, 사용자위원 3명 등 총 9명으로 구성된다.
④ 2024년도 최저임금은 시급 9860원이며 이는 표결을 거쳐 사용자위원 측의 최종안으로 결정됐다.

해설 최저임금위원회는 최저임금을 심의·의결하는 사회적 대화 기구로서 고용노동부 소속 기관이다. 공익위원 9명, 노동자위원 9명, 사용자위원 9명 총 27명으로 구성돼 있다.

03 FANG에 속하지 않는 기업은?

① 애플
② 아마존
③ 메타
④ 구글

해설 FANG은 미국의 정보기술(IT) 선도 기업인 ▲페이스북(Facebook·메타) ▲아마존(Amazon) ▲넷플릭스(Netflix) ▲구글(Google)의 머리글자를 따서 한데 일컫는 말이다. FAANG은 여기에 ▲애플(Apple)을 더한 것이다.

04 중대재해처벌법은 몇 명 이상 사망하는 사고가 발생했을 때 적용되는가?

① 1명
② 2명
③ 3명
④ 5명

해설 중대재해처벌법은 1명 이상 사망사고가 발생하거나 2명 이상 부상자가 발생한 기업의 경영 책임자에게 1년 이상 징역 또는 10억원 이하 벌금에 처한다. 모든 중대재해가 처벌 대상이 되는 것은 아니며 경영 책임자가 안전보건 확보 의무를 충실히 이행했다면 처벌받지 않는다.

05 IPCC는 지구 온도 상승을 섭씨 몇 도 이내로 제한해야 한다는 목표를 세웠는가?

① 0.5도
② 1도
③ 1.5도
④ 3도

해설 '기후변화에 대한 국제 간 협력기구'(IPCC)는 2018년 10월에 발표한 '지구온난화 1.5도 특별보고서'에서 지구온도를 1.5도 제한하는 것이 목표라고 밝혔다. 이 보고서는 지구온도가 1.5도 상승하면 해수면 상승, 극단적인 기상현상, 생태계 파괴 등 다양한 피해가 발생할 것이라는 과학적 근거를 제시하면서 지구온도를 1.5도 제한하려면 2030년까지 온실가스 순배출량을 45% 감축하고, 2050년까지 탄소중립을 달성해야 한다고 강조했다.

06 〈보기〉는 어떤 금속에 대한 설명인가?

───── 보기 ─────

은백색 광택의 알칼리 금속으로 원자 번호는 3이다. 가장 밀도가 낮은 고체 원소로 반응성이 강한 금속 중 하나다. 오늘날 전기차 배터리, 반도체 등에 광범위하게 활용되어 '하얀 석유'라고 불리며 현대 사회에서 가장 중요한 광물 중 하나로 꼽힌다.

① 니켈 　　　　　　② 리튬
③ 코발트 　　　　　④ 알루미늄

해설 〈보기〉는 리튬(Li)에 대한 설명이다.

07 공공지출을 줄이기 위해 감세 조치로 정부지출을 제한하는 정치적 전략은?

① 앵무새 죽이기
② 살라미 전술
③ 야수 굶기기
④ 가마우지 경제

해설 야수 굶기기(starving the beast) 이론은 작은 정부를 지향하는 보수 정부가 공공지출을 줄이기 위해 먼저 감세 조치를 단행하고 정부지출을 줄임으로써 돈줄이 마른 공공부문이 자발적인 긴축에 나서지 않을 수 없도록 하는 정치 전략이다.

인도의 호랑이 사냥법에서 유래한 말이다. 사냥꾼이 호랑이를 함정에 빠뜨린 뒤 오래 굶긴 다음 우리 속에 먹이를 넣어둬 호랑이가 별수 없이 우리 속으로 들어가도록 하는 것이다. 1980년대 미국 도널드 레이건 대통령은 국정연설에서 "사치하는 아이(방만한 공공부문)의 버릇을 고치려면 간단히 용돈을 줄이면 된다"고 야수 굶기기를 설명했다.

08 스쿨존에서 자동차 통행 속도는 몇 km/h로 제한되는가?

① 15km/h 　　　　② 20km/h
③ 25km/h 　　　　④ 30km/h

해설 스쿨존(어린이 보호구역)은 초등학교 및 유치원, 어린이집, 학원 등 13세 미만 어린이시설 주변 도로 중 일정 구간을 보호구역으로 지정하고 교통안전시설물 및 도로부속물 설치로 어린이들의 안전한 통학공간을 확보하여 교통사고를 예방하기 위한 제도다. 스쿨존 내 자동차 통행 속도는 시속 30km로 제한된다.

09 2022 카타르 월드컵에서 득점왕을 차지한 선수는?

① 리오넬 메시
② 루카 모드리치
③ 킬리안 음바페
④ 올리비에 지루

해설 프랑스 공격수 킬리안 음바페는 2022 카타르 월드컵에서 8골로 골든부트(득점왕)를 차지했다. 이 대회에서 아르헨티나가 우승했으며 아르헨티나 대표 선수 리오넬 메시가 7골 3도움으로 골든볼(MVP)을 받았다.

대한민국은 H조 예선전에서 우루과이와 0 대 0으로 무승부, 가나와 2 대 3으로 패배, 포르투갈과 2 대 1 승리로 16강전에 진출했고 브라질을 맞아 4 대 1로 패했다.

10 국내 5대 가상자산 거래소가 아닌 것은?

① 빗썸 　　　　　② 코빗
③ 고팍스 　　　　④ 바이낸스

해설 국내 5대 가상자산 거래소로 ▲업비트 ▲빗썸 ▲코인원 ▲코빗 ▲고팍스를 꼽는다. 바이낸스는 영어권 가상자산 거래소다.

정답 **01** ④ **02** ③ **03** ① **04** ① **05** ③ **06** ② **07** ③ **08** ④ **09** ③ **10** ④

11 2023년 7월 기준 핑크타이드 나라로 볼 수 없는 것은?

① 페루
② 파라과이
③ 콜롬비아
④ 브라질

해설 핑크타이드(pink tide)란 분홍색 물결이라는 뜻으로, 중남미에서 상대적으로 온건한 좌파 세력이 여러 나라에서 비슷한 시기에 잇따라 집권하는 현상을 의미한다. 2023년 4월 30일(현지시간) 파라과이 대선에서 우파 성향 산티아고 페냐 대통령이 당선되면서 파라과이는 핑크타이드 나라에 속한다고 볼 수 없게 됐다.

12 우리나라는 금융기관 파산 시 예금자보호법에 따라 고객이 예금보험공사로부터 1인당 최대 얼마까지 돌려받을 수 있는가?

① 1000만원
② 3000만원
③ 5000만원
④ 1억원

해설 예금자보호법에 따르면 은행·저축은행·보험사 등 금융기관 파산 시 고객 예금은 예금보험공사로부터 1인당 최대 5000만원까지 돌려받을 수 있다. 이 보호 한도는 2001년 국내총생산(GDP) 등을 근거로 책정됐는데 23년간 제자리인 만큼 예금자보호 확대를 위해 1억원 정도로 상향해야 한다는 주장이 있다.

13 아랍연맹 회원국이 아닌 나라는?

① 이란
② 이집트
③ 이라크
④ 사우디아라비아

해설 아랍연맹은 북아프리카, 아프리카의 뿔(동쪽 돌출부), 아라비아 주변 아랍권 나라가 결성한 지역기구로서 사우디아라비아, 이집트, 요르단, 이라크, 시리아, 레바논, 예멘이 1945년 창립했고 현재 22개국이 가입했다. 사우디아라비아의 적대국인 이란은 아랍연맹 회원국이 아니다.

14 2023년 현재 원내정당이 아닌 것은?

① 정의당
② 시대전환
③ 진보당
④ 녹색당

해설 원내정당은 국회 의석을 보유한 정당이다.

❖ 정당 의석수 현황 (2023년 7월 1일 기준)

구분	정당	의석수
교섭단체	더불어민주당	167석
	국민의힘	113석
비교섭단체	정의당	6석
	기본소득당	1석
	시대전환	1석
	진보당	1석
	무소속	10석

15 대통령이 거부한 법안이 국회에서 재의결되기 위한 의결 정족수는?

① 3분의 1 이상 출석, 출석의원 과반수 찬성으로 의결
② 과반수 출석, 출석의원 과반수 찬성으로 의결
③ 과반수 출석, 출석의원 3분의 2이상 찬성으로 의결
④ 과반수 출석, 출석의원 다수 찬성으로 의결

해설 대통령 거부권(법률거부권)은 국회에서 이송된 법률안에 대통령이 이의를 달아 국회로 되돌려 보내 재의를 요구할 수 있는 헌법상의 권한이다.
국회에서 법률안에 대해 본회의 의결을 거친 뒤 정부에 법률공포를 요청할 경우, 대통령은 그 법률안에 이의가 있을 시 법률안이 정부에 이송된 후 15일 이내에 이의서를 붙여 국회로 환부하고 그 재의를 요구할 수 있다. 거부된 법안에 대해 국회에서 재의결에 붙여 재적의원 과반수 출석과 출석의원 3분의 2 이상의 찬성으로 의결하면 대통령의 공포 없이도 법률로서 효력이 발생한다.

16 다음 중 지방세가 <u>아닌</u> 것은?

① 주민세   ② 재산세
③ 취득세   ④ 부가가치세

해설 부가가치세는 국세이며 내국세, 보통세, 간접세에 속한다. 국세는 내국세와 관세로 구분하며 내국세에 교육세, 농어촌특별세, 교통·에너지·환경세(이상 목적세), 소득세, 법인세, 상속세, 증여세, 종합부동산세(이상 보통세—목적세), 부가가치세, 개별소비세, 주세, 인지세, 증권거래세(이상 보통세—간접세) 등이 있다.
지방세는 시·군세와 도세로 구분하며 시·군세에 지방소비세, 취득세, 등록세, 면허세, 레저세(이상 보통세), 공동시설세, 지역개발세, 지방교육세(이상 목적세)가 있다. 도세에는 주민세, 재산세, 자동차세, 주행세, 지방소득세, 담배소비세, 도축세(이상 보통세), 도시계획세(이상 목적세) 등이 있다.

17 다음 중 경향신문의 콘텐츠가 <u>아닌</u> 것은?

① 이런 경향   ② 점선면
③ 중립기어   ④ 암호명3701

해설 중립기어는 동아일보의 유튜브 시사 라이브 채널이다.

18 국내 주식시장에 대한 설명으로 옳지 <u>않은</u> 것은?

① 정규 거래시간은 오전 9시부터 오후 3시 30분까지다.
② 코스피, 코스닥 시장 종목은 전날 종가보다 30% 이상 오르거나 내리지 않는다.
③ 코스피 시가총액 1위 기업은 삼성전자다.
④ 코스닥 시가총액 1위 기업은 카카오다.

해설 카카오는 코스닥이 아니라 코스피에 상장돼 있다. 2023년 7월 17일 기준 코스닥 시가총액 1위 기업은 에코프로비엠이다.

19 2023년 7월 1일 기준 나토 가입국이 <u>아닌</u> 나라는?

① 스웨덴   ② 핀란드
③ 몬테네그로   ④ 북마케도니아

해설 나토(North Atlantic Treaty Organization·북대서양조약기구)는 냉전이 시작된 1949년 북대서양조약에 의해 탄생한 북미와 유럽 등 서방 국가들의 군사동맹이다.
2022년 러시아의 우크라이나 침공 이후 북유럽의 핀란드와 스웨덴이 나토 가입을 추진했으나 튀르키예의 반대로 절차가 지체되다가 2023년 3월 30일 승인하여 핀란드가 31번째 가입국으로 추가됐다. 스웨덴의 나토 가입은 튀르키예가 찬성을 미루고 있어 현재 인준 절차를 밟고 있다. 나토에 신규 가입하려면 기존 회원국의 만장일치가 있어야 한다.

20 2022년 8월 5일 발사된 대한민국의 달 탐사선은?

① 온누리   ② 다누리
③ 누리호   ④ 나로호

해설 다누리는 2022년 8월 5일 발사된 대한민국의 달 탐사선이다. 한국형 달 궤도선이라고도 한다. 미국 케이프커내버럴 공군기지에서 스페이스X의 팰컨9 블록5에 실려 성공적으로 발사됐다. 다누리는 2023년 1월부터 12월까지 1년간 달 상공 100km 궤도를 하루 12회 공전하며 달 관측 및 과학기술 임무를 수행하고 관측 데이터를 수신한다. 정부는 다누리 발사를 통해 확보한 기술과 관측 정보 등을 토대로 2031년 달 착륙 사업을 추진할 예정이다.

21 다음 중 염상섭의 작품은 무엇인가?

① 배따라기   ② 벙어리 삼룡이
③ 윤전기   ④ 운수 좋은 날

해설 염상섭의 단편소설 『윤전기』는 기자 출신인 작가의 경험을 바탕으로 한 작품으로 당시 문단에서 양대 세력을 형성하고 있던 민족주의와 사회주의 사이에서 작가의 가치중립적 태도를 엿볼 수 있다.
① 배따라기 : 김동인
② 벙어리 삼룡이 : 나도향
④ 운수 좋은 날 : 현진건

22 다음 중 동백림 사건으로 투옥됐던 작곡가는?

① 윤이상   ② 이응노
③ 천상병   ④ 김남주

해설 동백림 사건은 1967년 7월 중앙정보부(현 국가정보원)이 발표한 대규모 공안 사건이다. 중앙정보부는 '동백림(당시 동독 수도 동베를린)을 거점으로 한 북괴 대남 적화 공작단'에 대한 수사 결과를 발표하며 "문화예술계의 윤이상·이응로, 학계의 황성모·임석진 등 194명이 대남 적화공작을 벌이다 적발되었다"고 발표했다.
동백림 사건 수사는 강제 연행과 고문에 의해 이루어졌으며 사건 관련자 중 실제로 한국에 돌아와서 간첩 행위를 한 경우는 없었다. 이 사건으로 최종심에서 간첩죄가 인정된 사람은 한 명도 없었다. 작곡가 윤이상은 동백림 사건으로 대법원에서 징역 10년형을 선고받아 투옥됐다가 1969년 대통령 특사로 석방돼 독일로 돌아가 독일로 귀화했으며 베를린에서 1995년 사망할 때까지 한국 땅을 밟지 못했다.

※ 주관식 단답형 (23~32)

23 최근 MZ 세대 사이에서 유행하는 오픈 채팅방으로서 자신의 소비 실태를 공유하고 함께 절약하는 취지로 개인이 지출 내역을 올리면, 합당한 지출인지 낭비인지 판단해 다른 사람들이 질책 또는 칭찬을 해주기도 하는 곳은?

24 기초자산의 진입가격과 청산가격 간 차액을 현금으로 결제하는 장외 파생상품 거래로서 실제 자산을 보유하지 않고 가격 변동에 따른 차익만 정산하는 금융 상품이란 뜻인 것은?

25 자동차 경주, 경마, 육상 경기, 골프 등에서 사용되는 스포츠 용어로 경기 내내 1등을 차지하며 우승한 것을 일컫는 말은?

26 국회에서 재적의원 4분의 1 이상의 요구가 있을 때 특별위원회 또는 상임위원회로 하여금 국정의 특정사안에 관하여 조사를 시행하는 제도는?

27 노동자들의 쟁의 행위에 대한 사측의 과도한 손해배상소송 제기 및 노동자 개인에 대한 청구를 제한하고 가압류 집행 남용을 금지하는 내용 등을 골자로 하는 법의 별칭은?

28 〈보기〉의 빈칸에 들어갈 말은?

┤ 보기 ├

( ) 판결은 1973년에 이루어진 미국 연방 대법원 판결로서 당시 연방 대법관들이 찬성 7 대 반대 2로 낙태의 권리가 미국 헌법에 기초한 '사생활의 권리'에 포함되므로 이를 보장받을 수 있다고 판결했다. 그러나 49년 후인 2022년 미국 연방 대법원이 이 판례를 번복하여 낙태권에 대한 연방 차원의 헌법적 보호를 폐지했다.

29 고위공직자가 직무 관련 주식을 보유한 경우, 공무수행 과정에서의 공·사적 이해충돌 가능성을 사전에 방지하기 위하여 당해 주식을 매각 또는 정부가 지정한 금융회사에 맡기도록 하는 제도는?

30 '떠벌려 들어놓는 말이나 짓' 또는 '물건이 빠지지 않도록 흙구덩이나 그릇의 아가리 또는 바닥에 걸쳐 놓는 막대기'라는 뜻이 있는 단어는?

31 〈보기〉의 빈칸에 들어갈 수산물은?

┤ 보기 ├

지난 3월 일본에서 열린 한일 정상회담 기간에 일본 정계 인사가 윤석열 대통령을 만나 일본산 ( ) 수입 재개를 요청했다는 일본 언론 보도가 나왔다. 일본 마이니치신문은 3월 17일 누카가 후쿠시로 일한의원연맹 회장이 방일 중이었던 윤 대통령을 만난 자리에서 이 같이 요청했다고 보도했다. 이에 대해 대통령실은 "( )(이)라는 단어가 나온 바 없다"고 반박했다.

32 〈보기〉의 빈칸에 들어갈 말을 쓰시오.

┤ 보기 ├

( )은(는) 사회적 진보·변화에 대한 대중의 반발, 반동을 의미한다. 한국서 일어난 대표적인 ( )의 예로 페미니즘 운동이 활발해진 이후 페미니즘에 대한 각종 공격 또한 증가한 것을 들 수 있다.

정답 **21** ③ **22** ① **23** 거지방 **24** 차액결제거래(CFD) **25** 와이어투와이어(wire to wire) **26** 국정조사 **27** 노란봉투법
28 로 대(VS) 웨이드 **29** 주식백지신탁제도 **30** 너스레 **31** 멍게 **32** 백래시(backlash)

01 (가) 나라에 대한 탐구 활동으로 가장 적절한 것은?

진흥왕이 이찬 이사부에게 명령하여 [(가)]을/를 공격하게 하였다. 이 때 사다함은 나이가 15~16세였는데 종군하기를 청하였다. …… [(가)] 사람들이 뜻하지 않은 병사들의 습격에 놀라 막아내지 못하였고, 대군이 승세를 타서 마침내 멸망시켰다.

① 안동도호부가 설치된 경위를 찾아본다.
② 22담로에 왕족이 파견된 목적을 알아본다.
③ 중앙 관제가 3성 6부로 정비된 계기를 파악한다.
④ 최고 지배자의 호칭인 이사금의 의미를 검색한다.
⑤ 고령 지역이 연맹의 중심지로 성장하는 과정을 조사한다.

해설 자료의 '진흥왕', '사다함', '멸망' 등을 통해 (가) 나라가 대가야임을 알 수 있다. 금관가야가 고구려 광개토 대왕의 공격을 받고 약화되자, 고령의 대가야가 맹주국의 위치를 차지하였다. 하지만 백제와 신라의 견제로 점차 세력이 약화되어 결국 신라 진흥왕에 의해 멸망하였다. 이때 신라의 화랑이었던 사다함은 대가야 정복 전쟁에 참가하여 큰 공을 세웠다.
⑤ 고구려 광개토 대왕의 공격으로 김해의 금관가야가 약화되자, 고령의 대가야가 가야의 주도 세력으로 성장하였다.

오답 피하기
① 당은 고구려가 멸망한 뒤 평양에 안동도호부를 설치하였다.
② 백제 무령왕은 22담로에 왕족을 파견하여 지방에 대한 통제력을 강화하고자 하였다.
③ 발해의 문왕은 당의 제도를 수용하여 중앙 행정 기구를 3성 6부로 정비하였다.
④ 이사금은 신라에서 군주를 뜻했던 칭호로, 제3대 유리 이사금부터 제18대 실성 이사금까지 사용되었다.

02 (가)의 침입에 대한 고려의 대응으로 옳은 것은?

병마사 박서는 김중온에게 성의 동서쪽을, 김경손에게는 성의 남쪽을 지키게 하였다. [(가)]의 대군이 남문에 이르자 김경손은 12명의 용맹한 군사와 여러 성의 별초를 거느리고 성 밖으로 나가려고 하였다. …… 우별초가 모두 땅에 엎드리고 응하지 않자 김경손은 그들을 성으로 돌려 보내고 12명의 군사와 함께 나아가 싸웠다.

– 「삼국사기」 –

① 김종서를 보내 6진을 개척하였다.
② 서희를 보내 소손녕과 외교 담판을 벌였다.
③ 별무반을 조직하고 동북 9성을 축조하였다.
④ 강화도로 도읍을 옮겨 장기 항전을 준비하였다.
⑤ 화통도감을 설치하여 화약과 화포를 제작하였다.

해설 자료의 '박서', '김경손', '우별초' 등을 통해서 (가)가 몽골임을 알 수 있다. 몽골의 제1차 침략(1231) 당시 서북면 병마사였던 박서는 김경손과 함께 귀주성에서 몽골군을 격퇴하였다. 그러나 몽골이 재차 고려를 침략하자 당시 실권자였던 최우는 강화로 천도하고 (1232) 항쟁을 이어 나갔다. 백성들의 피해가 갈수록 커지자 몽골과의 강화가 결정되었고, 무신 정권도 내부에서 붕괴하여 고려는 개경으로 환도하였다.
④ 몽골이 고려를 침략하자 최우는 강화로 천도하고 항쟁을 이어 나갔다.

오답 피하기
① 조선 세종은 김종서를 파견하여 여진을 정벌하고 6진을 개척하였다.
② 고려 성종 때 거란의 소손녕이 고려를 침략하자 서희는 소손녕과 외교 담판을 벌여 강동 6주를 획득하였다.
③ 윤관은 별무반을 편성하여 여진을 정벌하고 동북 9성을 건설하였다.
⑤ 고려 말 최무선은 화통도감에서 제작한 화포로 왜구를 무찔렀다.

03 (가)에 대한 조선의 정책으로 옳은 것은?

이달의 인물

우리 외교를 빛낸 인물, 이예

- 생몰: 1373년~1445년
- 경력: 통신부사, 첨지중추원사, 동지중추원사

울산의 아전 출신으로 호는 학파(鶴坡), 시호는 충숙(忠肅)이다. 수십 차례 (가) 에 파견되어 외교 문제를 해결하려고 노력하였다. 특히 조선과 (가) 사이에 세견선의 입항 규모를 정한 계해약조 체결에 기여하였다.

① 하정사, 성절사 등을 파견하였다.
② 경성, 경원에 무역소를 설치하였다.
③ 광군을 조직하여 침입에 대비하였다.
④ 부산포, 제포, 염포의 삼포를 개항하였다.
⑤ 사절 왕래를 위하여 북평관을 개설하였다.

해설 자료의 '세견선의 입항', '계해약조'를 통해 (가)가 일본임을 알수 있다. 조선은 세종 때인 1443년에 일본과 계해약조를 체결하여 일본에 제한된 범위의 무역을 허용하고 부산포, 제포(진해), 염포(울산) 등 3포를 개항하였다. 개항 이후 왜인의 무역 요구는 늘어났지만 조선 정부의 통제는 강해졌기에, 3포에 출입하던 일본인들은 3포 왜란과 을묘왜변을 일으키기도 하였다.
④ 조선은 일본과 계해약조를 체결하고 부산포, 제포(진해), 염포(울산) 등 3포를 개항하여 제한된 형태의 무역을 허용하였다.

오답 피하기

① 조선은 명, 청에 하정사, 성절사 등의 사절을 파견하였다.
② 조선은 경성과 경원에 무역소를 설치하여 여진과 교역하였다.
③ 고려 정종은 광군을 조직하여 거란의 침입에 대비하였다.
⑤ 조선은 한양에 북평관을 설치하여 여진 사절을 접대하였다.

04 (가) 국가에 대한 조선의 대외 정책으로 옳은 것은?

이 지도는 의주에서 연경에 이르는 경로를 표시한 것입니다. 조선 사신들은 이 경로를 따라 (가) 을/를 왕래하였는데, 이 사행에 참여한 만상은 국제 무역으로 많은 돈을 벌기도 하였습니다.

오늘 알아볼 지도에 대해 말씀해 주세요.

입연정도도(入燕程途圖)

① 박위를 파견하여 근거지를 토벌하였다.
② 백두산정계비를 세워 국경을 정하였다.
③ 한성에 동평관을 두어 무역을 허용하였다.
④ 쌍성총관부를 공격하여 철령 이북의 영토를 되찾았다.
⑤ 포로 송환을 위하여 유정을 회답 겸 쇄환사로 파견하였다.

해설 자료의 '연경', '만상' 등을 통해 (가) 국가가 청임을 알 수 있다. 병자호란 이후 임진왜란 때 조선을 도운 명에 대한 의리를 지키고 청에 복수하자는 북벌 운동이 전개되었다. 청에 볼모로 끌려갔다가 돌아와 즉위한 효종은 송시열 등 서인 세력과 함께 성곽을 수리하고 군대를 양성하였다. 하지만 청이 점점 강성해지고 늘어나는 군비로 재정난이 가중되면서 북벌 계획은 중단되었다. 한편 일부 실학자들은 청의 선진 문물 수용을 주장하는 북학론을 내세웠다.
② 조선 숙종 때 청과 조선의 관리가 백두산을 답사하고 양국의 국경선을 정한 뒤 백두산정계비를 건립하였다(1712).

오답 피하기

① 고려는 박위를 파견하여 왜구의 근거지인 대마도를 토벌하였다.
③ 조선은 동평관을 두어 일본 사신을 접대하였다.
④ 고려 공민왕은 쌍성총관부를 공격하여 원이 빼앗아간 영토를 수복하였다.
⑤ 조선은 임진왜란 이후 유정을 일본에 회답 겸 쇄환사로 파견하였다.

정답 01 ⑤ 02 ④ 03 ④ 04 ②

05 밑줄 그은 '이곳'에서 있었던 민족 운동으로 옳은 것은?

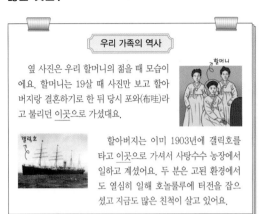

> **우리 가족의 역사**
>
> 옆 사진은 우리 할머니의 젊을 때 모습이에요. 할머니는 19살 때 사진만 보고 할아버지랑 결혼하기로 한 뒤 당시 포와(布哇)라고 불리던 이곳으로 가셨대요.
>
> 할아버지는 이미 1903년에 갤릭호를 타고 이곳으로 가셔서 사탕수수 농장에서 일하고 계셨어요. 두 분은 고된 환경에서도 열심히 일해 호놀룰루에 터전을 잡으셨고 지금도 많은 친척이 살고 있어요.

① 대종교 계열의 중광단이 결성되었다.
② 권업회가 조직되어 권업신문을 창간하였다.
③ 사회주의 계열의 한인 사회당이 조직되었다.
④ 독립군 양성을 위한 신흥 무관 학교가 설립되었다.
⑤ 대조선 국민군단이 조직되어 무장 투쟁을 준비하였다.

해설 자료의 '갤릭호, 사탕수수 농장, 호놀룰루' 등을 통해 밑줄 그은 '이곳'이 하와이임을 알 수 있다. 미주로 이주한 한인들은 사탕수수 농장이나 철도 건설 현장, 개간 사업장 등에서 일하며 흥사단, 대한인 국민회 등을 결성하여 민족 운동을 전개하였고, 독립운동 자금을 모아 대한민국 임시 정부 및 독립운동 단체에 송금하였다.
⑤ 하와이에서는 박용만을 중심으로 대조선 국민군단이 조직되어 무장 투쟁을 준비하였다.

오답 피하기
① 중광단은 대종교 인사들이 중심이 되어 북간도에서 조직한 항일 무장 독립 단체이다. 이후 북로 군정서로 개편되었다.
② 권업회는 이상설을 중심으로 연해주에서 조직되었다.
③ 한인 사회당은 이동휘가 러시아 하바롭스크에서 결성한 사회주의 민족운동 단체이다.
④ 신민회 회원들이 서간도 지역에 설립한 신흥 강습소가 1919년에 신흥 무관 학교로 발전하였다.

06 (가)에 대한 설명으로 옳은 것은?

> 이 부부의 활동에 대해 말씀해 주시겠습니까?
>
> 두 사람은 지청천을 총사령관으로 하여 충칭에서 창립된 (가) 에서 첩보 담당 및 주석 비서로 활동하였습니다. 특히 오희영은 부모, 동생이 모두 독립운동가이기도 합니다.
>
> 오희영   신송식

① 영릉가 전투에서 일본군에게 승리하였다.
② 중국 팔로군에 편제되어 항일 전선에 참여하였다.
③ 국내 정진군을 편성하여 국내 진공 작전을 추진하였다.
④ 중국 관내(關內)에서 결성된 최초의 한인 무장 부대이다.
⑤ 간도 참변 이후 밀산에서 집결하여 자유시로 이동하였다.

해설 자료의 '충칭, 총사령관 지청천'을 통해 (가)가 한국광복군임을 알 수 있다. 1940년, 충칭에 정착한 대한민국 임시 정부는 민족주의 계열 정당들을 통합하여 한국 독립당을 결성하였다. 또한, 헌법을 개정하여 김구 주석 중심의 단일 지도 체제를 마련하였고, 한국광복군을 창설하여 본격적인 항일 투쟁을 준비하였다. 일제가 태평양 전쟁을 벌이자 임시 정부는 일제에 선전 포고하고 한국광복군을 연합국의 일원으로 참전시켰다. 한국광복군은 영국군의 협조 요청에 따라 인도·미얀마 전선에 파견되었다. 또한, 미국과 연합하여 국내 진공 작전을 계획하였다.
③ 한국광복군은 미국 전략 정보국(OSS)의 협조하에 국내 진공 작전을 추진하였다.

오답 피하기
① 조선 혁명군은 영릉가 전투에서 일본군을 격파하였다.
② 조선 의용군은 중국 팔로군에 편제되어 항일 투쟁에 참여하였다.
④ 조선 의용대는 중국 관내에서 결성된 최초의 한인 무장 부대이다.
⑤ 만주 지역의 독립군 조직은 간도 참변 이후 자유시로 이동하였다.

07 다음 명령을 실행한 정부의 경제 정책으로 옳은 것은?

> 이것은 경제 관련 긴급 명령을 발표하는 사진입니다. 경부 고속 도로 개통 등으로 경제 발전에 힘쓰던 당시 정부는 사채에 허덕이는 기업을 구제하기 위해 사채 신고를 독려하고 그 상환을 동결시켜 주었습니다. 이로서 기업의 재무 구조가 개선되었으나 정경 유착이 심해지는 계기가 되기도 하였습니다.

① 제3차 경제 개발 5개년 계획을 추진하였다.
② 미국과 자유 무역 협정(FTA)을 체결하였다.
③ 귀속 재산 처리를 위해 신한 공사를 설립하였다.
④ 최저 임금 결정을 위한 최저 임금 위원회를 설치하였다.
⑤ 금융 거래의 투명성을 확보하고자 금융 실명제를 실시하였다.

해설 자료의 '경부 고속 도로 개통'을 통해 박정희 정부에 대한 자료임을 알 수 있다.
① 박정희 정부는 중화학 공업화를 목표로 1972년부터 1976년까지 제3차 경제개발 5개년 계획을 추진하였다.

오답 피하기
② 한·미 자유 무역 협정(FTA)은 노무현 정부 시기에 체결되었다.
③ 미 군정 시기에 귀속 재산 처리를 위해 신한 공사가 설립되었다.
④ 최저 임금 위원회는 김대중 정부 시기에 설치되었다.
⑤ 김영삼 정부는 금융 실명제를 전격 실시하여 금융 거래의 투명성을 확보하려 하였다.

08 다음 세시 풍속에 대한 탐구 활동으로 가장 적절한 것은?

〈이달의 세시 풍속〉
푸른 새잎을 밟는 날, 답청절(踏靑節)

강남 갔던 제비가 돌아온다는 중삼일(重三日)은 본격적인 봄의 시작을 알리는 날이다. 이날에는 들에 나가 푸른 새잎을 밟는 풍습이 있어 답청절이라고 부른다. 답청의 풍습은 신윤복의 〈연소답청(年少踏靑)〉에 잘 나타나 있다.

◈ 날짜: 음력 3월 3일
◈ 음식: 화전, 쑥떡
◈ 풍속: 노랑나비 날리기, 활쏘기

① 칠석날의 전설을 검색한다.
② 한식날의 의미를 파악한다.
③ 삼짇날의 유래를 알아본다.
④ 동짓날에 먹는 음식을 조사한다.
⑤ 단오날에 즐기는 민속놀이를 찾아본다.

해설 자료의 '답청절, 화전, 음력 3월 3일' 등을 통해 제시된 세시 풍속이 삼짇날임을 알 수 있다. 삼짇날은 음력 3월 3일을 가리키는 말이다. 삼짇날에는 활터에 모여 편을 짜 활쏘기 대회를 열었으며, 화전이나 쑥떡을 만들어 먹었다. 이날 호랑나비나 노랑나비를 보면 그 해 운수가 좋다고 여겼으나, 흰나비를 보면 그 해에 상복을 입게 된다고 하여 불길하다고 생각했다.
③ 삼짇날은 음력 3월 3일로 답청절, 상사일, 삼진일 등이라고도 한다.

오답 피하기
① 칠석날은 견우와 직녀가 1년에 한 번 만나는 날로 음력 7월 7일이다.
② 한식은 동지로부터 105일 째의 날이다.
④ 동짓날은 양력 12월 22~23일경으로, 팥죽을 쑤어 먹었다.
⑤ 단오날은 음력 5월 5일로, 그네를 타거나 씨름을 하였다.

01 문맥상 〈보기〉의 빈칸에 공통으로 들어갈 말로 알맞은 것은?

┌─────────── 보기 ───────────┐
⊙ 모닥불이 _____ 피어오르다.
ⓛ 워낙 술을 못하는지라 그는 술이 한 잔만 들어
  가도 술기운이 얼굴에 _____ 나타난다.
ⓒ 방치하는 사이에 그녀의 병세가 _____ 더해
  졌다.
ⓔ 정신없이 뛰어왔던 일을 생각하니 트릿한 마음
  이 _____ 뻗질러 올라 그를 노려보았다.
└──────────────────────────┘

① 을밋을밋
② 옥실옥실
③ 우럭우럭
④ 넘성넘성
⑤ 너붓너붓

해설 고유어

③ 모든 문맥에 어울리는 것은 '우럭우럭'이다. '우럭우럭'은 네 가지 뜻을 가지고 있다.
1) 불기운이 세차게 일어나는 모양. – ⊙의 의미.
2) 술기운이 얼굴에 나타나는 모양. – ⓛ의 의미.
3) 병세가 점점 더하여 가는 모양. – ⓒ의 의미.
4) 심술이나 화가 점점 치밀어 오르는 모양. – ⓔ의

정답 ③

02 〈보기〉에 제시된 규정을 적용한 단어가 아닌 것은?

┌─────────── 보기 ───────────┐
[한글 맞춤법 제29항] 끝소리가 'ㄹ'인 말과 딴 말
이 어울릴 적에 'ㄹ' 소리가 'ㄷ' 소리로 나는 것은
'ㄷ'으로 적는다.
└──────────────────────────┘

① 섣달   ② 사흗날   ③ 숟가락
④ 여닫이   ⑤ 반짇고리

해설 한글 맞춤법

④ '여닫이'는 한글 맞춤법 제4장 제4절 제28항 "끝소리가 'ㄹ'인 말과 딴 말이 어울릴 적에 'ㄹ' 소리가 나지 아니하는 것은 아니 나는 대로 적는다."에 따라 적은 것이다.

정답 ④

03 〈보기〉의 ⊙과 ⓛ에 들어갈 단어의 기본형을 바르게 묶은 것은?

┌─────────── 보기 ───────────┐
• 아궁이에 장작을 (⊙) 고구마를 구워 먹었다.
• 퇴근하는 길에 포장마차에 (ⓛ) 친구를 만났다.
└──────────────────────────┘

　　　　⊙　　　　　　ⓛ
① 때다　　　　　들리다
② 때다　　　　　들르다
③ 떼다　　　　　들리다
④ 떼다　　　　　들르다
⑤ 떼다　　　　　들이다

해설 어휘 간의 의미 관계

② ⊙에는 '아궁이 따위에 불을 지피어 타게 하다.'라는 의미를 지닌 '때다'가 들어가는 것이 적절하다. ⓛ에는 '지나는 길에 잠깐 들어가 머무르다.'라는 의미를 지닌 '들르다'의 활용형인 '들러' 등이 들어갈 수 있다.

정답 ②

04 밑줄 친 한자어의 쓰임이 적절하지 않은 것은?

① 그는 조용한 와중(渦中)에 손을 들어 질문했다.
② 할머니께서는 숙환(宿患)으로 고생하시다가 별세하셨다.
③ 그 선수는 부상의 아픔을 딛고 재기(再起)에 성공하였다.
④ 동생은 선행으로 많은 사람들에게 널리 회자(膾炙)되었다.
⑤ 정부는 각종 부정부패를 추방(追放)하고자 많은 노력을 기울였다.

해설 한자어

① '와중(渦中)'은 '일이나 사건 따위가 시끄럽고 복잡하게 벌어지는 가운데'를 뜻하는 말이므로, '조용한 와중'이라는 표현은 어색하다.

정답 ①

05 〈보기〉를 참고할 때, 제시된 단어의 발음이 적절하지 <u>않은</u> 것은?

─── 보기 ───

[표준 발음법 제15항] 받침 뒤에 모음 'ㅏ, ㅓ, ㅗ, ㅜ, ㅟ'들로 시작되는 실질 형태소가 연결되는 경우에는, 대표음으로 바꾸어서 뒤 음절 첫소리로 옮겨 발음한다.
[붙임] 겹받침의 경우에는, 그중 하나만을 옮겨 발음한다.

① 늪 앞[느밥]
② 값어치[가버치]
③ 닭 앞에[달가페]
④ 맛없다[마덥따]
⑤ 헛웃음[허두슴]

해설 표준 발음

'닭 앞에'는 [닥+앞에] → [다가페]로 발음한다.

정답 ③

06 〈보기〉에 언급된 내용을 시각 자료로 나타내고자 할 때, 제시할 필요가 <u>없는</u> 것은?

─── 보기 ───

발치 후 주의 사항
1. 술, 담배 등은 1주일 동안 절대 삼가 주세요.
2. 발치 당일 지나친 운동 및 목욕은 삼가 주세요.
3. 시술 부위는 48시간 동안 냉찜질을 해 주세요.
4. 물고 계신 거즈는 약 1~2시간 정도 뒤에 빼세요.
5. 입에 고인 침이나 피는 절대로 뱉지 말고 삼키세요.

① ② ③

④ ⑤

해설 기타

② '입에 고인 침이나 피는 절대로 뱉지 말고 삼키세요.'라는 주의 사항을 지키지 않는 행동이다.

정답 ②

자주 출제되는 고유어		외래어 순화	
곰살궂다	① 태도나 성질이 부드럽고 친절하다. ② 꼼꼼하고 자세하다.	시말서	경위서
구나방	말이나 행동이 모질고 거칠고 사나운 사람을 이르는 말.	잔반	음식 찌꺼기, 남은 음식
열없다	① 좀 겸연쩍고 부끄럽다. ② 담이 작고 겁이 많다. ③ 성질이 다부지지 못하고 묽다. ④ 어설프고 짜임새가 없다.	인수하다	넘겨받다
영금	따끔하게 당하는 곤욕.	납기	내는 날, 내는 기간
짜장	과연 정말로.	대미	맨 끝

01 밑줄 친 부분 중 어법상 옳지 않은 것을 고르시오.

Domesticated animals are the earliest and most effective 'machines' ① available to humans. They take the strain off the human back and arms. ② Utilizing with other techniques, animals can raise human living standards very considerably, both as supplementary foodstuffs (protein in meat and milk) and as machines ③ to carry burdens, lift water, and grind grain. Since they are so obviously ④ of great benefit, we might expect to find that over the centuries humans would increase the number and quality of the animals they kept. Surprisingly, this has not usually been the case.

유형 문법

어휘 domesticated 가축화된 / strain 부담 / utilize 이용[활용]하다 / considerably 상당하게 / supplementary 보충적인 / food-stuff 음식 재료 / burden 짐, 부담 / obviously 명확하게

해설 인간이 가축들을 어떻게 이용하여 왔는지 설명하고 있는 글이다. 분사구문 Utilizing with other techniques에 주어가 없으므로 주절의 주어(animals)와 동일한 것을 알 수 있고, utilize는 '~을 이용하다'라는 의미의 타동사이므로 목적어를 수반해야 하는데 Utiliz-ing 이후에 목적어가 없으므로 수동형 분사구문이 되어야 한다. 또한, 해석상으로도 주어 animals는 인간에 의해 이용되는 객체이므로 수동형 분사구문이 사용되어야 한다는 것을 알 수 있다.
As animals are utilized with other techniques ~
→ Being utilized with other techniques ~
→ Utilized with other techniques ~

해석 가축화된 동물들은 인간들이 이용할 수 있는 가장 초기의(가장 오래된) 그리고 가장 효과적인 '기계들'이다. 그들은 인간의 등과 팔의 부담을 떨쳐내 준다. 다른 기술들과 함께 이용되어지면서, 동물들은 보충적인 음식 재료들(고기와 우유의 단백질)로서 그리고 짐을 실어 나르고 물을 끌어올리고 곡식을 가는 기계 두 가지로 인간의 생활수준을 아주 상당히 올릴 수 있다. 그들이 너무나 명백하게 이롭기 때문에, 우리는 아마 수세기 동안 인간들이 그들이 소유했던 동물들의 수와 질을 증가시켰을 것이라는 점을 알아낼 것이라고 예상할 수도 있다. 놀랍게도, 이것은 대개 사실이 아니었다.

정답 ②

02 **다음 글의 제목으로 가장 적절한 것은?**

  Mapping technologies are being used in many new applications. Biological researchers are exploring the molecular structure of DNA ("mapping the genome"), geophysicists are mapping the structure of the Earth's core, and oceanographers are mapping the ocean floor. Computer games have various imaginary "lands" or levels where rules, hazards, and rewards change. Computerization now challenges reality with "virtual reality," artificial environments that stimulate special situations, which may be useful in training and entertainment. Mapping techniques are being used also in the realm of ideas. For example, relationships between ideas can be shown using what are called concept maps. Starting from a general or "central" idea, related ideas can be connected, building a web around the main concept. This is not a map by any traditional definition, but the tools and techniques of cartography are employed to produce it, and in some ways it resembles a map.

① Computerized Maps vs. Traditional Maps

② Where Does Cartography Begin?

③ Finding Ways to DNA Secrets

④ Mapping New Frontiers

유형 **제목**

어휘 mapping 지도 제작 / application 응용(분야) / molecular 분자의 / geophysicist 지구 물리학자 / core 핵 / oceanographer 해양학자 / ocean floor 대양저, 해저 / imaginary 가상의, 상상의 / virtual reality 가상현실 / realm 영역 / cartography 지도 제작 / frontier 새로운 분야, 경계

해설 본문 첫 문장에서 지도 제작 기술이 많은 새로운 응용 분야에서 사용되고 있다고 언급한 후, 그에 대한 예시를 나열하고 있다. 과거의 전통적 지도 제작 기술들이 새로운 영역(분야)에서 사용되고 있다는 내용이며, 또한 전통적인 개념의 지도가 아니라고 본문에서 설명하고 있으므로, 글의 제목으로 ④ Mapping New Frontiers(새로운 분야들의 지도를 제작하는 것)가 알맞다.

해석 지도 제작 기술들은 많은 새로운 응용 분야에서 사용되고 있다. 생물학 연구원들은 DNA의 분자적 구조를 분석하고 있는 중("게놈을 지도화하는 중")이고, 지구 물리학자들은 지구의 핵의 구조를 지도화하고 있고, 해양학자들은 해저를 지도화하고 있는 중이다. 컴퓨터 게임들은 다양한 가상의 "토지" 혹은 규칙들, 위험, 그리고 보상이 변하는 평면들을 갖고 있다. 컴퓨터화는 지금 "가상현실", 즉 특수한 상황들을 자극하는 인공적인 환경들과 함께 현실에 도전하고 있고, 그것들은 훈련과 오락에 유용할지도 모른다. 지도 제작 기술들은 또한 생각들의 영역에서 사용되고 있다. 예를 들면, 생각들 사이의 관계들은 콘셉트 지도들이라고 불리는 것을 사용하여 보여 질 수 있다. 일반적이거나 "중심적인" 생각들로부터 시작하여, 연관된 생각들은 주요 콘셉트 주변에 망을 구축하면서 연결될 수 있다. 이것은 어떤 전통적인 정의에 의한 지도가 아니다. 하지만 지도 제작의 도구들과 기술들은 그것을 생산하기 위해 이용되며, 어떤 방법에서 그것은 지도와 닮았다.

정답 ④

자 / 료 / 해 / 석

01 다음은 청소년의 흡연율 및 음주율 추이를 조사한 자료이다. 주어진 자료에 대한 [보기]의 설명 중 옳지 않은 것을 모두 고르면?

[그래프1] 청소년의 흡연율 추이   (단위: %)

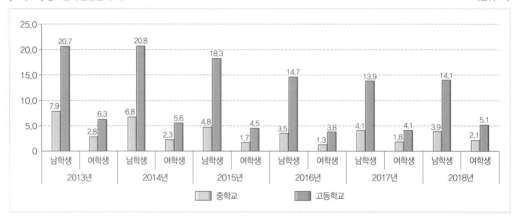

[그래프2] 청소년의 음주율 추이   (단위: %)

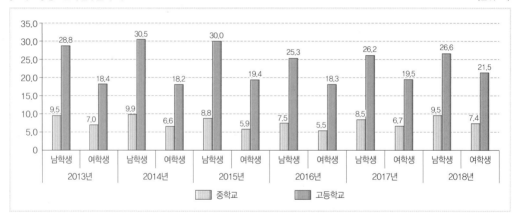

─── 보기 ───

㉠ 고등학교 여학생의 흡연율은 매년 감소하고 있다.

㉡ 중학교 남학생의 음주율이 가장 높은 해에 고등학교 남학생의 음주율도 가장 높다.

㉢ 2018년 고등학교 남학생의 흡연율은 5년 전에 비해 6.6% 감소하였다.

㉣ 만약 중학생 남녀 비율이 1:1로 변동이 없다면, 2017년 중학생의 음주율은 전년 대비 1%p 이상 증가하였다.

① ㉠, ㉡   ② ㉠, ㉢   ③ ㉠, ㉣

④ ㉡, ㉢   ⑤ ㉠, ㉢, ㉣

해설 ㉠ 고등학교 여학생의 흡연율은 2016년까지 감소하다가 2017년부터 다시 증가하고 있다.

ⓒ 흡연율의 감소폭은 20.7－14.1＝6.6(%p)이고, 감소율은 $\frac{20.7-14.1}{20.7}\times100≒31.9(\%)$이다.

ⓛ 중학교 남학생의 음주율이 가장 높은 해는 9.9%인 2014년이고, 고등학교 남학생의 음주율이 가장 높은 해 또한 30.5%인 2014년이다.

ⓔ 2017년 중학생의 음주율은 2016년에 비해 남학생, 여학생 모두 1%p 이상 증가했다. 중학생 전체의 음주율은 남학생과 여학생의 가중평균인데, 중학생 남녀 비율이 1 : 1로 변동이 없으므로 중학생 전체의 음주율도 1%p 이상 증가하였다.

정답 ②

02 다음은 2019년 4,000명의 보호대상아동 현황을 조사한 자료이다. 주어진 자료에 대한 설명 중 옳지 않은 것을 고르면?

[그래프1] 2019년 보호대상아동의 발생 원인 비중

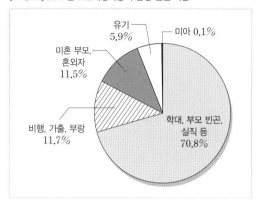

[그래프2] 2019년 보호대상아동의 보호 조치 비중

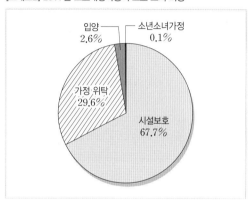

① 비중이 가장 높은 발생 원인은 '학대, 부모 빈곤, 실직 등'이고, 이 중 67.7%는 시설보호 조치를 받았다.

② 발생 원인이 '미혼 부모, 혼외자'와 '비행, 가출, 부랑'인 보호대상아동 수의 합은 1,000명 이하이다.

③ 시설보호 조치된 보호대상아동 수는 가정 위탁 조치된 보호대상아동 수의 2배 이상이다.

④ 2019년 전체 보호대상아동이 전년 대비 100명 증가했고, 발생 원인이 '유기'인 비중은 전년 대비 0.1%p 감소했다면, 2018년 발생 원인이 '유기'인 보호대상아동은 234명이다.

⑤ 2021년 입양 조치된 보호대상아동이 130명이라면 2021년 입양 조치된 보호대상아동 수는 2년 전 대비 25% 증가했다.

해설 2019년 전체 보호대상아동의 67.7%가 시설보호 조치되었지만 발생 원인이 '학대, 부모 빈곤, 실직 등'인 보호대상아동 중 67.7%가 시설보호 조치되었는지는 알 수 없다.

② '미혼 부모, 혼외자'의 비중은 11.5%이고, '비행, 가출, 부랑'의 비중은 11.7%이므로 보호대상아동 수는 4,000×(0.115+0.117)=4,000 ×0.232=928(명)이다.

③ 시설보호 조치된 보호대상아동의 비중인 67.7%는 가정 위탁 조치된 보호대상아동 비중의 2배인 29.6×2=59.2(%)보다 크므로 아동 수 또한 2배 이상이다.

④ 2019년 전체 보호대상아동이 전년 대비 100명 증가했으므로 2018년 전체 보호대상아동은 4,000－100=3,900(명)이고, 발생 원인이 '유기'인 비중은 전년 대비 0.1%p 감소했으므로 2018년 발생 원인이 '유기'인 비중은 5.9+0.1=6(%)이다. 따라서 2018년 발생 원인이 '유기'인 보호대상아동은 3,900×0.06=234(명)이다.

⑤ 2019년 입양 조치된 보호대상아동은 4,000×0.026=104(명)이므로 2021년 입양 조치된 보호대상아동이 130명이라면 2021년 입양 조치된 보호대상아동 수는 2019년 대비 $\frac{130-104}{104}\times100=25(\%)$ 증가했다.

정답 ①

의 / 사 / 소 / 통 / 능 / 력

01 다음 글을 통해 추론할 수 있는 내용으로 적절하지 않은 것은?

> 벽돌은 소수의 예외가 아니라면 대부분 비슷한 형태와 크기를 가지는데, 이는 여러 시도를 한 결과와 문화적 영향에 의해 결정된 것이다. 먼저 벽돌은 블록과 달리 한 손으로 들 수 있는 것을 일컫는다. 따라서 다양한 크기의 벽돌이 만들어지고 있지만 한계치를 벗어나서 크기를 키우지는 못한다. 실제로 벽돌의 크기를 키워서 구축 작업의 능률을 올리려는 시도가 있었으나, 일정 크기를 넘어서 두 손을 사용해야 하는 시점이 되면 모르타르를 바르는 흙손을 놓고 두 손을 이용해야 하기 때문에 오히려 전체 능률이 떨어졌다. 그래서 일반적인 벽돌의 크기는 현재 통용되는 크기를 갖게 되었다.
>
> 전체 볼륨이 한 손으로 드는 무게에 의해 정해지면 각 변의 구체적인 길이는 어림수에서 모르타르를 사용할 두께를 빼고 정해진다. 그래서 길이면과 마구리면은 각각 100mm, 200mm에서 10mm를 제한 길이로 갖는다. 일반적으로 길이면과 마구리면은 2대 1의 비율을 갖는데, 구조적인 이유나 면을 마무리하는 모서리에서 엇갈려 쌓기를 해야 할 필요성이 있기 때문에 정해진 비율이다. 이렇게 현재 정착된 일반적인 벽돌의 크기와 형태는 손으로 드는 행위, 쌓는 행위에 의해 정해진 것이다.
>
> 벽돌 크기와 행위의 관계는 사람이 느끼는 무게감에 영향을 미치는데, 벽돌 또는 비슷한 크기의 돌을 들었을 때 경험했던 무게감이 기준이 된다. 그리고 벽을 구성하는 벽돌의 개수를 고려해서 벽이 갖고 있는 무게를 체감하는 것이다. 거대한 콘크리트 벽을 보고 무겁다는 생각은 하지만 아주 큰 돌의 무게는 체험적으로 경험할 수 없기 때문에 이성적으로는 아주 무거운 무게라고 알더라도 감각적으로는 짐작할 수 없다. 정량적인 수치로 정리된 도량형이 많이 쓰이지 않던 시대에 무거운 물건을 설명하기 위해 쌀가마니 개수를 예를 들면서 설명했던 것을 생각해 보면 사람이 감각적으로 무게감을 이해하기 위해서는 감각적으로 공유하는 경험이 있어야 함을 알 수 있다.
>
> 벽돌 크기는 지역에 따라서도 조금씩 다른데, 영국의 벽돌은 보통 유럽 본토나 미국보다는 크기가 크고 알프스 산맥 지역이나 지중해 연안의 벽돌에 비해서는 크기가 작다. 대부분의 아프리카와 인도에서 사용하는 벽돌 크기는 식민지 정책이 미친 영향으로 인해 북유럽에서 사용하는 크기와 비슷하다. 이를 통해 벽돌의 크기가 사회·문화적인 성격을 갖고 있음을 알 수 있다. 알프스 산맥 지역과 지중해 연안의 벽돌이 가장 큰 크기를 갖고 있는 것도 벽돌의 형태가 지역의 기후를 반영한 결과이다.

① 블록은 사람이 들 수 없는 크기로 제작되기도 한다.
② 인도의 벽돌은 지중해 연안의 벽돌보다 해당 지역 기후와의 관련성이 적을 것이다.
③ 사람이 들 수 없을 정도로 큰 돌로 쌓은 벽의 무게감은 감각적으로 인지하기 어렵다.
④ 길이면과 마구리면의 길이는 벽돌 무게와는 관계없이 쌓는 행위에 의해 결정된다.
⑤ 벽돌을 쌓는 사람의 능률이 가장 높으려면 양손이 각각 다른 작업을 해야 한다.

해설 2문단에서 길이면과 마구리면은 구조적인 이유나 면을 마무리하는 모서리에서 엇갈려 쌓기를 해야 할 필요성이 있기 때문에 정해진 비율이라고 하였으므로 쌓는 행위에 영향을 받아 결정된다. 하지만 길이면과 마구리면의 길이, 즉 각 변의 구체적인 길이는 전체 볼륨이 한 손으로 들 수 있는 무게로 정해진 후 어림수에서 모르타르를 사용할 두께를 빼고 정해진다고 하였다는 점에서 길이면과 마구리면의 길이를 결정하는 데 벽돌 무게의 영향도 받음을 추론할 수 있다. 따라서 길이면과 마구리면의 길이가 벽돌 무게와는 관계없이 쌓는 행위에 의해 결정되는 것은 아님을 알 수 있으므로 적절하지 않다.

정답 ④

02 다음 글을 통해 추론할 수 있는 내용으로 적절한 것은?

일반적인 상품에는 유통이라는 말을 쓰지만, 영화는 역사 초기부터 독점적인 상영권을 가지고 상영에 대한 허가를 분배해주는 방식으로 발전해 왔기 때문에 '배급'이라는 용어를 사용한다. 마치 공산 국가에서 식량 배급권을 주듯이 영화도 배급을 한다는 개념인 것이다.

영화 배급은 주 단위로 돌아간다. 일반적으로 토요일이 가장 관객이 많고, 화요일이 가장 적다. 금요일에서 일요일까지를 주말이라고 하고, 보통 목요일~수요일 단위로 1주를 계산한다. 영화는 개봉한 첫 주가 가장 중요한데, 첫 주 개봉 시의 관객을 100이라고 한다면 평균적으로 2주 차에는 30%가 줄고, 3주 차에는 또 그 숫자의 30%가 줄어든다고 볼 수 있다. 그런데 이렇게 줄어드는 것은 경쟁작이 없을 때 이야기이고, 비슷한 성향의 경쟁작이 동시에 개봉한다면 평균적으로 15%의 관객이 더 감소하는 것으로 분석된다. 결국 몇 주 차에 어떤 경쟁 영화와 맞붙는지에 따라 최종 스코어는 크게 달라질 수 있다.

관객을 구분할 때에도 크게 위험을 감수하는 관객, 모방 관객, 다수결을 존중하는 관객으로 나눌 수 있다. 이 중 모방 관객은 위험을 감수하는 관객으로부터 평가가 어떻게 나오는지에 영향을 받는다. 만약 위험을 감수하는 관객에게 영향을 받은 모방 관객이 늘어나 다수가 되고, 모방 관객의 수가 늘어난 영향이 다수결 존중 관객에까지 이르게 되면 이른바 대박이 터지는 흥행 영화가 나올 수 있다.

영화는 개봉 시즌도 매우 중요한데 가장 성수기는 여름 시즌이다. 이외에도 겨울 시즌, 명절(설날·추석) 시즌 등이 성수기로 분류된다. 관객이 모두 같아 보여도 시즌별로 관객의 특성이 매우 달라서 시즌에 잘 맞도록 영화들을 배치해야 한다.

우리나라는 배급 업체들이 극장도 같이 소유하고 있는 상황이므로 영화 수익을 최대화하는 방향으로 매우 민감하게 배급과 극장 상영을 조절하고 있다. 더구나 1주 차 성적이 최종 스코어에 지대한 영향을 미치기 때문에 스크린 독과점 같은 현상도 점점 심해지고 있는 상황이며, 이로 인해 작은 영화들이 더욱 설 자리를 잃어 가고 있다.

① 주 단위로 돌아가는 영화 배급은 일반적으로 금요일부터 목요일 단위로 1주를 계산한다.
② 겨울 시즌에 개봉한 영화보다 명절 시즌에 개봉한 영화가 흥행할 확률이 높을 것이다.
③ 모방 관객은 다수결을 존중하는 관객보다 위험을 감수하는 관객의 영향을 많이 받을 것이다.
④ 비슷한 장르의 영화가 동시에 개봉할 경우 그렇지 않은 경우보다 관객 수는 증가한다.
⑤ 어떤 주체가 경쟁자가 없이 물품을 공급한다면 배급보다 유통의 개념에 가깝다.

해설 3문단에서 모방 관객은 위험을 감수하는 관객으로부터 평가가 어떻게 나오는지에 영향을 받는다고 하였으며, 만약 위험을 감수하는 관객에게 영향을 받은 모방 관객이 늘어나 다수가 되고 모방 관객의 수가 늘어난 영향이 다수결 존중 관객에까지 이르게 되면 이른바 대박이 터지는 흥행 영화가 나올 수 있다고 하였다. 따라서 모방 관객은 위험을 감수하는 관객의 영향을 받고, 다수결을 존중하는 관객은 모방 관객의 영향을 받음을 추론할 수 있다는 점에서 모방 관객은 다수결을 존중하는 관객보다 위험을 감수하는 관객의 영향을 많이 받음을 알 수 있으므로 적절하다.

정답 ③

경 / 제 / 학

01 A는 보유하고 있는 중고 컴퓨터를 사용하기 위해 이미 25만 원을 수리비로 지불하였다. A에게 현재 이 컴퓨터의 주관적 가치는 15만 원이다. 만약 이 컴퓨터를 추가로 22만 원을 주고 수리를 받으면 시장에 38만 원에 팔 수 있고, 현재 상태로 팔면 18만 원에 팔 수 있다고 한다. 이때 A가 선택할 수 있는 합리적인 의사결정과 그때의 순편익으로 가장 적절한 것은?

의사결정	순편익
① 현재 상태로 판다.	16만 원
② 현재 상태로 판다.	18만 원
③ 추가로 수리를 받아서 판다.	16만 원
④ 추가로 수리를 받아서 판다.	18만 원
⑤ 팔지 않는다.	16만 원

해설 A에게는 3가지의 선택이 가능하다.
• 경우1: 추가로 수리를 받아서 파는 경우
• 경우2: 현재 상태로 파는 경우
• 경우3: 팔지 않고 그대로 가지고 있는 경우
각 경우에 생길 수 있는 순편익은 다음과 같다.
• 경우1: 순편익=38−22=16(만 원)
• 경우2: 순편익=18만 원
• 경우3: 순편익=15만 원
따라서 현재 상태로 파는 경우가 순편익을 가장 극대화할 수 있는 합리적인 의사결정이다. 참고로 이미 지급한 25만 원의 수리비는 매몰비용이므로 의사결정 과정에서는 고려해서는 안 된다.

핵심이론 [기회비용과 매몰비용]
기회비용은 어떤 한 선택을 함으로써 포기하게 되는 기회 중에 가치가 가장 큰 것을 의미한다. 합리적인 의사결정 시 반드시 고려해야 하는 비용이며, 경제적 비용은 모두 기회비용의 개념을 내포하고 있다. 매몰비용은 일단 지출이 확정되어서 더 이상 회수가 불가능한 비용이다. 합리적 의사결정 시 고려해서는 안 되는 비용이다.

정답 ②

02 다음 [그래프]는 어느 국가의 생산가능곡선이다. 이에 대한 설명으로 가장 적절하지 <u>않은</u> 것은?

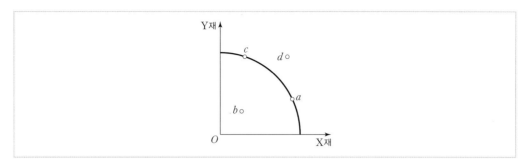

① 이 국가 내 천연자원의 개발로 점 d를 달성할 수 있다.
② 점 c에서 점 a로 이동할수록 Y재의 한계비용은 감소한다.
③ 실업이 감소하면 점 b에서 점 c 혹은 점 a로 이동할 수 있다.
④ 점 a와 점 c는 소비, 생산 측면에서 모두 파레토효율을 충족하고 있다.
⑤ X재의 가격이 상승하면 점 c에서 점 a로 이동할 수 있다.

해설 생산가능곡선은 주어진 생산요소로 최대한 생산할 수 있는 재화의 조합을 의미한다. 따라서 생산가능곡선상에 있는 점 a와 점 c는 생산 측면에서는 파레토효율을 충족하고 있다 할 수 있다. 그러나 소비 측면의 파레토효율은 무차별곡선, 예산선 등 다른 조건이 필요하게 되므로 점 a와 점 c는 소비 측면에서는 파레토 효율을 충족하고 있다고 말할 수 없다.
① 생산가능곡선 밖의 점을 달성하기 위해서는 기술진보, 인구증가, 천연자원의 개발 등으로 생산가능곡선이 바깥쪽으로 이동하여 생산가능영역이 확장되어야 한다.
② 점 a에서의 접선의 기울기가 점 c에서의 기울기보다 더 크기 때문에 한계변환율(MRT_{XY})이 더 크다. 이때, X재의 한계비용(MC_x)이 더 커지고, Y재의 한계비용(MC_Y)은 작아진다.
③ 점 b는 실업, 독점 등으로 생산의 효율성이 낮아져서 생산가능곡선의 내부에서 이루어지고 있는 점이다. 따라서 실업이 감소한다면 생산의 효율성을 달성할 수 있다.
⑤ X재의 가격이 상승하면 생산자들은 Y재보다는 X재를 생산하는 것을 선호하게 되어 국가 경제 내의 자원을 X재 생산에 많이 투입하게 된다. 즉 X재 생산의 기회비용이 커지게 되므로 점 c에서 점 a로 이동한다.

핵심이론 [생산가능곡선]
• 개념: 경제 내의 모든 생산요소를 가장 효율적으로 투입하였을 때 생산가능한 생산물의 조합을 나타내는 곡선
• 일반적인 형태는 우하향하며, 원점에 대하여 오목한 형태이다.
• 생산가능곡선상의 점들에서 접선의 기울기는 한계변환율을 의미함

$$\text{MRT}_{XY} = \left| \frac{\Delta Y}{\Delta X} \right| = \frac{\text{MC}_x}{\text{MC}_y}$$

해당 식이 의미하는 바는 X재 한 단위의 추가생산을 위해 포기해야 하는 Y재의 수량을 의미한다. 즉 Y재로 표시한 X재 생산의 기회비용이다.
• 이동요인
– 생산가능곡선의 확장: 기술진보, 노동증가, 자본증가
– 내부지점에서 곡선상으로의 이동: 경제적 비효율성의 감소(실업의 감소, 독점규제, 노동분쟁의 해결 등)

정답 ④

03 세계 경제 불황에 대한 우려가 심해짐에 따라 원유 수요가 감소하였다. 원유가격은 대폭 하락하였지만 거래량은 원유가격 하락 폭에 비해 적게 감소하였다. 그 이유에 대한 설명으로 적절한 것을 모두 고르면?

> ㉠ 원유 수요곡선의 기울기가 완만하다.
> ㉡ 원유 공급곡선의 기울기가 가파르다.
> ㉢ 원유 수요곡선의 이동 정도가 크다.
> ㉣ 원유 공급곡선의 이동 정도가 크다.

① ㉠, ㉡

② ㉠, ㉢

③ ㉡, ㉢

④ ㉡, ㉣

⑤ ㉢, ㉣

해설 원유 수요가 감소하였기 때문에 원유 수요곡선은 좌측으로 이동한다. 이때 가격이 대폭 하락하기 위해서는 수요곡선의 이동 정도가 커야 한다. 또한 공급곡선의 기울기가 가파를수록 거래량에 비해 가격이 더욱 하락하게 된다.

핵심이론 [수요곡선과 공급곡선의 이동요인]
1. 수요량의 변화 vs 수요의 변화
수요량의 변화의 원인은 가격의 변화이다. 가격 이외의 요인으로 인한 변화는 모두 수요의 변화이다. 일반적으로 가격(P)과 수요량은 반비례관계를 가지고, 기펜재의 경우 비례관계를 가진다. 수요의 결정요인으로는 소득, 관련재(대체재, 보완재)의 가격, 미래의 가격변동에 대한 기대, 선호도, 소비자 수 등이 있다.
2. 공급량의 변화 vs 공급의 변화
공급량의 변화의 원인은 수요량과 마찬가지로 가격의 변화이다. 가격 이외의 요인으로 인한 변화는 공급의 변화이다. 일반적으로 가격(P)과 공급량은 비례관계를 가진다. 공급의 결정요인으로는 생산요소의 가격, 관련재(대체재, 보완재)의 가격, 기술수준, 조세, 미래의 가격변동에 대한 기대 등이 있다.

정답 ③

PART
04

상 식 을
넘은 상식

사고의 틀이 넓어지는 깊은 상식

외국인 가사 도우미 도입 논쟁

저출산 극복 대책−인권·노동 가치 저해

🗨 이슈의 배경

정부가 양육 부담을 덜고 출산율을 높이기 위해 외국인 가사 도우미를 도입하는 정책을 추진하고 있다. 저출산고령사회위원회 위원장을 직접 맡은 윤석열 대통령이 최근 관계 부처에 외국인 가사 도우미 도입 검토를 요구했다. 6월 18일 고용노동부에 따르면 정부는 서울시와 협조해 올해 하반기 시행을 목표로 외국인 가사 도우미 시범 사업을 시행할 예정이다.

현재 국내 가사·돌봄 분야 취업 자격은 내국인 이외 영주권자의 배우자, 중국인(조선족), 결혼이민 비자로 입국한 장기체류 외국인 등으로 제한돼 있다. 정부는 이러한 자격을 고용허가제를 통해 비전문취업 비자(E−9)로 입국하는 동남아시아 국가 출신 근로자에게까지 확대할 계획이다.

가사 도우미를 희망하는 외국인 근로자들은 관련 지식 보유 여부, 연령, 언어 능력, 범죄 이력 등을 검증받고 입국 전 일정 시간 이상의 취업 교육을 거쳐 근무처에 배치되며 일단 소규모로 운영된다.

하지만 시범 사업을 앞두고 현실성이 부족하다는 비판이 많다. 원래 정부의 사업 취지는 한 달에 70만원 정도의 저렴한 가사 서비스를 이용할 수 있도록 하는 것이었다. 지난 3월 조정훈 시대전환 의원은 최저임금 적용 없이 월 100만원으로 외국인 가사 도우미를 고용할 수 있도록 하는 '가사 근로자의 고용 개선 등에 관한 법률'(가사근로자법) 일부 개정안을 발의했다.

그러나 조 의원이 발의한 법은 논란 끝에 통과되지 않았고 정부의 시범 사업은 외국인 가사 도우미에게 국내 최저임금을 적용하는 안으로 정해졌다. 2023년 현재 한국 최저임금 시급은 9620원으로 외국인 가사 도우미가 최저임금을 받고 주 40시간을 근무한다고 계산하면 한 달에 약 210만원을 받는다.

근로시간이 짧은 직종 특성상 실제 임금은 이보다 적을 수 있다. 통계청의 지역별고용조사에 따르면 지난해 하반기 전국의 가사 및 육아도우미 종사자는 주당 27.0시간을 일하면서 월평균 112만5500원을 벌었다. 그러나 평균적인 맞벌이 부부의 소득을 고려하면 100만원대 초반 금액도 큰 부담이다. 정부는 맞벌이 부부의 경제적 부담을 덜기 위해 외국인 가사 도우미 관련 비용 지원도 검토하고 있다고 밝혔다.

반면 외국인 가사 도우미 제도 도입 자체에 부정적인 의견도 있다. 이 제도가 저출산 문제 해결에 도움을 줄지 의문이고 외국인 노동자에 대한 고용 차별이나 이질적 문화로 인한 갈등, 가사 노동의 가치 폄하 등 여러 문제점이 있다는 것이다.

고용허가제 (雇用許可制)

고용허가제는 국내 인력을 구하지 못하는 우리 기업이 정부(고용노동부)로부터 고용허가서를 발급받아 합법적으로 외국 인력을 근로자로 고용할 수 있도록 한 제도이다. 현재 한국과 양해각서(MOU)를 체결한 16개 국가의 인력이 대상이며 제조 건설업, 농·축·수산·어업 등 이른바 3D[더럽고(Dirty), 어렵고(Difficult), 위험한(Dangerous)] 업종에 한정된다.

● 이슈의 논점

외국인 가사 도우미 찬성 ① : 저출산·경력단

절 극복 대책

전쟁의 참화를 겪고 있는 우크라이나의 2022년 합계출산율은 1.43명으로 대한민국(0.78명)보다 약 두 배 높다. 우리나라 출산율은 경제협력개발기구(OECD) 38개국 가운데 꼴찌다. 혁명이나 대기근과 같은 사변(事變)이 일어나지 않은 나라에서 역사상 볼 수 없었던 기현상이다.

인구학 권위자인 데이비드 콜먼 영국 옥스퍼드대 명예교수는 최근 한 심포지엄에서 "이대로라면 2750년에 한국이 소멸할 수도 있다"라고 경고했다. 수백 년 뒤 국가 존폐는 사치스런 고민이다. 저출산 고령화 현상은 이미 노동력, 산업 활력 저하, 소비 시장 축소, 인구 관련 산업 침체 등 모든 분야에서 국가 경쟁력을 잠식하고 있다.

정부는 지난 16년간 저출산 대책으로 280조원을 쏟아 부었지만 백약이 무효했다. 국난 극복에 도움이 된다면 지푸라기라도 잡아야 할 때다. 아이를 키우려면 집과 양육할 사람이 있어야 한다. 외국인 가사 도우미는 부모들의 양육 부담을 줄여 여성 경력단절을 막고 저출산 문제 해결에 도움을 줄 수 있는 묘안이다.

한국의 젊은 부부는 맞벌이 가정이 많다. 주거 및 생활비 물가가 높아 혼자 벌어서 가계를 꾸리기 어렵다. 이런 환경 속에서 육아를 위해 월급 절반 가까운 돈을 '이모님'에게 드리거나 여성이 직장을 그만두고 이른바 '독박 육아'를 맡게 되는 경우가 적지 않다. 여성의 경력단절이 생기고 다시 빈곤의 악순환으로 이어진다.

통계에 따르면 외국인 가사 도우미 제도가 활성

화된 싱가포르에서 가사 도우미를 쓰는 비율은 약 17~20%로 한국(1.7%)의 10배 수준이고 여성의 경력단절은 거의 없다고 한다. 낮은 임금을 받는 외국인 가사 도우미 제도를 한국에 도입하지 않아야 할 이유가 없다.

외국인 가사 도우미 찬성 ② : 한국인 부모 – 외국인 근로자 '윈윈'

내국인 가사 근로자 수는 계속 줄고 있다. 고용노동부에 따르면 국내 가사 근로자는 지난해 기준 11만4000명에 불과하며 그나마도 90%는 50대 이상이다. 맞벌이 부부들이 가사 도우미를 쓰는데 경제적 부담이 크고 돌봄 노동을 하려는 근로자들도 부족해 수요에 못 미친다.

저출산 고령화로 노동가능인구가 줄어들면서 한국은 다양한 산업군에서 외국인 근로자의 도움을 받고 있다. 식당에서는 조선족 근로자가 없으면 운영이 어렵다는 말이 나온다. 농업, 건설업, 조선업부터 반도체 등 하이테크 산업까지 외국인 근로자가 일하고 있는데 가사 도우미 시장만 외국인이 들어오면 안 될 까닭이 있는가.

동남아 국가에서는 월 70만~100만원이면 기꺼이 가사 노동자로 오겠다는 근로자들이 많다. 가사 도우미 송출 국가마다 임금 가이드라인이 있는데 스리랑카는 월 370달러, 인도네시아는 400달러, 필리핀은 420달러 정도로 알려져 있다.

원화로 70만원에 미치지 못하는 금액이지만 스리랑카 사람들이 대학교 졸업 후 한 달 평균 월급이 14만원 정도인 것을 고려하면 큰돈이다. 가사 도우미가 월급의 일부만 고국에 보내도 가족들에게 큰 희망을 보낼 수 있다. 우리나라에서 100만원대로 외국인 가사 도우미를 채용할 수 있다면 한국인 부부나 외국인 근로자 모두에게 윈윈(win-win)이다.

일각에선 외국인 가사 도우미들이 최저임금에 못 미치는 금액으로 주거비와 식비 등을 부담하며 기초적인 생활을 영위할 수 있겠느냐는 문제를 지적한다. 이는 인력 공급 업체가 기숙사를 제공하고 정부가 보조하는 방식으로 해결할 수 있다. 싱가포르는 월 30~40만원에 대학 기숙사 수준으로 외국인 공동 기숙사를 세워 숙식을 제공한다. 정부의 저출산 대책 지원은 이처럼 구체적이고 실질적인 개선안에 집중돼야 한다.

외국인 가사 도우미 반대 ① : '육아의 외주화' 이제 그만

우리나라 저출산 현상의 원인이 치열한 사회 경쟁 구조, 높은 집값, 긴 노동 시간, 직장 여성에게 더 험난한 양육 환경 등에서 비롯된다는 사실은 모두 알고 있다. 이러한 복합적 근본 원인의 개선 없이 최저임금 이하를 받는 외국인 가사 도우미 제도를 도입해봤자 언 발에 오줌 누기다.

저출산 문제의 중대성을 고려해 일단 도입해야 한다는 주장이 있지만 이는 출산과 육아를 꺼리게 한 기존 질서를 연장함으로써 근본적인 문제 해결을 지체할 수 있다. 과거에 육아는 오롯이 여성의 몫으로 강요됐다. 맞벌이 부부가 증가한 이후에는 조부모가 쇠약한 몸으로 고된 육아 부담을 떠맡으며 할마(할머니+엄마), 할빠(할아버지+아빠)란 신조어까지 생겼다.

정부는 누군가의 희생으로 점철된 '육아의 외주화' 계보에 저임금 외국인 가사 도우미를 추가하려 한다. 출산과 육아를 개인의 책임으로 돌리는 것은 산업화 이전 대가족 시대에나 통용되던 논리다. 외국인 가사 도우미 월급을 낮춰줄 테니 맞벌이 부부가 알아서 해결하라는 정책은 낡은 인식에서 벗어나지 못한 발상이다.

프랑스에서는 생후 2개월 아기부터 들어갈 수 있는 공공·사설 탁아소가 잘 갖춰져 있어 여성이 원치 않는 독박 육아를 맡는 경우가 거의 없다. 덕분에 프랑스의 합계출산율은 2020년 기준 1.83명으로 유럽 국가 사이에서 가장 높았다. 반면 외국인 가사 도우미 제도를 50여 년 동안 유지해 온 싱가포르는 2020년 합계출산율이 1.10명인 저출산 국가이며 출산율 저하 추세가 우리나라와 별로 다르지 않다.

세계 10위권 경제 규모의 국가라면 여성이 걱정 없이 아이를 낳고 기를 수 있도록 '돌봄의 공공성'을 높이는 정책을 강구해야 한다. 16년간 허공에 날린 저출산 대책 예산 280조원을 공공 탁아소 확충에만 썼어도 합계출산율이 지금보다 훨씬 높았을 것이다.

외국인 가사 도우미 반대 ② : 인권·노동 가치 저해할 것

한국에서 '갑질'은 일부 재벌이나 사회 지도층의 악습을 넘어 사회 병리 현상으로 굳어졌다. 관용을 잃고 극한 경쟁에 내몰린 사람들이 자신보다 더 취약한 타인을 괴롭혀 극단적 선택까지 몰아가는 사례가 늘고 있다. 최저임금보다 낮은 월급을 받는 여성으로서 사회적 취약계층이 될 가능성이 높은 외국인 가사 도우미들이 어떤 고통을 겪을지 예상할 수 있다.

싱가포르와 홍콩은 외국인 가사 도우미에게 최저임금을 적용하지 않는다. 이러한 제도는 인권 감수성이 낮았던 1970년대에 도입됐다. 살인적인 근무 시간과 낮은 임금, 임금 체불, 과로, 신체 학대, 성폭행 등이 빈번해 이 나라들의 외국인 가사 도우미들은 '현대판 노예'라고 불린다. 갑질이 일상이 된 한국에서 잠재적 피해자를 늘릴 이유는 없다. 중국의 대체시장으로 부상한 동남아 국가와의 외교 분쟁과 국가 위신 손상도 우려스럽다.

2022년 6월 시행된 가사근로자법은 유급휴일, 최저임금, 퇴직금 등의 적용을 받지 못했던 가사 근로자들의 근로조건 개선을 위해 만들어졌다. 1953년 근로기준법이 생긴 지 69년 만에 가사 노동자도 법적 근로자의 지위를 쟁취했다.

외국인 가사 도우미 제도는 불과 1년 전 시행된 가사근로자법의 취지와 상충한다. 정부가 가사 외국인 가사 도우미에게 저임금을 지급하도록 나선다면 돌봄 노동의 가치는 더욱 저평가되고 국내 가사 노동자에 대한 대우도 외국인 수준에 맞춰 떨어질 것이다.

이밖에도 외국인 임금 차별은 근로기준법 규정, 대법원 판례, 근로기준법 국제노동기구(ILO)와의 협약과도 상충해 현실성이 없다. 최저임금을 채택한 경제협력개발기구(OECD) 중에서 외국인만 배제한 사례는 없다. 출산율 제고 효과는 적고 인권과 노동 가치 침해 우려만 큰 외국인 가사 도우미 제도를 무리해서 도입할 필요는 없다.

⏳ **연습문제** 2023 한국일보 기출복원

정부에서 출산율을 높이기 위해 외국인 가사 도우미 도입 정책을 추진하고 있으나 돌봄 노동 질 저하와 차별 등의 문제가 있고 출산율 증가 효과가 없다는 반대론도 있다. 둘 중 한 입장을 선택해 논리적으로 서술하시오. (1000자, 50분)

※ 논술 대비는 실전연습이 필수적입니다. 반드시 시간을 정해 놓고 원고지에 직접 써 보세요.

200

400

GMO 완전표시제 찬반 논쟁

소비자에게 결정권 줘야 – 소비자에게 편견 조장

➕ 배경 상식

GMO(Genetically Modified Organism)는 생명공학 기술을 이용해 인위적으로 유전자를 분리하거나 재조합해 만든 '유전자 변형 농산물'을 말한다. 세계 최초로 판매가 허용된 GMO는 1994년 미국에서 출시된 '플레이버 세이버(Flavr Savr)'란 토마토였다. 이 토마토는 잘 물러터지지 않도록 변형됐지만 맛이 없는 품종을 선택한 탓에 소비자가 외면했고 판매 개시 3년도 못 돼 생산이 중단됐다. 하지만 이후 제초제 내성이 있는 콩, 냉해에 잘 견디는 옥수수, 해충에 강한 유채(카놀라유의 원료) 등 다양한 GMO가 대량 생산됐다. 과학계에서는 GMO가 인체에 유해하지 않다는 의견이 다수이지만 알레르기나 암을 유발할 수 있다는 반론도 끊이지 않는다.

국내에선 실험 목적을 제외하고 GMO 농산물의 재배가 금지돼 있다. GMO 중 대두, 옥수수, 카놀라, 면화, 사탕무, 알팔파 등 여섯 가지 작물은 수입이 허용되나 GMO가 3% 초과해 들어간 식품을 판매할 때는 GMO 표기를 해야 한다. 윤석열 정부는 GMO 작물을 원재료로 사용했다면 완제품에 GMO DNA나 단백질이 남아 있지 않더라도 GMO 사용 여부를 표기하도록 하는 GMO 완전표시제를 공약했다. 지난 3월 위해성 평가를 거치지 않은 미승인 GMO 주키니 호박 종자가 2015년부터 국내 판매된 것으로 알려져 파문이 커졌고 정치권에서는 7월 중 GMO 완전표시제를 담은 특별법을 추진하기로 했다. 그러나 GMO 완전표시제가 소비자에게 편견을 조장한다는 비판도 있다.

GMO 완전표시제 찬성1 인체 유해성 우려...소비자에게 결정권 줘야

1999년 영국에서 아파드 푸스타이 박사는 1999년 병충해에 강하도록 렉틴 유전자를 삽입한 GMO 감자를 실험용 쥐에게 먹이는 실험을 했다. 110일간 GMO 감자를 먹은 실험용 쥐는 면역계 손상과 장기 기능 저하가 나타났다.

GMO는 예기치 못한 변종 발생, 생물 다양성 훼손과 같은 잠재 위험도 있다. 우리가 GMO를 섭취한 역사는 30여 년에 불과하다. 앞으로 언제 어떤 위해성이 나타날지 알 수 없다. 만에 하나라도 위험이 있다면 GMO를 원치 않는 사람들이 거부할 수 있도록 GMO 완전표시제를 도입해야 한다.

GMO 완전표시제 반대1 인체 유해 증거 없이 소비자 편견 조장

노벨 생리의학상 수상자인 리처드 로버츠 교수는 "30년간 GMO 연구·평가가 이뤄졌지만 유해하다는 증거는 단 하나도 없었다"고 말한다. GMO가 위험하다는 연구의 실험 설계에 오류가 많다는 지적도 있다.

세계 곡물시장에서 거래되는 콩과 옥수수 대부분은 GMO인데 한국 농가에서는 GMO 작물을 상업 목적으로 재배조차 할 수 없다. GMO 식품이 안전하지 않다는 뚜렷한 증거도 없이 GMO 완전표시제 도입으로 소비자들의 편견을 조장한다면 한국 농산업 분야는 경쟁력을 갖추기 어려울 것이다.

GMO 완전표시제 찬성2 다국적 기업 배불리기 그만...유통 정책 신뢰 높여야

GMO로 이득을 보는 곳은 전 세계 GMO 특허를 독점하고 특정 농약에 내성을 가진 GMO 맞춤 농약까지 끼워 파는 극소수 다국적 기업뿐이다. 각국 정부와 시민 사회가 연대하여 이들의 상술에 휘둘리지 않아야 한다.

모든 식자재에 GMO 함유 정보를 보고 선택할 수 있도록 하는 것은 GMO 주권을 찾기 위한 정당한 요구이며 식품안전 정책의 신뢰를 높일 수 있는 유통 정책이다. '미승인 GMO 주키니 호박 사태'와 같은 일이 재발하지 않도록 해야 한다. 무엇보다 GMO 완전표시제를 통한 투명한 이력·추적 관리가 우선이다.

GMO 완전표시제 반대2 기후위기의 대안...GMO 재평가할 때

지구가 뜨거워지며 농경지는 물 부족을 겪고 쌀, 밀, 옥수수, 콩 등 곡물 생산량은 갈수록 줄어들 것이다. 식량 부족 사태를 막기 위해서 GMO 이외 대안을 찾기 어렵다.

유럽은 이제까지 GMO 규제를 강하게 실천해 왔지만 최근 유럽의회에서 이탈리아는 폭염과 가뭄에 잘 견디는 농작물 품종을 얻고자 GMO 연구를 지지했다. GMO 작물은 생산량이 높아 식량 부족 문제를 해결하는 데 도움을 준다. 머지않아 우리는 밥상에서 GMO 아닌 것을 찾기가 어려워질 것이다. 그때 가서 GMO 완전표시제가 무슨 의미가 있겠는가.

채용시즌을 대비하는 채용비시즌 활용법

벌써 8월이다. 상대적으로 채용공고가 덜 뜨기도 하는 시즌이라 대부분의 취업준비생들이 한숨을 고르면서 합격을 위해 자신의 빈칸을 채워 나가는 시기이기도 하다. 이 시기에 가장 경계해야할 것은 조급함이다. 채용이 본격적으로 진행되고 있지 않기 때문에 무엇을 해야할지, 어떻게 해야 할지에 대한 고민이 깊어지다가 제대로 된 성과 없이 시간을 흘려보낼 수 있기 때문이다.

나를 진단하기

준비 정도에 따라, 취약유형에 따라, 학습의 전략 방향에 대해 어떠한 고민을 가지고 있느냐에 따라 학습 방향이 절대적으로 달라지기 때문에 나에 대한 진단은 필수이다.

① NCS를 처음 접한다면

NCS 통합기본서 등을 활용하여 NCS 10개 영역에 대해 먼저 이해할 수 있어야 한다. PSAT형, 모듈형, 피듈형까지 다양한 유형의 문항을 풀이하고, 필요 이론을 암기하면서 자신의 취약 영역과 유형이 무엇인지를 파악해야 한다.

② 모듈형 성적이 좋지 않다면

암기 부족은 아닌지 확인해야 한다. 물론 모든 이론을 달달 암기하라는 것은 아니고 중요 포인트라도 정리하는 과정을 거쳐야 한다. 물론 분량이 많아 부담스럽겠지만, 핵심요약집 등을 활용한다면 2100p 분량의 산인공 이론을 조금은 가뿐하게 정리해낼 수 있다.

또한 기출문항을 풀이하면서 자주 출제되는 이론을 선별 학습하는 것도 좋은 접근법이다. 모듈형 문제는 암기만 잘해두면 풀 수 있는 수준에서 출제되고 있다는 점을 기억하자. 물론 한창 모듈형이 많이 출제되던 시기와 비교하면 2023년에는 모듈형의 비중이 많이 감소하였으나 자신이 지원하고자 하는 기업의 출제 동향을 살펴 모듈형이 출제되고 있다면 준비는 해 둘 필요가 있다.

요즘은 응용모듈형이라고 하여 모듈이론에 대한 이해를 바탕으로 물론 주어진 자료를 읽고 답하는 문제도 출제되고 있는데, 특히 2023년 상반기 서울교통공사 문항에서 응용모듈 문항의 출제가 두드러졌다. 단순 암기만으로는 대응하기 어려울 수 있으므로 이러한 유형의 문항을 많이 접하여 풀이시간을 단축하는 연습을 하는 것이 중요하다.

③ PSAT형 성적이 좋지 않다면

요즘 대부분의 시험들이 PSAT형으로 출제되고 있기 때문에 해당 유형에 빨리 익숙해질 필요가 있다. 전체적으로 시간이 부족하다고 느낀다면 그중에서도 자신이 빠르게 풀 수 있는 유형의 문항은 있는지 자가 진단이 필요하다. 실제로 어떠한 유형의 문항에서 시간을 많이 뺏기는지, 정답률이 낮아지는지를 파악할 필요가 있다.

④ 고난도 문제풀이에 대한 니즈가 있다면

점차 고난도 문항의 출제 비중은 낮아지고 있고, 주어진 시간 동안 더 정확하게 더 많이 풀어야 합격할 수 있는 시험으로 NCS 직업기초능력평가가 변화하고 있다. 그래도 다양한 이유로 여전히

고난도 문항에 대한 니즈를 가지고 있는 수험생이 있다면, 우선 본인이 기초를 완벽하게 다졌는지는 확인해야 한다. 고난도 문항으로 어렵게 공부하다가 시험장에서 실제 문항을 풀었을 때, 체감 난이도가 낮아져 응시시간동안 기분만 좋은 결과로 그쳐서는 안 되기 때문이다.

합격 커트라인에서 간발의 차로 불합격했거나, 자신이 주력하는 기업의 문항이 어렵다는 평이 있는 경우에는 고난도 문항 풀이를 해도 좋겠다. 기본적으로 PSAT 민경채(민간경력자 일괄채용시험)로 많이들 학습하는데, 7급도 NCS와 난이도가 비슷하고 5급은 다소 어려운 편이다. 본인의 수준을 스스로 파악하여 학습하는 데 도움이 될 수 있는 문항을 선별하여 풀 수 있어야 한다.

특히 PSAT으로 학습할 경우 NCS에서는 출제되지 않는 유형을 포함하고 있고, 하나의 문항 당 풀이에 필요한 시간이 NCS보다 더 길기 때문에 PSAT을 주력이 아닌 NCS 학습의 보조수단으로 활용할 수 있어야 한다.

⑤ 문항풀이 시간을 단축하고 싶다면

소위 양치기를 마음 놓고 할 수 있는 시기인 만큼 많은 문항을 풀이해 보는 것도 방법이 된다. 하루에 꾸준하게 1~2시간씩 문항을 푸는 것도 좋지만 하루 이틀 날을 잡고 들입다 특정 유형만 문항 풀이를 하여, 특정 유형에 대해 완벽하게 특화하는 것도 방법이다.

이 시간을 끝내고 나면 매일 또는 격일로 1회분의 모의고사 또는 기출복원문항을 풀어보는 것도 좋다. 응시 시간에 익숙해질 수 있도록 시간제한도 실전과 동일하게 한다. 이러한 연습을 통해 실제 시험장에서 어떻게 문제를 풀 것인가에 대한 전략을 짤 수 있다.

비시즌을 활용하여 충분한 양치기와 접근법을 연구했음에도 불구하고 극복이 되지 않는 유형이 있을 수 있다. 이 경우 실전에서는 미련을 두지 말고, 빠르고 과감하게 스킵하여 풀 수 있는 유형의 문제로 합격에 다가가는 것이 필요하다.

모든 문항을 풀 수 있다면 좋겠지만 늘 우리의 시험시간은 타이트하다. 다행이 만점을 받아야지만 합격하는 시험이 아니니 풀 수 있는 문항수를 늘리고 최대한 오답률을 줄일 수 있어야겠다.

윤 은 영
에듀윌 취업연구소 연구원

스포츠계 흔드는
사우디 오일머니

축구 스타 싹쓸이하는 사우디

사우디아라비아가 막대한 자금력을 앞세워 축구 스타를 수집하고 있다. 사우디의 국부펀드(정부가 소유하고 직접 운영하는 투자 기관)인 공공투자펀드(PIF)는 지난 6월 알나스르·알힐랄·알이티하드·알아흘리 등 사우디 프리미어리그 소속 4개 팀을 국영화하기로 했다. PIF는 대한민국 1년 예산(2022년 약 607조원)보다 많은 6000억달러(784조원) 자금력을 무기로 유럽 축구 이적 시장을 빨아들이고 있다.

이미 여러 축구 스타들이 사우디 리그에 합류했다. 지난해 크리스티아누 호날두가 연간 2억유로(약 2700억원) 연봉을 받고 알나스르로 이적했다. 전성기는 지났지만 이름값 높은 선수들에게 사우디 리그는 천문학적 퇴직금을 보장하는 무대로 떠올랐다. 2022년 발롱도르 수상자인 카림 벤제마도 지난 6월 호날두와 비슷한 연봉 조건에 레알 마드리드에서 사우디 리그 알이티하드로 옮겼다.

프랑스 국가대표이자 잉글랜드 프리미어리그(EPL) 첼시의 수비형 미드필더인 은골로 캉테는 알이티하드로, 지난해까지 유럽 최고 수비수 중 한 명으로 평가받았던 칼리두 쿨리발리는 알 힐랄로 이적했다. 알 힐랄은 지난 6월 24일 황희찬의 동료였던 EPL 울버햄튼 원더러스의 주장 후벵 네베스도 영입했다. 현재 26세로 전성기를 맞이하며 유럽 빅클럽의 많은 관심을 받던 네베스의 사우디행 소식은 많은 이들을 놀라게 했다.

PIF는 사우디 리그를 유럽 10대 리그 수준으로 키우겠다는 목표를 세웠다. 중동 오일머니는 이미 EPL에서 중위권 클럽을 인수해 명문 구단으로 키워낸 노하우가 있다. 사우디 리그가 막강한 자금력으로 스타급 플레이어와 감독들을 영입하고 구단 가치를 높인다면 세계 10대 리그 이상도 불가능한 목표가 아니다.

'스포츠 메카'는 MBS 야망의 일부

사우디의 스포츠 투자는 축구에 한정되지 않는

다. 2021년 사우디 자본으로 작년 6월 출범한 리브(LIV) 골프는 최근 100년 전통을 자랑하는 미국 프로골프(PGA) 투어를 합병하기로 했다. 축구로 치면 세계 1위 리그 EPL을 사우디 리그가 흡수·통합한 것과 같은 사건이 벌어진 것이다.

신생 단체인 LIV와 터줏대감인 PGA는 거칠게 대립했었다. PGA 투어 소속 선수들을 LIV가 거액을 주고 빼오자 PGA는 LIV로 넘어간 선수들의 대회 출전을 금지했다. LIV는 한계가 없는 자본력으로 PGA를 압박했고 PGA는 막대한 소송비용과 LIV 수준의 상금·계약금을 감당할 수 없었다. PGA는 결국 LIV와 동업하기로 했으나 재정난에 백기를 든 것과 마찬가지다.

과격 이슬람 원리주의자들의 후원자였던 사우디가 서구 선진국의 전유물인 스포츠 산업에 눈을 돌린 배경에는 실권자인 무함마드 빈 살만(일명 MBS) 왕세자가 있다. MBS는 석유에만 의존하는 조국을 석유 없이도 경제 강국으로 만들겠다며 2016년 '사우디 비전 2030'이라는 거대 프로젝트를 선포했다. 스포츠·관광·엔터테인먼트 산업 투자는 비전 2030에서 지향하는 산업 다각화 과제 중 일부다. 사우디는 메카(Mecca : 사우디의 이슬람 제1 성지)를 순례하는 무슬림 이외에 다양한 서구권 관광객들이 사우디에서 달러와 유로화를 쓰고 가길 바란다.

사우디는 소프트파워(경제·군사력과 같은 강제력보다 문화적 매력과 자발적 동의에 의해 얻어지는 국력) 증대를 통해 국내외에 개혁·개방된 나라라는 이미지를 심는 효과도 노린다. MBS는 2017년 왕세자 책봉 이후 이슬람 국가인 사우디를 더 온건하고 개방적인 사회로 만들겠다고 밝혔다. 이후 건국 이래 처음으로 여성의 운전이 허용됐고 여성의 운동 경기장 입장, 첫 콘서트 개최·영화관 개장 등이 이어졌다.

'스포츠 워싱'이란 비판

하지만 일각에선 사우디의 파격적인 투자가 스포츠 워싱(sports washing)이란 지적도 나온다. 스포츠 워싱은 눈속임을 뜻하는 화이트 워싱(white washing)에서 파생한 말로, 특정 국가 또는 집단이 부정적인 이미지를 희석하려고 스포츠를 이용하는 것을 말한다.

사우디는 인권 탄압으로 국제 사회로부터 끊임없이 비판을 받았다. MBS는 개혁적 인물로 포장되지만 2018년 반체제 언론인 자말 카슈끄지를 납치해 살해한 주범이다. 지난해 사우디는 SNS에 여성 권리를 주장하는 게시물을 올렸다는 이유로 여성 운동가 살마 알 셰하브에게 34년 징역형을 선고해 국제사회의 성토가 이어졌다. 사우디 왕가와 권력층은 국제 여론이 카슈끄지나 셰하브 대신 '어떤 축구 선수가 사우디 리그로 이적하는지'에 더 많은 관심을 갖는 상황에 흡족해하고 있을지 모른다.

그러나 아무리 돈이 넘쳐흘러도 스포츠가 순수성을 잃고 정치 도구화된다면 존재 가치를 잃는다. 2020년 이전까지 현재 사우디 리그처럼 유명 선수들을 사들였던 중국 슈퍼리그가 승부 조작 논란 등으로 몰락했듯이 돈만으로 리그의 전통과 권위를 얻을 수 있는 것도 아니다. 스포츠 메카를 향하는 사우디의 도전은 '도덕적으로 문제가 있는 나라의 리그'라는 꼬리표를 걷어낼 수 있느냐에 성패가 달렸다.

예술과 사회는 분리할 수 없다...
아르놀트 하우저의 예술사회학

피케티와 고리오 영감

2013년 출간 후 세계적으로 자산 불평등 논쟁을 일으킨 저서 『21세기 자본』에서 경제학자 토마 피케티는 노동소득이 자본소득을 따갈 수 없는 구조가 19C부터 고착됐다고 설명하며 오노레 드 발자크의 1835년작 『고리오 영감』을 길게 인용했다.

법률가로 성공하려는 가난한 귀족 출신 주인공 라스티냐크에게 보트랭이란 산전수전 다 겪은 남자가 다가와 "검사는 연간 5000프랑을 벌지만 부유한 상속녀와 결혼하면 즉시 그 10배인 연간 5만프랑을 벌 수 있다"고 장광설을 늘어놓으며 타락시키는 부분이다.

『고리오 영감』은 19C 초반 프랑스의 사회·경제상을 연구할 수 있는 훌륭한 사료(史料)다. 당시 시대 정서는 물론 직업별 수입과 빈부 격차, 월세, 연금 등이 구체적으로 묘사됐다. 좋은 직장에 들어가 뼈 빠지게 일해도 '금수저'처럼 살 수 없다고 한탄하며 잡코인 따위로 벼락부자를 꿈꾸는

'현대판 라스티냐크'들에게 경종을 울리는 건 덤이다.

모든 예술은 당대의 사회·경제 구조에 영향을 받는다. 영화 '기생충'이 극찬을 받았던 것처럼 그 구조의 도식화가 얼마나 절묘한가에 따라 예술에 가치를 매기기도 한다. 이러한 예술관은 헝가리 태생 미술사학자 아르놀트 하우저(Arnold Hauser, 1892~1978)로부터 정립됐다.

문학과 예술의 사회사

학자는 글(논문·책)로 말한다고 하나 하우저만큼 자신의 저서로 대표되는 학자도 드물 것이다. 그는 10년간의 집필 끝에 1951년 『문학과 예술의 사회사』(Sozialgeschichte der Kunst und Literature)를 출간했다.

이 책은 1951년 영문 초판을 시작으로 20여 개 언어로 번역돼 독자들에게 서구 예술과 문학을 계몽했다. 우리나라에는 1974년 처음 출간된 후

지금까지도 인문·사회과학의 시각에서 예술을 이해하기 위해 반드시 읽어야 할 고전으로 꼽힌다. 에른스트 곰브리치의 『서양 미술사』와 함께 서구 미술에 대한 대표적 교양 입문서이기도 하다.

『문학과 예술의 사회사』는 '제1권 : 선사시대부터 중세까지', '제2권 : 르네상스, 매너리즘, 바로크', '제3권 : 로코코, 고전주의, 낭만주의', '제4권 : 자연주의와 인상주의, 영화의 시대'로 구성돼 있다. 하우저는 문학, 건축, 미술, 연극 등 모든 예술 장르를 오가며 서양 예술이 어떠한 사회·경제적 배경 속에서 탄생하고 전개됐는지 치밀하게 분석한다. 개별 작품과 거시사(巨視史)의 씨줄과 날줄을 현란하게 엮는 그의 방대한 지식에 놀라지 않을 수 없다.

하우저는 인간 의식이 생산수단과 생산관계로 구성된 하부구조(경제적 토대)의 절대적 영향을 받고 예술은 경제적 토대에 의해 규정되는 상부구조의 일종이라고 보는 마르크스주의를 독창적으로 계승하면서 예술가의 삶과 창작물을 구조의 틀 속에서 이해하고 기술했다.

사회학적 예술관

예술을 바라보는 관점은 크게 내재적 관점과 사회학적 관점으로 구분된다. 내재적 관점은 예술이 그 자체로서 미학을 추구하는 목적이자 결과가 된다는 것이다. 이는 예술의 자율성을 과도하게 주장하여 예술을 신비의 영역에 가두는 측면이 강했다. 하우저 전 세대에서 서양 미술사를 대표했던 하인리히 뵐플린의 저서 『미술사의 기초 개념』에서 내재적 관점이 뚜렷하게 나타난다.

뵐플린은 16C~17C 르네상스와 바로크 양식의 변천을 시대 배경에 대한 언급 없이 선(線)의 상태, 평면, 폐쇄된 형식, 다수성, 명료성과 같은 추상적 기준으로 틀 지워 설명했다. 하우저는 미학적 순수성에 고립된 뵐플린의 예술사 기술 방식을 거부하며 예술을 사회를 반영하는 거울로, 특히 시민사회와 자본주의 발전 이후에는 사회적 필요에 따라 분화하는 전문 직업인(예술가)의 경제활동의 일환인 것으로 설명한다.

"예술가가 역사의 진보에 바치는 봉사는 그가 개인적으로 무엇을 확신하고 어디에 동조하느냐보다 오히려 사회 현실의 문제와 모순을 얼마나 힘차게 제시하느냐에 있다. 이러한 사실을 발자크만큼 뚜렷이 부각한 예는 예술사에서 찾기 어렵다." "예술가와 시인은 늘 예언자인 것만은 아니다. 예술은 때로 시대를 앞지르지만 때로는 뒤지기도 하는 법이다." 하우저의 사회학적 예술관이 잘 드러나는 인용문이다.

한 가지 더, 예술을 사회·경제적 맥락에서 떼어 놓을 수 없다면 예술의 가치는 얼마나 사회·경제적 현실에 활발히 참여하느냐에 따라 평가되는 것일까? 하우저는 프랑스 혁명을 촉발한 중요한 사건인 '테니스 코트의 서약'(사진)을 그린 자크루이 다비드가 사회 현실과 모든 관계를 잃고 정치와 아무런 상관없는 화가로 지내던 브뤼셀 시절에 그의 예술 발전이 최저였다고 평가했다.

"(다비드의 사례는) 훌륭한 예술가가 되기 위해서 정치적 관심과 진보적 생각을 가져야 할 필요는 없지만 사회에 대한 예술가의 관심과 목표가 훌륭한 예술을 만들어 내는 데 결코 방해가 되지 않음을 증명한다"고 하우저는 에둘러 답했다.

易 地 思 之

바꿀 역　　　땅 지　　　생각할 사　　　갈 지

처지를 바꾸어 생각하다

출전: 『맹자孟子』

역지사지易地思之는 역지즉개연易地則皆然에서 비롯된 말로, 다른 사람의 처지에서 생각하라는 뜻이다. 상대방의 마음을 헤아릴 줄 알았다 하더라도, 가장 중요한 것은 바뀐 입장을 고려해서 행동을 해야 비로소 공감과 소통이 완성된다는 의미이다.

맹자孟子는 치수에 성공한 우禹, 농업의 신인 후직后稷, 공자의 제자인 안회顔回를 같은 길을 가는 사람으로 평가했다. 우는 중국 하夏나라의 시조로 치수를 통해 백성들에게 존경을 받았으며, 후직은 순舜나라에서 농사를 잘 개발하여 백성을 이롭게 한 인물이다. 안회는 공자의 제자로 빈곤한 삶을 살았지만, 안빈낙도安貧樂道를 즐긴 인물이다.

맹자는 "우 임금과 후직은 태평성대에 세 번 자기 집 문 앞을 지나면서도 들어가지 않아서 공자가 그들을 어질게 여겼으며, 공자의 제자인 안회는 난세에 누추한 골목에서 한 그릇의 밥과 한 바가지의 물로 비참할 정도의 가난 속에 살면서도 안빈낙도의 태도를 잃지 않아 공자가 그를 어질게 여겼다"고 하였다.

그들은 서로의 처지가 바뀌었더라도 모두 같게 행동했을 것이라고 했다. 맹자는 "안회도 태평성대에 살았다면 우 임금이나 후직처럼 행동했을 것이며, 우 임금과 후직도 난세에 살았다면 안회처럼 행동했을 것이다. 처지가 바뀌면 모두 그러했을 것이다."라고 평했다.

한자 돋보기

易은 접시를 기울여 무언가를 쏟는 모습을 그린 글자로, '바꾸다' 의미로 사용한다.

易

바꿀 역
日 총8획

- 千古不易(천고불역) 오래도록 변하지 않음
- 以暴易暴(이포역포) 악한 것을 또 다른 악한 것으로 갈아 바꿈

地는 흙과 물이 있는 '땅'을 표현하는 글자다.

地

땅 불
土 총6획

- 天地神明(천지신명) 하늘과 땅의 신
- 驚天動地(경천동지) 몹시 세상을 놀라게 함

思는 정수리를 그린 글자로, '생각' 의미로 사용한다.

思

생각할 사
心 총9획

- 見利思義(견리사의) 눈앞의 이익을 보면 의리를 먼저 생각함
- 千思萬考(천사만고) 천번 만번 생각함

之는 발을 그린 글자로, '가다' 의미로 사용했지만, 오늘날 어조사의 의미만 남아있다.

之

갈 지
丿 총4획

- 浩然之氣(호연지기) 굽히지 않고 흔들리지 않는 바르고 큰마음
- 螢雪之功(형설지공) 고생 속에서 공부하여 이룬 공

한자 상식 | 삼황오제三皇五帝

삼황오제란 중국 고대 전설 속에 나오는 3명의 황과 5명의 제를 일컫는다. 전국 통일 후 진시황이 새로운 호칭을 정하면서 삼황오제의 글자를 따서 '황제'라는 호칭을 사용할 때, 삼황오제에서 '황'과 '제'를 따와 만든 글자다.

삼황의 인물로는 복희와 신농 그리고 여와, 황제, 수인, 축융, 공공 중 한 명을 꼽는다. 오제의 인물로는 황제, 전욱, 제곡, 요, 순, 소호, 복희, 신농 중 5명을 꼽는다. 삼황오제의 인물은 사료마다 다르게 나타나 대표 인물만 있을 뿐 특정되지는 않는다.

이들은 중국 문명의 시조로 추앙되며 근대 이전의 중국에서 신화가 아닌 역사로서 추앙되었다. 현대의 역사학계에서는 삼황오제 신화가 후대에 창조되고 부풀려진 신화이며, 역사적 사실이 아니라 판단하고 있다.

Books

칩워

크리스 밀러 저, 노정태 역 | 부키

반도체 산업의 태동부터 현재 미국과 중국 간 반도체 주도권 다툼까지 반도체 ■**헤게모니**를 둘러싼 70년 역사를 담아낸 논픽션 역사서다. 산업과 기술에 대한 치밀한 분석과 풍부한 인터뷰를 결합해 반도체가 단순히 첨단기술 영역의 경쟁력을 결정하는 데 그치지 않고 세계 경제와 정치 질서를 극적으로 바꿀 수 있다는 사실을 제시한다. 이 책은 앞으로 펼쳐질 기술 경쟁과 2C 지정학의 향배를 조망하려는 모두에게 재미와 통찰을 제공할 것이다.

어쩌다 대한민국은 불평등 공화국이 되었나?

김윤태 저 | 간디서원

사회학 교수인 저자는 이 책에서 극심한 한국의 불평등 문제를 해결할 방안을 모색한다. 대한민국은 현재 소득 상위 1%가 전체 국민소득의 14.7%를 차지하고, 상위 10%가 46.5%를 차지하는 '불평등 공화국'이다. 자살률과 산업재해 사고 사망률이 선진국 가운데 가장 높고 ■**출산율**은 가장 낮다. 눈부신 경제성장과 민주화의 성공에도 대한민국은 왜 불평등 사회로 전락했을까? 그 원인과 해법을 찾는다.

꿀벌의 예언

베르나르 베르베르 저, 전미연 역 | 열린 책들

'한국인이 가장 사랑하는 외국 소설가'로 꼽히는 베르나르 베르베르가 신작을 선보였다. 2047년 꿀벌이 사라지고 2053년 인류는 제3차 세계 대전을 벌인다는 배경이다. 식량이 부족하고 인구가 증가한 상태에서 사람들은 핵전쟁을 시작했다. 주인공은 1000년 전 예언서에 숨겨진 꿀벌의 비밀을 찾아 여행을 떠난다. 개미, 고양이, 나비에 이어 이번에는 꿀벌이다. 꿀벌이 사라진 미래에서도, 우리의 '현재'는 미래를 바꿀 힘을 가지고 있다는 주제를 담았다.

■ **군집붕괴현상(CCD, Colony Collapse Disorder)** 전 세계에서 꿀벌이 대량으로 사라지는 현상이다. 꿀을 채집하러 나간 일벌이 돌아오지 않으면 벌집 안에 남은 여왕벌과 애벌레 등은 모두 폐사한다. 살충제, 전자파, 농약 때문이라는 등여러 설이 있으나 정확한 원인은 밝혀지지 않았다.

■ **헤게모니(hegemony)** 어떤 집단을 주도할 수 있는 권력이나 지위. 물리력뿐만 아니라 제도, 사회관계, 관념 속으로 자발적 동의를 끌어냄으로써 지배를 유지하는 수단을 말한다.

■ **출산율(出産率)** 가임 여성 1명이 평생 낳을 것으로 예상되는 평균 출생아 수를 나타낸 지표인 합계출산율. 한국 합계출산율은 2022년 기준 0.78명이다.

보 이즈 어프레이드

아리 에스터 감독 |
호아킨 피닉스 출연

'보 이즈 어프레이드'는 엄마를 만나러 가야 하는 보(■**호아킨 피닉스 분**)의 기억과 환상, 현실이 뒤섞인 공포를 경험하게 되는 기이한 여정을 그린 영화다. 아리 에스터 감독은 장편 데뷔작 〈유전〉과 두 번째 영화 〈미드소마〉 두 작품으로 극찬을 받으며 천재 호러 영화 감독으로 떠올랐다. 세 번째 작품인 이 영화 역시 평단의 호평이 쏟아졌다. 차이나 모닝포스트는 "한 세대에 하나뿐인 종류의 영화"라고 찬사를 보내기도 했다.

백희나 그림책전

서울 예술의전당 한가람디자인미술관 |
2023.06.22.~2023.10.08.

아동문학작가상의 노벨상이라고 불리는 '■**아스트리드 린드그렌상**'을 수상했던 백희나 작가의 첫 개인 특별전이 열리고 있다. 작가가 약 20년에 걸쳐 작업한 11개 작품의 등장인물과 주요 장면을 입체적으로 구현했다. 석 달에 걸쳐 공들여 만든 140여 점의 창작물이 탄생했다. 〈구름빵〉, 〈달 샤베트〉, 〈장수탕 선녀〉, 〈알사탕〉, 〈연이와 버들 도령〉에 이르기까지 백희나 작가의 작품 원화와 입체 모형 등 그림책 속의 캐릭터와 공간을 실제 체험하고 감상할 수 있다.

뮤직드라마
〈불편한 편의점〉

서울 대학로 스타시티 후암씨어터 |
2023.04.08.~오픈런

김호연 작가의 밀리언셀러 소설 '불편한 편의점'이 뮤직드라마로 재탄생해 ■**오픈런**으로 관객을 만나고 있다. 원작은 영미권 최대 출판그룹 하퍼콜린스에서 영어 판권이 판매됐고 프랑스, 중국, 일본, 브라질, 폴란드 등 12개 언어권에 14개국으로 수출됐다. 뮤직드라마는 힘겨운 현대 사회를 살아내는 우리 이웃들의 사람냄새 나는 이야기를 감각적인 선율과 극의 정서를 반영한 가사로 관객에게 선사한다.

■ **호아킨 피닉스(Joaquin Phoenix, 1974~)** 요절한 하이틴 스타 리버 피닉스의 동생으로 유명했지만 독특한 캐릭터와 스크린을 압도하는 카리스마를 통해 미국을 대표하는 연기파 배우로 인정받고 있다. 아카데미상 남우주연상. 칸 영화제와 베니스 영화제 남우주연상. 골든 글로브 남우주연상. 미국 배우조합상 남우주연상 등 영화배우로 받을 수 있는 모든 상을 섭렵했다고 해도 과언이 아니다.

■ **아스트리드 린드그렌상(Astrid Lindgren Memorial Award)** 아동·청소년에 대한 관심을 높이기 위해 2002년 스웨덴 정부가 제정한 아동문학상이다. 2020년 〈구름빵〉 백희나 작가가 한국인 최초로 수상했다.

■ **오픈런(open run)** 끝나는 날짜를 지정하지 않고 계속 이어지는 공연으로, 상연 시작과 종료일을 미리 확정하고 공연하는 리미티드런과 반대되는 개념이다. 영국 추리 소설가 아가사 크리스티의 소설을 원작으로 한 연극 '쥐덫'은 영국에서 1956년부터 2019년까지 2708회 공연하며 오픈런 최대 기록을 갖고 있다.

eduwill

누적 다운로드 수 36만 돌파
에듀윌 시사상식 앱

104개월 베스트셀러 1위 상식 월간지가 모바일에 쏙!
어디서나 상식을 간편하게 학습하세요!

매월 업데이트 되는
HOT 시사뉴스

20개 분야 1007개
시사용어 사전

합격에 필요한
무료 상식 강의

에듀윌 시사상식 앱 설치
(QR코드를 스캔 후 해당 아이콘 클릭하여 설치
or 구글 플레이스토어나 애플 앱스토어에서 '에듀윌 시사상식'을 검색하여 설치)

베스트셀러 1위 2,130회 달성!
에듀윌 취업 교재 시리즈

대기업 통합

20대기업 인적성
통합 기본서

삼성

GSAT 삼성직무적성검사
통합 기본서

GSAT 삼성직무적성검사
실전모의고사

GSAT 삼성직무적성검사
최최종 봉투모의고사

SK

온라인 SKCT SK그룹
종합역량검사 통합 기본서

오프라인 SKCT SK그룹
종합역량검사 통합 기본서

LG

LG그룹 온라인
인적성검사 통합 기본서

SSAFY

SSAFY 통합 기본서
SW적성진단+에세이+면접 4일끝장

POSCO

PAT 통합 기본서
[생산기술직]

현대차/기아

현대자동차/기아
생산직·생산인력 한권끝장

금융권

농협은행 6급
기본서

지역농협 6급
기본서

공기업 NCS 통합

공기업 NCS
통합 기본서

영역별

이나우 기본서
NCS 의사소통

박준범 기본서
NCS 문제해결·자원관리

석치수 기본서
NCS 수리능력

공기업 통합 봉투모의고사

공기업 NCS 통합
봉투모의고사

매일 1회씩 꺼내 푸는
NCS/NCS Ver.2

유형별 봉투모의고사

피듈형 NCS
실전모의고사

행과연형
NCS 봉투모의고사

휴노형·PSAT형
NCS 봉투모의고사

고난도 실전서

자료해석 실전서
수문끝

기출

공기업 NCS
기출 600제

6대 출제사 기출 문제집

한국철도공사

NCS+전공
기본서

NCS+전공
봉투모의고사

ALL NCS
최최종 봉투모의고사

한국전력공사

NCS+전공
기본서

NCS+전공
실전모의고사

8대 에너지공기업
NCS+전공 봉투모의고사

국민건강보험공단

NCS+법률
기본서

NCS+법률
실전모의고사

한국수력원자력

한수원+5대 발전회사
NCS+전공 실전모의고사

ALL NCS
최최종 봉투모의고사

교통공사

서울교통공사
NCS+전공 실전모의고사

부산교통공사+부산시 통합채용
NCS+전공 실전모의고사

인천국제공항공사

NCS
봉투모의고사

한국가스공사

NCS+전공
실전모의고사

한국도로공사

NCS+전공
실전모의고사

한국수자원공사

NCS+전공
실전모의고사

한국토지주택공사

NCS+전공
실전모의고사

공기업 자소서&면접

공기업 NCS 합격하는
자소서&면접 27대 공기업
기출분석 템플릿

독해력

이해황 독해력
강화의 기술

전공별

공기업 사무직
통합전공 800제

전기끝장 시리즈
❶ 8대 전력·발전 공기업편
❷ 10대 철도·교통·에너지·환경
　　공기업편

취업상식

월간 취업에 강한
에듀윌 시사상식

공기업기출
일반상식

금융경제 상식

IT자격증 초단기 합격패스!
에듀윌 EXIT 시리즈

컴퓨터활용능력

- **필기 초단기끝장(1/2급)**
  문제은행 최적화, 이론은 가볍게 기출은 무한반복!

- **필기 기본서(1/2급)**
  기초부터 제대로, 한권으로 한번에 합격!

- **실기 기본서(1/2급)**
  출제패턴 집중훈련으로 한번에 확실한 합격!

워드프로세서

- **필기 초단기끝장**
  문제은행 최적화, 이론은 가볍게 기출은 무한반복!

- **실기 초단기끝장**
  출제패턴 반복훈련으로 초단기 합격!

ITQ / GTQ

- **ITQ 엑셀/파워포인트/한글 ver.2016**
  독학러도 초단기 A등급 보장!

- **ITQ OA Master ver.2016**
  한번에 확실하게 OA Master 합격!

- **GTQ 포토샵 1급 ver.CC**
  노베이스 포토샵 합격 A to Z

정보처리기사

- **필기 / 실기 기본서**
  비전공자 눈높이로 기초부터 합격까지 4주완성!

- **실기 기출동형 총정리 모의고사**
  싱크로율 100% 모의고사로 실력진단+개념총정리!